Jürgen Aretz / Günter Buchstab / Jörg-Dieter Gauger

Geschichtsbilder: Weichenstellungen deutscher Geschichte nach 1945

D1393567

Jürgen Aretz
Günter Buchstab
Jörg-Dieter Gauger

Geschichtsbilder: Weichenstellungen deutscher Geschichte nach 1945

Herausgegeben im Auftrag
der Konrad-Adenauer-Stiftung e.V.

HERDER

FREIBURG · BASEL · WIEN

Bildnachweis

Archiv für Christlich-Demokratische Politik der
Konrad-Adenauer-Stiftung: Seiten: 31, 87, 143, 167, 237
Bundesbildstelle: Seiten: 53, 69
dpa: Seite 123
Harald Odehnal, Konrad-Adenauer-Stiftung: Seite 197
Auswärtiges Amt: Seite 11
Alle anderen: Konrad-Adenauer-Stiftung

Gedruckt auf umweltfreundlichem,
chlorfrei gebleichtem Papier

Originalausgabe

Alle Rechte vorbehalten – Printed in Germany
© Verlag Herder Freiburg im Breisgau 2003
www.herder.de
Satz: Barbara Herrmann, Freiburg
Druck und Bindung: fgb · freiburger graphische betriebe 2003
www.fgb.de
Umschlaggestaltung: Media Consulta, Köln
ISBN 3-451-20329-4

Inhalt

Zum Geleit

Historisches Wissen kann vieles bewirken: es vermittelt in oftmals faszinierender Weise Einsichten in die Wirkungsweise und die Gestaltungsmöglichkeiten von Personen und häufig in die Begrenztheit dessen, was ein einzelner bewirken kann. Es kann anhand einer Vielzahl von historischen Entscheidungen zu über die einzelnen Ereignisse hinaus reichenden Erkenntnissen und Erfahrungen beispielsweise über Ursachen, Abläufe, Zeitpunkt, Dauer grundlegender Veränderungsprozesse führen. Es kann dazu beitragen, Chancen für sich anbahnende oder möglich werdende Veränderungen zu erkennen und daraus Politik zu gestalten. Es kann bei der Gestaltung von Politik aus den Erfahrungen in der Vergangenheit vor Fehleinschätzungen oder falschen Weichenstellungen bewahren. Es fördert vernetztes Denken, erweitert den Horizont und das Denkvermögen durch Parallele, Wiedererkennung, Gegenbild oder Signalkommunikation. Es schärft Urteilsvermögen und ethisch verantwortliches Denken, es schafft Selbstvertrauen durch Teilhabe am historisch-kulturellen Diskurs der Gesellschaft, es ist ein Angebot zur eigenen Standortbestimmung und ordnet und strukturiert das vorgegebene Interesse an Geschichte.

Vor allem aber vermittelt es auch immer wieder Skepsis, Vorsicht und Misstrauen gegenüber allzu perfekt angepriesenen Zukunftsprognosen, gegen einen allumfassenden Machbarkeitswahn, gegen ideologisches Denken, gegen einfache Lösungen, Geschichtsmythen oder gegenüber „ewigem Fortschritt", gegen Manipulation an und gegen Missbrauch von Geschichte. Daher bedarf auch die Politische Bildung, die Kernaufgabe der Konrad-Adenauer-Stiftung, immer wieder der historischen Erinnerung. Denn die öffentliche Förderung der Politischen Bildung durch

Bund und Länder hat von Anfang an einen wichtigen Teil ihrer Legitimation immer auch darin gehabt, dass nach den geschichtlichen Erfahrungen unseres Landes mit der Entstehung, dem Aufstieg und der verbrecherischen Barbarei der NS-Diktatur alles geschehen muss, um Freiheit, Rechtsstaat und Demokratie gegen jede Form von Gewalt, Diktatur oder totalitärem Denken zu schützen und in jeder nachwachsenden Generation immer wieder von neuem die Prinzipien der freiheitlichen, rechtsstaatlichen und sozialen Demokratie fest zu verankern.

In diesen Tagen gibt es in den Medien, Feuilletons, Reden und Gedenktagen vielfältigen Anlass für die öffentliche Erinnerung. Im Vordergrund stehen dabei in Deutschland naturgemäß immer wieder eindrucksvolle und bedrückende Bilder, z. B. von der Machtergreifung Hitlers vor 70 Jahren, Bilder des Krieges und der Zerstörung, Bilder von Stalingrad und dem Bombenkrieg, Bilder von der Vertreibung, Bilder aus den Konzentrations- und Vernichtungslagern, vom Völkermord und von den Opfern von Krieg und Gewaltherrschaft. Wie aber werden die Teile der Vergangenheit aus der Zeit nach 1945 dargestellt, wo häufig fernsehgerechte oder medienwirksame Bilder fehlen, die den Weg unseres Landes nachzeichnen, auf dem aus den Trümmern von Krieg und Zerstörung eine freiheitliche und soziale, stabile und rechtsstaatliche Demokratie aufgebaut wurde, auf dem unser Land in der Wertegemeinschaft der freien Völker wieder einen geachteten Platz fand und sich zur Übernahme von Verantwortung für die Sicherung und Bewahrung eines friedlichen Zusammenlebens der Völker bereit fand? Diesen Weg haben Christliche Demokraten maßgeblich und manchmal auch gegen erhebliche Widerstände geprägt, und er wurde zu einer Erfolgsgeschichte ohne gleichen für unser Land wurde. Dieser Weg war auch eine wesentliche, wenn auch nicht die einzige Voraussetzung dafür, dass die kommunistische Diktatur im östlichen Teil unseres Landes 1989 zusammenbrach und die Menschen in der früheren DDR und in Mittel-, Ost- und Südosteuropa die Freiheit gewinnen konnten.

Die Auseinandersetzung mit der Geschichte, die historische Bildung und die Kenntnis geschichtlicher Prozesse ist dort, wo Bilder fehlen, vor allem geeignet zu verhindern, dass die Erinnerung verblasst, dass historisches Geschehen verdrängt oder vergessen wird. Es darf nicht aus der Erinnerung geraten, dass Freiheit, Demokratie und soziale Sicherheit, dass wirtschaftlicher Aufstieg und das neue Ansehen Deutschlands in Europa und der Welt, dass all das hart erarbeitet werden musste. Hier ist historische Bildung ebenso von fundamentaler Bedeutung wie im Diskurs über Geschichtsinterpretation und Geschichtsbilder, die im demokratischen Staat nicht verordnet werden können. Dieses Buch will zu alledem einen Beitrag leisten und zugleich auch Orientierungshilfe geben. Ich danke den Autoren für ihre Mitwirkung und für ihre Beiträge.

Anton Pfeifer
Staatsminister a.D.
Stv. Vorsitzender der Konrad-Adenauer-Stiftung e.V.

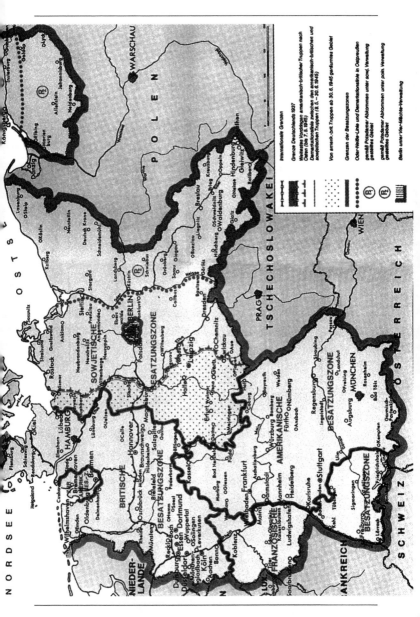

Deutschland 1945

Der Begriff Geschichtsbewußtsein beschreibt die Fähigkeit einer Person, die drei Zeitdimensionen Vergangenheit-Gegenwart-Zukunft sinnvoll ordnen zu können innerhalb der Spannungsfelder Individuum und Gesellschaft, Sein und Wollen einerseits sowie zwischen individuellen Wertsystemen und gesellschaftlichen Normen andererseits. Subjektiv sinnvoll bedeutet, daß das Individuum die Balance findet zwischen einem Geschichtsbewußtsein, das die eigene Identität stützt und gleichzeitig gesellschaftlichen Vorstellungen und Werten entspricht (...) Geschichtsbewußtsein ist eine ständige Leistung des menschlichen Intellekts.

Felix Philipp Lutz (2002)

Das Geschichtsbild wird ein Faktor unseres Wollens. – Wie wir Geschichte denken, das setzt uns Grenzen für unsere Möglichkeiten oder trägt uns durch Gehalte oder lenkt uns auch verführend ab von unserer Wirklichkeit. Noch in der verlässlichen Objektivität ist das geschichtlich Gewußte nicht nur gleichgültiger Sachinhalt, sondern Moment unsres Lebens. Es wirkt auch als Lüge über die Geschichte, wenn solche zur Propaganda für eine Macht benutzt wird. Es liegt der Ernst der Verantwortung in der Aufgabe, uns im Ganzen der Geschichte zu vergewissern.

Karl Jaspers (1949)

Geschichte lehrt Gegenwart in ihren Grenzen und Möglichkeiten aus ihrer Herkunft zu verstehen. Sie klärt Erinnerungen auf und bewahrt uns vor Legenden und Manipulationen. Sie sagt etwas darüber, was der Mensch ist, indem sie zeigt, was er jeweils gewesen ist (...) Geschichte antwortet auf die Frage, warum wir anders sind als andere. Sie präsentiert uns unsere Identität (...)

Thomas Nipperdey (1986)

Es kann sein, daß Geschichte gebraucht wird, ein Bedürfnis ist: Zum Selbstverständnis einer Zeit, als lebendig empfundene Tradition, als Verpflichtung, als Aufgabe, zum Beispiel als Ansporn, sie fortzusetzen in eine bessere Zukunft hinein. Sie kann die Identität von Gesellschaften bestimmen. Sie kann unmittelbar im Verständnis von Institutionen lebendig sein; kann die Wahrnehmung der Menschenwelt weitgehend prägen, eine zentrale Kategorie des allgemeinen Bewußtseins darstellen – indem man etwa, was sich vollzieht, unter historischem Gesichtspunkt zu sehen gewohnt ist. Geschichte als Vergänglichkeit, Geschichte als Prozeß, Geschichte als Instanz, vor der man sich verantwortet – das alles kann eine Rolle spielen. Oder auch nicht.

Christian Meier (2002)

Jörg-Dieter Gauger

Vom öffentlichen Gebrauch der Geschichte

Geschichte als Instrument

Wenn Geschichte nicht nur einen theologischen oder geschichtsphilosophischen Sinn haben soll, sondern jenseits solcher Deutungen einen Zweck, dann den, das große Laboratorium des Menschen zu sein, ihn zwischen „Athen und Auschwitz" (Christian Meier) erfahrbar zu machen: „Was der Mensch sei, sagt ihm nur die Geschichte" (Wilhelm Dilthey). Daher faszinieren ihre Erzählungen immer wieder neu, schaffen Distanz zur Gegenwart, sind Orientierungsangebote angesichts immer rascherer Modernisierung, begründen das Bedürfnis, sich dort zu „verorten", weil wiederzuerkennen, und über Kontinuität jenes kollektive „Gedächtnis" zu schaffen, das aus gedeuteter Vergangenheit Erinnerungsgemeinschaft stiftet. Dazu bedarf es des öffentlichen Gebrauchs der Geschichte, der sie über vielfältige Formen präsent hält: über „Erinnerungsorte", Architektur, Gedenktage, Bußrituale, Reden, Schule und Unterricht, die Historikerzunft, die Medien usf. Dieser öffentliche Gebrauch macht Geschichte und ihre Verarbeitung eo ipso zum Politikum, daher waren und sind auch Geschichte und Politik immer symbiotisch: schon die frühen Griechen wußten um Wert, Unwert und rhetorischen Effekt des historischen Arguments. Ihr Arsenal dafür ist unerschöpflich, das gilt damals wie heute. Sicher: die historische Bildung verschwimmt, die „Fernerinnerung" tendiert – das museale Event einmal ausgenommen – gegen Null, und was „Geschichtsbewusstsein" nun konkret sei, weiß niemand so recht. Aber das Wissen um die Wirkung von Geschichte in Politik und Medien ist ungebrochen: schon Personen (jüngst wieder einmal Ernst Nolte) oder Personalien wie kürzlich noch bei der Besetzung des Hannah-Arendt-Instituts oder der Neuordnung der historischen Auslandsinstitute provozieren Streit. Mit Geschichte lassen sich Skandale kreieren, die Welt in „anständig" und „unanständig" aufteilen, in „gut" und „böse", lassen sich Debatten inszenieren, die über Wochen die Feuilletons beschäftigen und mediale Präsenz ermöglichen. Mit Geschichte lässt sich von den „harten" Problemen, die Detail und Umsetzung erfordern, ablenken zugunsten geistesgeschichtlicher Großwetterlage, in die man Zeitdiagnostisches nach Belieben einspeisen kann. Denn ihr Potential ist für alles gut: für das falsche Zitat, die unzutreffende Parallele, für das gewollte Missverstehen, den übertriebenen Vergleich, für vermeintliche Ursache und unterstellte Wirkung, für Ästhetik und Moral, für Vorbild, negativ oder positiv, für die Sehnsucht nach historischer „Verortung" angesichts zunehmender Innovationsdynamik, gar nach „Identität".

Der öffentliche Gebrauch von Geschichte, in welchem Ausschnitt und mit welchem Ziel auch immer, präsentiert sich daher als eine Vielzahl von Diskursen über bestimmte Gegenwartsbefindlichkeiten, die Vergangenheit als Exerzierfeld, als Motiv- und Beispiellieferanten für ihre Interpretation von Gegenwart und Zukunft politisch instrumentalisiert, Reservoir wird für Erfahrung, Erinnerung, Orientierung, Deutung, Identität und Handlung, die ganze Bandbreite sehr gut ablesbar an den regierungsamtlichen Begründungen für das Eingreifen im Kosovo.

Natürlich kann dieser öffentliche Diskurs harmlos sein, auch wenn er politisch einherkommt: Preußen etwa, im Stadtschloss visualisiert, das verspricht repräsentative Architektur und kantisches Ethos, vereint Größe und Pflicht, läßt sich überdies demokratisch aufladen: 1848, 1919 bis 1932. Oder die großen Ausstellungen in die Vergangenheit zurück – Staufer, Wittelsbacher, die anschaulich machen, dass es auch eine deutsche „Vorgeschichte" gegeben hat, woran auch Karl Heinz Bohrer kürzlich erinnerte: „Die Nichtexistenz eines Verhältnisses zur deutschen Geschichte jenseits des Bezugsereignisses Nationalsozialismus ... ist ein mentales A priori, eine zweite Haut des bundesrepublikanischen Bewußtseins. Es handelt sich um eine Erinnerungslosigkeit, die auf dem vollkommenen Verschwundensein von Vorstellungen, die kollektive Vergangenheit der Nation betreffend, beruht." Da muss schon Peter Glotz kommen, um dahinter einen weiteren Versuch der „politischen Rechten" zu vermuten, „erneut eine deutsche Geschichtsandacht zu zelebrieren". Schließlich erfreut es den Kenner, wenn Heribert Prantl für das aktuelle Verhältnis zwischen Amerika und Deutschland noch den Melier-Dialog bemühen kann, wobei das Hinkende dieses Vergleichs nur darin besteht, dass die Melier im Recht waren und man sie trotzdem einen Kopf kürzer machte. Oder wenn der vormalige SPD-Fraktionsvorsitzende Ludwig Stiegler den amerikanischen Präsidenten Bush zum „Princeps Caesar Augustus" ernannte, der über eine „provincia Germania" herrschen wolle (die erst unter Domitian 90 n. Chr. eingerichtet wurde) und Edmund Stoiber mit Nero verglich, allerdings dadurch abgeschwächt, dass „nero" eben „schwarz" bedeute, aber man natürlich zunächst einmal den sinistren Brandstifter, Christenverfolger und Muttermörder assoziieren soll. Oder ob man in Kanzler Schröder das „Dionysische" walten sehen könnte oder Heide Simonis in ihm einen Churchill redivivus sehen will: „Blut, Schweiß und Tränen": Nicht der Vergleich selbst ist bedeutsam, bedeutsam ist die bildungsbürgerliche Pose, noch vergleichen zu können.

Politische Wirkung gewinnen Vergleiche, Akzente, Bewertung von Abläufen oder die Beurteilung von Personen erst wirklich, wenn sie sich zu zeithistorischen Geschichtsbildern verdichten. Denn hier spielt nicht nur die Interpretation der Jahre 1933 bis 1945 hinein und ihre Zuordnung zur Staatsräson der Bundesrepublik vor und nach

der Einheit, hier wird ablesbar, wie diese Republik, sei es
die „Bonner", sei es die „Berliner", vor diesem Hintergrund
ihre jetzt wieder eigene Vergangenheit und damit verbunden ihr Werden interpretiert und daraus ihre Rolle defi-
niert, ihr Selbstverständnis und ihre Selbstvergewisserung
bezieht.

„Offizielles" oder „offiziöses" Geschichtsbild?

Mitte der 80er Jahre fand in der Bundesrepublik eine intensive „Historikerdebatte" statt, die sich der Interpretation
des Nationalsozialismus und seiner „Historisierung", wie
es damals hieß, widmete. Was dabei immer wieder – fast
gebetsmühlenartig – beteuert wurde, war, dass es kein „of-
fizielles Geschichtsbild" geben könne, also eine Verarbeitung von Geschichte, die irgendwie („regierungsamtlich"
z. B.) verbindlich gemacht werden könnte, wie es noch der
konservative Historiker Hellmut Diwald auf dem Histori-
kertag 1976 gefordert hatte („einheitliches Geschichtsbild"
mit „Geschlossenheit und Kontur"). Daran ist sicher Richtiges: Der Pluralismus in Gesellschaft und Politik erzwingt
die Konkurrenz von Geschichtsbildern und -deutungen,
daher wird man eine große Bandbreite von Deutungsange-
boten zu tolerieren haben. Und das ist gut so, denn sobald
Geschichte zur allgemeinverbindlichen Erklärung von Vergangenheit wird, sich Deutungsmonopole bilden, gerinnt
sie zum geschlossenen Mythos. Aber auch wenn zugestanden wird, in einer pluralen Gesellschaft könne es keine offiziellen Geschichtsbilder geben, zu etablieren versucht
werden zumindest offiziöse, die den „mainstream" markieren, „political correctness" und seine Grenzen signalisieren wollen, deren Überschreitung öffentlich sanktio-
niert wird. Die man daher bewußt und gezielt propagiert
mit der Absicht, diesen Diskurs zu dominieren und das eigene Bild zum quasi-offiziellen zu machen, Deutungs-

hoheit zu gewinnen, sei es über die Geschichte selbst, sei für die Gegenwart, soweit man sie durch Geschichte prägen will, sei es für die Zukunft, soweit man für sie aus der Geschichte etwas ableiten, aus ihr etwas „lernen" soll. Auch dafür, was nicht dazu gehören sollte, was man lieber verschüttet wissen will. Michael Stürmer hatte schon recht, als er im Kontext der Historikerdebatte 1985 den fast schon geflügelten Satz formulierte, dass „in geschichtslosem Land die Zukunft gewinnt, wer die Erinnerung füllt, die Begriffe prägt und die Vergangenheit deutet".

Nationalsozialismus und Holocaust als moralische Chiffren

Die Last der Deutschen sind nicht die 2000 Jahre von Armin dem Cherusker bis 1932, der Genmetaphysik Goldhagens zum Trotz. Denn dort sind „Erinnerungsorte" moralisch indifferent, höchstens ästhetisch zu gewichten. Bei den zwölf Jahren 1933 bis 1945, die allerdings nicht die Kausalkette Luther über Bismarck zu Hitler markieren, sondern den Abschied eines „Kulturvolkes" aus allen Traditionen europäischen Geistes, ist es umgekehrt: sie sind nur unter Moralkategorien zu greifen. Daher sind geschichtspolitische Debatten auch nur auf die Frage nach der moralischen Haftung v. a. der Nachgeborenen konzentriert, nachdem die „Erlebnisgeneration" abtritt, wobei sich der Schatten dieser Vergangenheit bis heute in Deutschland über viele Politikfelder (Beispiel: Gentechnologie) legt.

Die Intensität und das Pathos, mit denen dies heute geschieht, weisen darauf hin, dass mit steigendem Abstand das Gefühl wächst, gerade bei den direkt Betroffenen und deren Nachkommen, es könne sich unterhalb offizieller und ritualisierter „Erinnerungskultur" doch das Vergessen oder Verdrängen breit machen, auch mit außenpolitischen Konsequenzen. Daher auch die seismographische Sensibilität, mit der schon feinste Zwischentöne als Signale eines gewollten „Befreiungsschlages" (Walsers „Auschwitzkeule" etwa) gewertet werden. Natürlich ist verständlich, dass ein Angehöriger der „Erlebnisgeneration" irgendwie versucht, diese Last zu mildern, sie vor sich selbst zumindest zu relativieren: Man selbst ist „anständig" geblieben, daher auch die traumatischen Auseinandersetzungen um die Wehrmachtsausstellung. Und es ist ja wahr: die Untaten wurden verheimlicht, Auschwitz war selbst den Alliierten noch im Frühjahr 1944 unbekannt, obwohl ihre Informationsmöglichkeiten größer waren als die des deutschen Landsers oder Zivilisten. Und natürlich gibt es individuell bezogen auch das „gute Leben im schlechten" (Theodor W. Adorno), sonst hätte Widerstand keine moralische Qualität. Daher gibt es auch keine Kollektivschuld. Aber es gibt die kollektive Verantwortung jetzt der Nachgeborenen für die Pflege jenes essentials unseres kollektiven Geschichtsbildes, das lautet: Die minutiös geplante und industriell durchgeführte Vernichtung des europäischen Judentums bleibt singulär. Das Anliegen ist sicher begreiflich, auch diese Jahre in irgendeiner Weise „verstehbar", „erklärbar" zu machen. Das meint „Historisierung". Nur kann das ebenfalls nicht entlasten, nicht entsorgen, nicht entschuldigen. Denn auch am Ende des Historikerstreits 1986 stand nur die schon vorher bekannte Erkenntnis, dass diese historische Singularität, ob man sie nun als Nachahmungstat oder aus krankem Hirn oder sonstwie „erklärt", ebenso wenig zu bestreiten ist wie auch weiterhin „verglichen" werden darf, dass die kommunistische Großideologie, mag man sie nun mit Stalin, Mao oder Pol Pot verbinden, eine rein zahlenmäßig nicht minder blutige Bilanz aufzuweisen hat. Oder dass die Polen ihr Jedwabne haben. Oder die Tschechen ihre Beneš-Dekrete. Nur heißt „vergleichen" nicht „aufrechnen": Begriffe, die in einer Finanzbuchhaltung sinnvoll sind, sind für die historische Aufarbeitung sinnlos. Denn was sollte eine Gegenrechnung bewirken? Sie löscht ja nichts aus, am Schluss steht kein ausgeglichener Saldo-Abschluss von Soll und Haben. Zumal es den Opfern völlig gleichgültig sein kann, ob sie im Namen des Fortschritts oder des Rückschritts erschossen, vergast, sonstwie zu Tode kamen. Wenn ein führender Politiker in diesem Kontext missverständliche Assoziationen auslöst, um auf Stimmenfang zu gehen, oder gleich zwei Literaten um einen Kritiker jüdischer Herkunft Mordphantasien spinnen, so ist das alles degoutant, aber noch kein Grund, Deutschland erneut vor dem 30. Januar stehen zu sehen. Aber es ist sehr wohl Anlass, schärfer hinzusehen, inwieweit sich Tendenzen erkennen lassen, die sich davon zu emanzipieren scheinen.

Eine neue „Identität der Deutschen"?

Die Wiedervereinigung 1989 hat viele Themen entsorgt, die zum Geschichtsdiskurs der alten Bundesrepublik und zur Geschichtsverarbeitung der vormaligen DDR gehörten und die Edgar Wolfrum 1999 kenntnisreich nachgezeichnet hat, auch wenn man da und dort andere Akzente setzen würde. Dazu gehören auch viele deutschlandpolitisch geprägte Debatten, die sich mit 1989 erübrigt haben und daher nur mehr professionelles Interesse im engeren Sinne, im Sinne historiographischer Aufarbeitung beanspruchen können; aber sie prägen kein Geschichtsbild mehr und sind daher auch kaum mehr Gegenstand öffentlicher und damit politischer Auseinandersetzung. So ist es wenig sinnvoll, noch einmal die angeblich „verpasste Chance" der Stalinnoten von 1952 zu diskutieren, deren Erörterung „fast geschichtsneurotische Dimension" (E. Wolfrum) angenommen hatte, zumal sich Neues hier nicht ergeben wird. Sicher ist nur, dass Stalin damit rechnete, dass die Westmächte, v.a. Amerika, den damit verbundenen Schritt in die Neutralität niemals zugelassen hätten, daher sollte ihnen die Schuld an der deutschen Spaltung zugeschoben werden, und umgekehrt Adenauer die damals geforderte Festschreibung des Potsdamer Protokolls und den damit verbundenen Verzicht auf die Ostgebiete politisch nicht überlebt hätte.

Die Wiedervereinigung hat freilich eine zentrale Debatte schon der frühen 80er Jahre nicht aus der Welt geschafft, die Frage nämlich nach der „Identität der Deutschen", seit den frühen 80er Jahren immer wieder aufgeworfen, und ihre Rolle in der Welt unter jetzt gewandelten Vorzeichen. Dass in diesem Kontext eine geistig-politische Neuorientierung versucht wird, läßt sich an verschiedenen Tönen ablesen, die sich freilich erst in der Zusammenschau zur Partitur von Stimmungen verdichten lassen. Einen Kammerton schlug Bundeskanzler Schröder an, als er im Wahlkampf 2002 plötzlich „den deutschen Weg" propagierte und sich jeder historisch Kundige – gerade im Ausland notabene – sofort an den „deutschen Sonderweg" erinnert fühlte, jetzt aber nicht mehr im Rückblick auf die bekannte Historikerdiskussion um Kaiserreich, Weimar und Hitler, sondern als in die Zukunft weisende Parole. „Deutscher Weg", mag man ihn auch nachträglich als „Quatsch" (Joschka Fischer) bezeichnen, das geht gar nicht so sehr auf mögliche Realität, das geht auf Befindlichkeiten, auf den Appell an das „nationale" Sentiment: Die Stimmung des „Wir sind wer", Eigenständigkeit, Selbstbewusstsein, „gleiche Augenhöhe", das fördert das Gefühl, nun sei es mit der zurückhaltenden, bescheidenen „Bonner Republik", die ihre politische Ortsbestimmung wesentlich der Abgrenzung gegen die totalitäre Erfahrung verdankt, und damit der Nachkriegsgeschichte vorbei. Die „Berliner Republik" lässt sich nicht mehr so einfach am Gängelband der Vergangenheit führen, das ist die Botschaft. Ralf Dahrendorf scheint sie jedenfalls so verstanden zu haben: „Der Westen steht für bestimmte Werte, aufgeklärte Werte wie Verfassung der Freiheit, Herrschaft des Rechts. Wenn da falsche Signale gegeben werden, wenn der Anschein erweckt wird, dass Deutschland da nicht mehr mitmacht, dass die große Revolution der Nachkriegszeit, die Adenauer-Erhard-Revolution nicht mehr gilt, dann kriege ich es mit der Angst". Henry Kissinger fordert zur „Definition eines deutschen Weges" auf, „der die richtigen Lektionen aus der Geschichte zieht". Denn „Anti-Amerikanismus (könnte) zu einem dauerhaften Merkmal deutscher Politik werden". Und die SZ kommentiert: „(..) in Washington hat man erkannt, dass hinter dem Wahlkampfgetöse ein generell neues Deutschland zu stecken scheint. Henry Kissinger schmeckt einen Hautgout von Wilhelminismus heraus, und in der Tat pflegt die kaiserliche Sozialdemokratie unter Gerhard I. eine fatale ‚Wir sind wieder wer'-Rhetorik." Die Parallele Wilhelm II. wird daher ernsthaft diskutiert („Pickelhauben-Pazifist"), während Herostrat oder Neville Chamberlain singulär bleiben.

Leichte Risse im Tabu

Sicher: Der Griff zum historischen Vergleich, dann am besten dazu geeignet, sowohl öffentlich zu diffamieren wie auch öffentliches Interesse auf sich zu ziehen, wenn man irgendwie Hitler, Goebbels, Göring und überhaupt die NS-Zeit bemüht, stößt auch weiterhin auf klare Grenzen. Das hat zuletzt Herta Däubler Gmelin schmerzlich erfahren müssen: Bush wolle von seinen innenpolitischen Problemen ablenken. „Das hat auch Hitler schon gemacht". Zwar hatte es Hitler nie nötig, von innenpolitischen Problem abzulenken, und das Motiv des *bellum ex bellis serere*, Krieg an Krieg reihen, um abzulenken, ist ein antikes. Die Ministerin musste zurücktreten: Bush und Hitler irgendwie in einen Kontext zu stellen, das überlebt man nicht. Ob man daher Oskar Lafontaine mit seinem Einfall, Heinrich Brüning mit Gerhard Schröder zu vergleichen („[...] jener Reichskanzler, der mit seiner Sparpolitik Massenarbeitslosigkeit vesurusachte und Hitler den Weg bereitete.

Wie damals sind die Menschen verunsichert und geben immer weniger Geld aus."| in der SPD keines „Stückes Brot" mehr würdigt, bleibt abzuwarten. Durch die zunehmende Ubiquität des Vergleichs tritt freilich ein, was man „Banalisierung des Bösen" nennen kann: wer leichtfertig oder bewußt „Nazi-Methoden" beschwört, lässt das Ungeheuerliche verschwimmen, nimmt es nicht mehr ernst, und was man nicht mehr ernst nimmt, relativiert sich.

Der Eindruck schleichender Neuorientierung, das betrifft auch jene Anfang 2002 einsetzende Reinterpretation von 1945f., die die Deutschen nicht mehr nur in der Täterrolle begreift, sondern auch den anderen Tätertum zuschreibt, nicht im Sinne der Aufrechnung notabene, sondern wohl eher zugunsten eines psychischen Gleichgewichts von Tätern und Opfern (hier in Parenthese: nicht erst 1939, schon 1919 macht den Anfang). Ausgerecht Günter Grass, der es im Rahmen der Diskussion um die Ostverträge nicht einmal andeutungsweise thematisierte, entdeckte das Thema „Flucht und Vertreibung" mit dem Argument, man dürfe es nicht den „Rechtsgestrickten" überlassen, forderte die Berücksichtigung von Kultur und Geschichte des historischen deutschen Ostens als Arbeitsauftrag für die Bundeskulturstiftung und tat so, als sei das Thema durch finstere Kräfte über 50 Jahre tabuisiert worden: Arno Schmidt, Siegfried Lenz, Walter Kempowski, Alexander Kluge, Leoni Ossowski (Schlesien-Trilogie), Arno Surminski („Sommer vierundvierzig"; „Kudenow oder An fremden Wassern weinen"), Christa Wolf („Kindheitsmuster"), Marion Gräfin Dönhoff, Christian Graf von Krockow, alles „Rechtsgestrickte"? Oder Bundesminister Heinrich Windelen (CDU), der die große Schieder-Dokumentation aus den 50er Jahren in einer preiswerten Taschenbuchausgabe verbreiten ließ? Daher stellt die „Süddeutsche Zeitung" vom 15. Februar 2002 zurecht fest: Nach alledem Günter Grass jetzt ernsthaft als Tabu-Brecher feiern zu wollen, zeuge von Ignoranz und bestenfalls von schlechtem Erinnerungsvermögen.

Das Thema lauerte über Jahrzehnte auf Erlösung, das sitzt immer noch tief, tabuisiert wurde es freilich durch die eigenen Gesinnungsgenossen als Begleitmusik zu den Ostverträgen: Nachdem die großen Forschungen zu diesem Thema auf deutscher Seite in den 50er Jahren weitestgehend abgeschlossen waren, geriet es zum Randgebiet der Zeithistorie, wurde in den Dunstkreis der Vertriebenenverbände verdrängt, die man so oder so mit dem Bann des Revanchismus belegte, wurde aus den Schulen dank sozialdemokratischer Lehrpläne seit den 70er Jahren immer weiter eliminiert, ja sogar die Ostsiedlung des Mittelalters verschwand aus vielen Richtlinien. Ist daher die Wiederaufnahme des Themas nur Altersmilde oder Verkaufsspekulation, oder ist Europa erst jetzt in der Lage, auch die deutsche Erzählung auszuhalten? Oder steckt dahinter eine geschichtspolitische Pointe, ein neues Ausbalancieren von Täter- und Opferrolle, die beide in ein neues Verhältnis setzt und den historischen Makel mildert? Und hat die Diskussion um den Bombenkrieg gegen Deutschland eine ähnliche Funktion?

Denn zeitgleich werden zwei weitere Signale vernehmbar: zunächst die schleichende Enttabuisierung des Antisemitismus. Darauf verweist nicht nur die intensiv geführte zweite Walser-Debatte, die zweifellos ebenfalls verkaufsfördernden PR-Effekt erzeugen sollte. Größerer Aufmerksamkeit bedürfen subkutane mentale Strömungen, die sich nicht direkt äußern, aber Trends signalisieren: der deutliche Anstieg der Ablehnung von Juden (Studie Freud-Institut/Uni Leipzig, FR 15. Juni 2000), die „Schlussstrich-Mentalität" oder die „Sehnsucht nach einem gesunden Nationalbewusstsein" (61 Prozent der Studenten!: Essener Umfrage 2000) belegen, dass jener antisemitische Grundstock, der in Deutschland immer bestand, immer weniger Scheu hat, sich dazu zu bekennen, zumal sich ein namhafter Politiker in der Bundestagswahl 2002 nicht scheute, zumindest den Eindruck zu hinterlassen, er wolle mit derartigen Ressentiments Wähler fangen, und der vormalige Verteidigungsminister Scharping unterstellt haben soll, Bush wolle mit dem Irak-Krieg die Stimmen einer „vielleicht zu mächtigen jüdischen Lobby" gewinnen. Für Literaturnobelpreisträger Imre Kertész jedenfalls scheint sich „etwas verändert zu haben": Er erlebe „zum ersten Mal seit dem Krieg in Deutschland eine antisemitische Sprache". Und beides – Antisemitismus und „gesundes Nationalgefühl" – hat zumindest etwas mit „Vergessen" zu tun, noch eher aber wohl mit profunder Unkenntnis: Wenn 65 Prozent der deutschen Jugendlichen nicht wissen, wann der Zweite Weltkrieg begann (31 Prozent Studierende!), 35 Prozent nicht, wann er endete, Auschwitz 31 Prozent unbekannt ist (WamS vom 5. Juli 1998) oder 71 Prozent der Studierenden mit den „Nürnberger Gesetzen" nichts anfangen können, dann ist das Schweigen vorprogrammiert. Und dann setzen sich jene privaten Bilder durch, wie sie Harald Welzer für sein Buch „Opa war kein Nazi" ermittelt hat: „26 Prozent der damals erwachsenen Bevölkerung haben Verfolgten geholfen, 13 Prozent waren im Widerstand aktiv, 17 Prozent haben immer den Mund aufgemacht, wenn es darum ging, Unrecht beim Namen zu nennen. Außerdem war lediglich ein Prozent der Bevölkerung an Verbrechen beteiligt. Antijüdisch sind ganze drei Prozent gewesen."

Vergessen scheint man auch zu haben, was man Amerika nicht erst nach 1945 verdankt. Dafür spricht die fortschreitende, mit dem 11. September 2001 unter deutschen Intellektuellen und Politikern schleichend wieder einsetzende öffentliche Revitalisierung antiamerikanischer Ressentiments, die jene Grundstimmung nur fortschreiben, die schon 1968 („USA-SA-SS") und dann wieder in der Friedensbewegung Ende der 70er Jahre Amerika zum „Reich des Bösen" und Breschnew zum Friedensfürsten erhoben. Hier scheint sich wieder einmal der unterschwellig nie verschwundene Gegensatz „deutsche Kultur" versus „westliche Zivilisation" zu melden, den der nationalkonservative Historiker Wolfgang Venohr einmal auf die Formel brachte: „Coca-Cola statt Goethe": das eine tief und bedeutungsvoll, heute in der konkreten Variante pazifistisch-moralgeleitet, das andere oberflächlich und seicht, heute in der konkreten Variante imperialer Rambo-Manier (s. auch FAZ, 19.3.2003).

Konturen eines neuen Geschichtsbildes?

Um das eigene Geschichtsbild mit gewünschten Inhalten aufzufüllen, gibt es verschiedene Varianten, die sich freilich gebündelt auf eine Botschaft konzentrieren lassen: Vor der Geschichte besteht nur, was sich „links" zuordnen läßt, was nicht in das Schema passt, muss weichen. Das beginnt bei Personen: Da verteilt das Bundespresseamt eine Broschüre „10 Jahre vereint", in der der Name Helmut Kohl nur einmal fällt, ein Photo gar nicht zu finden ist: „Alles, alles andere, die deutsche Einheit, der Aufbau Ost, einfach alles, war das Werk ungenannter, aber der SPD offenbar sehr nahe stehender Kräfte – beginnend mit einem Zitat Willy Brandts, endend mit Zitaten Gerhard Schröders" (Thorsten Krauel, WELT 3.4.2000). Da führt Johannes Willms in der in der Süddeutschen Zeitung den Angriff gegen die angebliche Dominanz klassifizierter „konservativer" Historiker in der deutschen Geschichtswissenschaft („Das Treibhaus der Geschichte (...) Noch immer ziehen wenige Mandarine die Fäden in der deutschen Historikerzunft"): dieser „Gesinnungsfilz, der auf Deutungsmacht zielt", muss „entmachtet" werden, obwohl doch jeder Kundige weiß, dass „Gesinnungsfilz" sich in der deutschen Zeitgeschichte ganz anders verorten läßt. Das setzt sich fort durch neue Kontinuitätskonstrukte, wenn der vormalige SPD-Fraktionsvorsitzende Stiegler die CDU/CSU in den Dunstkreis des Nationalsozialismus durch seine Äußerung im Rahmen der NPD-Verbotsdebatte rückte: „Dabei müsste gerade bei

CDU/CSU und FDP, deren Vorläuferparteien am 23. März 1933 Hitler ermächtigt haben, nachdem sie ihn zuvor verharmlost und mit an die Macht gebracht haben, die historische Schuld alle denkbaren Aktivitäten auslösen, wenigstens heute schon den Anfängen zu wehren." Oder wenn Minister Jürgen Trittin CDU-Generalsekretär Meyer mit einem Skinhead gleichsetzt. Und das mündet schließlich in der massiven Verdrängung des linken Totalitarismus: Wenn daher der vormalige SPD-Generalsekretär Franz Müntefering in der WELT vom 16. Februar 2002 behauptete: „Allerdings waren und sind Sozialdemokraten auch keine Büttel alter oder junger Kommunisten.", vergaß er dabei nicht nur die Rolle der Ost-SPD bei der Vereinigung mit der KDP 1946, sondern auch die Tatsache, dass die SPD die PDS – Nachfolgepartei der SED, keine neue Partei – als Regierungspartei hoffähig machte und damit den Weg zuende brachte, den das gemeinsame SPD-SED-Papier von 1987 ebnete: Die Präambel des Berliner Koalitionsvertrages 2002 zwischen SPD und PDS klingt zwar nach Reue und Schuld, aber Stefan Liebisch, Berliner Landesvorsitzender der PDS, erklärte kurz nach Abschluss: „Es ist nicht die Delegitimierung der DDR, kein Kotau vor dem Westen, sondern die konsequente Fortsetzung der kritischen Umgangs der PDS mit der Geschichte der SED." Daher schrieb die FAZ vom 17. Januar 2002 zu Recht: „Das Dokument durchweht der Geist des Kalten Krieges. Das Argumentationsmuster zwei rechts/zwei links locker zusammengestrickt sieht so aus: Der Kalte Krieg ist vorbei, beide Seiten haben Fehler gemacht, Schwamm drüber. Das soll die Überwindung des Kalten Krieges darstellen, es ist aber seine Fortsetzung. Denn so redeten die Kommunisten und ihre arglistigen oder naiven Mitstreiter schon immer. Der Konflikt zwischen Kommunismus und Demokratien war nicht nur ein Konflikt von Mächten, sondern auch von Wertordnungen. Es ging den Rang der Freiheit. Die Demokratie stellt sie auf den ersten Platz. In der Diktatur ist sie nur ein Wort."

Aber es passt jedenfalls, dass Rosa Luxemburg in der Rolle einer freiheitlichen Demokratin plötzlich als Heroine der deutschen Geschichte verkauft, der russische Stadtkommandant Nikolai Bersarin zum Wohltäter der Stadt erklärt, während Hindenburg „entsorgt" werden sollte, der Stasibeauftragte in Mecklenburg-Vorpommern von der „historischen und politischen Aufarbeitung" der Stasi-Umtriebe entbunden werden soll und der neue Bundesbauminister auch weiterhin unter Stasi-Verdacht steht. Oder Filme und Romane das Bild einer bukolisch-idyllischen („Sonnenallee"), jedenfalls eher komischen Spaßgesellschaft („Helden wie wir") nahelegen. Verdrängung auch an den Hochschulen und Schulen: Im Januar 2002 wurde eine Leipziger Studie bekannt, die sich mit dem Lehrangebot deutscher Hochschulen zur Geschichte der DDR befasst. Tenor: die DDR verschwindet aus den Hörsälen, so die Formulierung der FAZ vom 23. Januar 2002. Nur jede dritte Universität befasse sich nach dieser Studie mit der DDR, und nur im Osten finde sich dazu ein adäquates Lehrangebot. Damit ist das Angebot auf dem niedrigsten Stand seit 1990. Die Konrad-Adenauer-Stiftung hat 1999 eine Untersuchung zur DDR-Geschichte in den Richtlinien und Schulbüchern präsentiert. Auch dort ist spürbar, dass Schwierigkeiten in der Bewertung der DDR und der deutschen Einigung bestehen. Das Verschwinden der DDR aus Forschung, Lehre und Unterricht ist freilich nichts Neues: Jens Hacker kam 1992 in seiner Bestandsaufnahme „Deutsche Irrtümer" zu dem Resultat: „Nicht nur ein guter Teil der bundesdeutschen Medien, sondern auch viele Schulbücher zeichneten sich durch ein schöngefärbtes Bild der DDR aus. Ein böses Erwachen gab es im Frühjahr 1990, als sich die Bundesregierung entschloß, dreißig Millionen Mark bereitzustellen, um die in der DDR nach der gewaltlosen Revolution untauglich gewordenen Schulbücher durch bundesdeutsche zu ersetzen. Die DDR benötigte damals vor allem Lehrgut über Politik, Gesellschafts- und

Gemeinschaftskunde. Mit Recht fragte der *Spiegel:* ,Ob die ostdeutschen Pädagogen und Umerzieher zur Demokratie an der Bonner Gabe allzuviel Freude haben, ist zu bezweifeln. Denn aus den DDR-Lektionen der westdeutschen Unterrichtsmaterialien lernen Schüler nicht selten, wie schön es noch gestern im real existierenden Sozialismus war'". Dass man noch heute in vielen Schulen in den jungen Ländern das Thema umgeht oder im Sinne des Zitat verfährt, ist eine öffentliches diskutiertes Geheimnis.

Schließlich muss auch der „linke Faschismus" (Jürgen Habermas) in der Geschichte der Bundesrepublik seinen Ehrenplatz erhalten: 1968, seine Folgen werden positiv abgewickelt, nachdem seine Akteure auf dem „langen Marsch" oben angekommen sind: Die Debatte um Joschka Fischer und eine „Putztruppe" Anfang 2001 gliedert sich daher nur ein in eine Bewertung der spätmarxistischen deutschen „Kulturrevolution", die sie als notwendiges, im Sinne jetzt erst beginnender Demokratie geradezu gefordertes und Gewalt letztlich legitimierendes Aufbegehren „der" Jugend gegen den erstarrten, „faschistoiden" „CDU-Staat" interpretiert, den Kanzler Schröder noch im Oktober 2002 – nach der Wahl – als Menetekel an die Wand malt. Wer noch das belfernde Stakkato der Megaphone, die Trillerpfeifen, das hysterische Gekreische weiblichen Revolutionspersonals im Ohr hat, die Herabwürdigung von Personen vor Augen, wird sich hüten, darin einen besonderen „Charme" zu entdecken. Aber wo im Sinne eines „Modernisierungsschubs" gehobelt werden muss, dürfen bekanntlich auch einmal Späne fallen, jedenfalls dann, wenn sie von „links" herunterfallen.

Und was galt und gilt es nichts alles zu bekämpfen: Den miefig-klerikalen „Adenauer-Staat" und seinen Begründer, den Spalter und Alliiertenknecht aus Rhöndorf, der übrigens in den von Étienne François und Hagen Schulze herausgegebenen „Erinnerungsorten" keinen Platz findet, eine erinnerungsunwillige Republik, eine falsche Einschätzung, die am real existierenden Sozialismus bis heute das Positive nicht sehen will, die den Mauerbau nicht als verständnisheischende Friedenssicherungsmaßnahme begreifen will, auch mit der Ostpolitik Willy Brandts Fragezeichen verbindet, statt zu sehen, dass nur über sie die Wiedervereinigung und die Destabilisierung des vormaligen Ostblocks überhaupt möglich wurde. Oder die mit der Kanzlerschaft Helmut Kohls mehr als Stagnation oder „Reformstau" verbindet. Es ist nicht nur das Dilemma, dass in schnellebiger Zeit die Menschen rasch vergessen. Das Problem ist, dass sie auch immer weniger wissen. Und wer nichts weiß, der muss alles glauben. Das mag da und dort sogar recht bequem sein, aber wer die Einsicht „Herkunft ist Zukunft" (Martin Heidegger) ernst nimmt, muss wenigstens versuchen, dem Vergessen Einhalt zu gebieten.

Quellen- und Literaturhinweise

U. Ackermann, Die gespaltene Erinnerung, in: DIE WELT vom 8. November 2002 (29) – Beiträge in: Aus Politik und Zeitgeschichte B 51-52/2002 – K. Füßmann/H. Th. Grütter/J. Rüsen (Hgg.), Historische Faszination. Geschichtskultur heute (1994) – R. Gries/V. Ilgen/ D. Schindelbeck, Gestylte Geschichte. Vom alltäglichen Umgang mit Geschichtsbildern (mit Essays von H. Glaser und M. Salewski) (1989) – K. H. Jarausch/M. Sabrow, Die historische Meistererzählung. Deutungslinien der deutschen Nationalgeschichte nach 1945 (2002) – F. Ph. Lutz, Das Geschichtsbewußtsein der Deutschen. Grundlagen der politischen Kultur in Ost und West (2000) – Ch. Meier, Von Athen bis Auschwitz. Betrachtungen zur Lage der Geschichte (2002) – H. Möller, Geschichtsbilder oder Geschichtsbild? Ein Vergleich zwischen der Bundesrepublik Deutschland und der DDR, in: K. Hildebrand (Hg.), Wem gehört die deutsche Geschichte? (1987; Veröffentlichungen der Hanns Martin Schleyer-Stiftung 22) 36-55 – P. Steinbach, Postdiktatorische Geschichtspolitik: Nationalsozialismus im deutschen Geschichtsbild nach 1945, in: P. Bock/E. Wolfrum (Hgg.), Umkämpfte Vergangenheit (1999) 17-40 – M.Z. Schröder, Die DDR war gar nicht lustig, in: Literaturen 11/2002, 84-87 – E. Wolfrum, Geschichtspolitik in der Bundesrepublik Deutschland (1999).

Bundeskanzler Konrad Adenauer (1949–1963)

Es ist üblich, über Wendepunkte in der Geschichte zu reden. Aber sie treten ein, und dies wird in den Anfangsjahren der Bundesrepublik deutlich sichtbar. Seltsamerweise blieb das weithin unbemerkt. Es war einer der dramatischsten Zeitabschnitte in der ganzen Geschichte Deutschlands. Aus der Niederlage entstanden materieller Wohlstand, politischer Fortschritt und die Anerkennung der gesamten zivilisierten Welt. Schlüsseldaten waren das Jahr 1948, als die Westmächte der Bildung des Parlamentarischen Rates zustimmten, um das Grundgesetz aufzustellen und den Weg für die ersten Bundeswahlen zu ebnen; 1954 schenkten die Bonner und Pariser Verträge der Bundesrepublik die volle innere und äußere Souveränität; 1955 trat die Bundesrepublik der NATO bei, und mit der Sowjetunion wurden diplomatische Beziehungen aufgenommen; 1957 wurde die Bundesrepublik Mitglied der EWG, und 1963 wurde der Freundschaftsvertrag mit Frankreich unterzeichnet. Zwangsläufig gab es auch negative Daten wie die Schaffung des ostdeutschen Staates im Jahre 1949; als 1953 der ostdeutsche Aufstand niedergeschlagen wurde, und im Jahre 1961 der Bau der Berliner Mauer. Alle diese Daten fallen in die Adenauer-Ära, in einen Zeitabschnitt, in dem er die dominierende politische Persönlichkeit und der anerkannte Mann an der Spitze seines Volkes war (…) Für nahezu die Hälfte der dreißig Jahre, seit denen die Bundesrepublik besteht, stand er im Rampenlicht des Geschehens; er errichtete die Fundamente für sie, baute sie auf und konsolidierte sie. Es war ein überragendes Werk, vergleichbar dem Bismarcks, aber mit größerer Aussicht auf Bestand. In jeder Untersuchung über das Nachkriegsdeutschland muß die Adenauer-Ära auf den ersten Blick gesehen einen unverhältnismäßig breiten Raum einnehmen. Die Gründe sind klar, denn sie umfaßt die entscheidendsten und spannendsten Entwicklungsjahre. 1963 hinterließ Adenauer ein reiches Erbe, er selber hatte 1949 nahezu nichts übernommen. Im Jahre 1963 hatte es die westdeutsche Demokratie geschafft. 1949 und noch mehrere Jahre danach war ihr Überleben fraglich. 1963 wiederum war ein buntes Mosaik kleiner politischer Parteien verschwunden, praktisch überlebten nur drei. Das politische Chaos von Weimar eignete sich nicht für eine Wiederholung.

Der englische Publizist Terence Prittie (1979)

„Zu a). Die Sozialdemokratische Partei Deutschlands geht davon aus, dass das europäische und das atlantische Vertragssystem, dem die Bundesrepublik angehört, Grundlage und Rahmen für alle Bemühungen der deutschen Außen- und Wiedervereinigungspolitik ist.
Zu b). Die Sozialdemokratische Partei Deutschlands hat nicht gefordert und beabsichtigt nicht, das Ausscheiden der Bundesrepublik aus den Vertrags- und Bündnisverpflichtungen zu betreiben. Sie ist der Auffassung, dass ein europäisches Sicherheitssystem die geeignete Form wäre, den Beitrag des wiedervereinigten Deutschlands zur Sicherheit in Europa und in der Welt leisten zu können. (Sehr wahr! bei der SPD.)
Zu c). Die Sozialdemokratische Partei Deutschlands bekennt sich in Wort und Tat zur Verteidigung der freiheitlichen demokratischen Grundrechte und der Grundordnung und bejaht die Landesverteidigung. (Unruhe bei der CDU/CSU.)
Meine Damen und Herren, unterschiedliche Auffassungen über Zweckmäßigkeiten auf diesem Gebiet, die im demokratischen Staat legitim sind und die demokratisch-parlamentarisch ausgetragen werden, bedeuten doch nicht, dass die parlamentarische Opposition weniger verantwortungsfreudig wäre als die Regierung.

Herbert Wehners deutschlandpolitische „Wende" (30. Juli 1960)

Manfred Funke

Die Ära Adenauer: Eine Profilskizze zu Politik und Zeitgeist 1949–1963

Die Fundamente

Am 5. Mai 1945 machte der amerikanische Militärgouverneur von Köln, John K. Patterson, die Ernennung Konrad Adenauers zum Oberbürgermeister der Rhein-Metropole zwecks „wirksamer Erledigung der Regierungsgeschäfte" und „notwendiger Veränderungen in der Verwaltung" aktenkundig. Der US-Offizier schrieb: „Vor 1933 war Dr. Adenauer eine einflußreiche Persönlichkeit, deren Bedeutung weit über die Stadt und Provinz hinausragte. Von 1917 bis 1933 bekleidete er das Amt des Oberbürgermeisters von Köln, war Präsident des Preußischen Staatsrates und Vorsitzender des Provinzialrats der Rheinprovinzen. Nach der Machtergreifung durch die Nazis waren er und seine Familie ständiger Verfolgung ausgesetzt (...) Er ist charakterstark und besitzt einen schnellen und scharfen Verstand."

Nicht seine Ziele, „die von den Nazis verdorbenen Deutschen umzuerziehen", die alten Parteien zu reformieren, deren Zahl zu verringern und die von Moskau gesteuerten Kommunisten zu bekämpfen – so Adenauer zum U.S.-Offizier Just Lunning – kosteten den OB sehr rasch wieder das Amt, sondern das ausgeprägte Selbstbewußtsein. Die Briten, die nach den Amerikanern Köln okkupierten, setzten Adenauer wegen Eigenmächtigkeiten bereits am 6. Oktober 1945 als Oberbürgermeister ab. Dies machte für Adenauer den Weg frei in die „große" Politik.

Am 5. März 1946 wurde Adenauer Vorsitzender der CDU in der britischen Zone. Er übernahm den Fraktionsvorsitz im Landtag von Nordrhein-Westfalen. Für die CDU arbeitete Adenauer seit dem 6. August 1948 im Parlamentarischen Rat, der ihn in Bonn am 1.September zum Präsidenten wählte. Nach Erarbeitung des Grundgesetzes und der Konstituierung des ersten Deutschen Bundestages wurde Adenauer mit der Mehrheit einer einzigen Stimme zum ersten Bundeskanzler gewählt.

Als Regierungschef einer Koalition aus CDU / CSU, FDP und DP schien der Dreiundsiebzigjährige ein Kanzler des Übergangs zu sein. Zu dessen Amtseinführung notierte der nachmalige Botschafter Ulrich Sahm in sein Tagebuch: „20.9. (Bonn): In dem wirklich sehr imposanten Sitzungssaal des Bundestages vollzieht sich die Vereidigung des ersten Kabinetts der Bundesrepublik und Adenauers Regierungserklärung. Das Kabinett macht einen gar nicht so schlechten Eindruck, viele Mitglieder sind durchaus ernsthafte Männer mit gutem Willen, wie Blücher, Heinemann, Wildermuth, Kaiser. Zwei Männer des 20. Juli: Kaiser und Lukaschek (...) Adenauer wirkte fast jugendlich, wenn er mit viel Humor die kommunistischen Zwischenrufe beantwortete. Einzelne Formulierungen ganz ausgezeichnet. Adenauer macht einen sehr klugen Eindruck, er weiß ziemlich genau, was er will. Ohne eine gewisse Rücksichtslosigkeit und starke Autorität könnte in diesem Bonner Affenstall nicht regiert werden."

Nur drei Jahre später hatte Adenauer mit erheblicher Rücksichtslosigkeit und unter Einsatz des „Affenstalls" das geistige und politische Staatsgebäude errichtet, in dem wir heute leben. Seine Fundamente hatte Adenauer im „Revolutionsjahr" 1952 gesichert. So ist jenes Jahr wohl zu bezeichnen, in dem der Strukturbruch deutscher Außen- und Innenpolitik deutlichst erfolgte. Er erfolgte mit dem Projekt des Deutschland-Vertrags, das auf die Rückkehr zur Souveränität abzielte; mit dem Verzicht auf eigene, nationale selbständige Streitkräfte zugunsten einer integrierten Bündnisarmee. Es erfolgte weiter der Epochenbeginn der Multilateralität mit der Inkraftsetzung der Europäischen Gemeinschaft für Kohle und Stahl sowie mit

Bonns Zutritt zum Internationalen Währungsfonds und zur Internationalen Bank für Aufbau und Entwicklung.

Es erfolgte der Bruch mit den Traditionsbeständen durch das Verbot der neonazistischen Sozialistischen Reichspartei, und es erfolgte ein Wiedergutmachungsabkommen mit Israel (*s. den Beitrag von Niels Hansen*). Es erfolgte das definitive Bekenntnis zur atlantischen Werte- und Sicherheitsgemeinschaft durch das Nein zur Stalin-Note vom 10. März 1952.

Absage an Stalin

Die Zäsur in der Ablehnung dieser Note zeigt sich vielfach bis heute als Bekenntnis zu einer freiheitlichen demokratischen Staatsräson unbegriffen. Unbegriffen in der Frage, was Stalin denn wirklich gemeint, wirklich vorgehabt habe, als er den Deutschen 1952 die Wiedervereinigung Deutschlands bis zur Oder-Neiße-Grenze, Neutralität und hinreichende bewaffnete Sicherheit unter Zulassung friedliebender demokratischer Parteien anbot. Adenauer, obgleich nicht Adressat der Note und bloß Chef einer Regierung unter westalliiertem Protektorat, wurde nachmalig immer wieder die verpaßte Chance zur frühen Wiedervereinigung vorgeworfen. Unbegriffen blieb, dass alle drei Westmächte die deutsche Einheit faktisch nicht wollten, dass Adenauers Nein zum deutschen Neutralitätsstaat nicht aus Desinteresse an der Wiedervereinigung kam, sondern im Gegenteil gerade daraus, dass diese Wiedervereinigung in Frieden und Freiheit auf Dauer nur erreichbar schien mittels Ausreizung deutscher Staatsräson, westlicher Disziplin und gemeinsamer Stärke. Oder anders: Worin hätte die Gewährleistung deutscher Sicherheit bei Neutralität bestanden? Im Falle der Neutralitätsverletzung durch Stalin hätten sich als potentielle Nothelfer die USA über 6000 km entfernt von Deutschland befunden, dagegen die Truppen Stalins 60 km östlich von Berlin an der Oder. Die Anrufung der UNO hätte zwischenzeitlich erfolgte Okkupationsmaßnahmen der Sowjets vielleicht reversibel gemacht – mit Deutschland als Trümmerfeld. Was Adenauer begriff und andere nicht begreifen wollten, war jene Tugend des Staatsmannes, niemals die Handlungsspielräume des eignen Landes der Entscheidungshoheit eines übermächtigen Nachbarn weder zum Guten noch zum Bösen zu übertragen. Zumal nicht einem totalitären System mit der Blutspur Stalins. Adenauers Konzept bestand im Vertrauen auf die Stärke des Westens, seine militärische und materielle Überlegenheit im Sinne der Magnet-Theorie von John Foster Dulles, die auf Dauer Moskau zur Annäherung an den Westen bewegen mußte. Dieser Überlegenheitsdruck gegenüber Osteuropa hatte allerdings einen langen Atem sowie den Schulterschluß des Westens mit Bonn zur Voraussetzung. Und gerade für den betagten Adenauer wurde die Zeit zum knappsten Gut.

Die SPD schließt auf

Mit dem Eintritt in die NATO, der Rückholung der letzten 10.000 Kriegsgefangenen und 20.000 Zivilinternierten aus der UdSSR im Jahr 1955 und mit dem Aufbau der EWG ab 1957 wuchs Adenauers Ansehen. Das „Wirtschaftswunder", die Volksaktien, die breite Vermögensbildung, das Aufbrechen sozialer Schranken durch schulgeldfreien Zugang zu den Gymnasien und Bildung für Alle, die dynamische Rentenanpassung an die Einkommensentwicklung steigerten die Systemakzeptanz. Adenauers Politik erbrachte bei den Bundestagwahlen 1957 eine absolute Mehrheit für die CDU/CSU. Die mächtige SPD schloß zu Adenauers Sicherheits- und Wohlstandskonzeption letztlich auf, deren Erfolge 1959 den Wandel von der Klassen- zur modernen Volkspartei inspirierten (Godesberger Programm

1959). 1960 machte die SPD mit Adenauers Primat der atlantischen Partnerschaft ihren Frieden.

Die Satirezeitschrift „Ulenspiegel" hatte im Augustheft
1946 auf der Frontseite unter dem Titel „Das deutsche Ge-
bäude" ein Durcheinander von Ruinen, Neubauten und
Bauarbeitern abgebildet und in der Unterzeile vermerkt:
„Da baut jeder seine Ecke. Wie soll das mal unter ein
Dach?" Gut zehn Jahre später war das Dach für die junge
Republik errichtet und solide gefügt. Doch darunter begannen die Verhältnisse zu tanzen, wie es sich für eine freie
und junge Demokratie auf dem Weg zu sich selbst gehörte.

Konkurrenzen von Geist und Macht

Elementar geriet der Streit um Schuld, Verdrängung, Spie-
ßertum. Das politische Kabarett boomte wider die anstö-
ßige Normalität. Filme der Abrechnung konkurrierten mit
„Heimat"-Streifen, Schlagersüße mit Jazz und Rock'n Roll,
Bildungsklassik mit Existenzialismus. Jimmy Dean und
Elvis Presley inspirierten Misfits-Attitüden. Das „nachto-
talitäre Biedermeier" (Wolf-Dieter Narr) wurde zum Spott-
objekt für Martin Walser, Günter Grass, Heinrich Böll. Karl
Jaspers Buch „Die Atombombe und die Zukunft des Menschen" (1958) stimulierte ein Epochengefühl gestundeter
Zeit und gnädigen Aufschubs.

Der Mensch braucht, so Carl Zuckmayer, um sich selbst
zu verstehen, eine Vatergestalt. Den einen ist sie Leucht-
turm in den Flutungen des Daseins. Für Andere gilt sie als
Auftrag zur Dankbarkeit, indem man Geist und Werk des
Vaters fortsetzt. Dritten wiederum dient die Vaterfigur zum
Grund für Diskontinuität und Protest. Entsprechend wurde,
mit mächtiger Energie zum Guten durch das Kriegserleben
versehen, kreuz und quer der Zeitgeist gerodet. Bewußt
oder unbewußt orientierten sich Pro und Contra in der jungen Republik an der mächtigen Figur Konrad Adenauer.

Am 7. September 1949 zitierte in seiner Eröffnungsrede Karl Arnold (CDU), Ministerpräsident von NRW, bei seiner Einführung in das Amt des Bundesratspräsidenten den Historiker Leopold von Ranke: „Jede Staatsgewalt muss heutzutage wohlwollend sein. Auf der allgemeinen Wohlfahrt beruht ohnehin ihre Macht. Sie muß aber auch zeigen, dass sie das auf die rechte Art ist. Sie muß dafür sorgen, dass man sie kenne, dass man wisse, was sie tut, dass jeder einzelne erfahre, die Geschäfte werden so gut besorgt als immer möglich." Über das Was und Wie und das Mögliche bildeten sich Lager. Während sich in der Lebenswelt Adenauerscher Politik Recht auf Erschöpfung, Kompensation für Leiden und Unrecht und auch „Furcht vor dem Kommunismus" (Heinrich August Winkler) abschirmen ließen, sahen andere darin Verdrängung statt Läuterung. Die wirtschaftswunderliche Lebenswelt galt als „panisches Idyll" (Hermann Glaser), als Koexistenz von Biedermann und Brandstifter, von Kriegsschuld, Massenmord, Verantwortungsflucht, Wohlstandsprotz, Konsum-Lust und besinnungsloser Tüchtigkeit. „Wir brauchen keine wohltemperierten Klaviere mehr. Wir sind zuviel Dissonanz." So hatte Wolfgang Borchert als Manifest für das künftige Deutschland und gegen das aufsprießende „dickste Zivilleben" verfügt.

Das Erbe der Klassik, das Thomas Mann in seiner Rede in Stuttgart und Weimar (1955) beschwor, sollte der deutschen Kulturnation Ermutigung vermitteln, während das Bildungsbürgertum in den Werken Hesses, Kleppers, Bergengruens, Ernst Wiecherts oder Reinhold Schneiders vertraute Erbauung und neue Orientierung fand. Zugleich zeigte sich der Geist andächtig gegenüber Haushofers „Moabiter Sonette", Eugen Kogons „Der SS-Staat", Hermann Kasacks „Die Stadt hinterm Strom", Günter Weisenborns „Die Illegalen", Bergengruens „Dies Irae" und dem „Großtyrannen". Georg Kaiser, Erich Kästner, Kurt Tucholsky, Hans Fallada, Bert Brecht, Rudolf Hagelstange, Elisabeth Langgässer oder Heinrich Manns „Untertan" zählten zum Bildungskanon. Dieser wurde angereichert um die internationalen Klassiker der Moderne, die in Halbleder von Büchergilden und Buchclubs den durchgemusterten Bücherschränken zugeliefert wurden. Zumeist auf moderne String-Buchregale kamen die wohlfeilen Taschenbücher (rororo), die Deutschland den Anschluß an die Weltliteratur brachten nach den Jahren der Verbote (z. B. George Orwell, André Malraux, Jean Paul Sartre, Upton Sinclair, Jean Giraudoux, Paul Claudel, John Steinbeck, Max Frisch, Carlo Levi). Zwischen 1950–1958 geführte Statistiken weisen Ernest Hemmingway als in Deutschland meistgelesenen Schriftsteller aus.

Neue Zeitschriften kämpften für geistige Erneuerung und demokratische Verantwortung („Der Ruf", „Frankfurter Hefte", „Die Wandlung", „Die Gegenwart", „AKZENTE", „Der Monat"). Das Verbot des „Rufes" wegen seiner europäisch-humanistisch-sozialistischen Tendenz führte am 10. September 1947 die Gruppe „Junge Literatur" zusammen. Als „Gruppe 47" bestimmte sie später über die Akteure in den Konkurrenzen von Geist und Macht auf den Turnierfeldern der Schuldbekenntnisse, Apologien und der Freiheitsverkrüppelung im Kalten Krieg. Adenauers Außenminister Heinrich von Brentano diffamierte die Gruppe 47 als „geheime Reichsschrifttums-Kammer" (Dietrich Thränhardt).

Gegenbild DDR

Doch die kritischen Intellektuellen im Westen mußten ungewollt dem antitotalitären Pragmatismus Adenauers wider das Spiegelreich der linken Wege Recht geben. Nach dem 17. Juni 1953 knebelte die SED den freien Geist noch heftiger. Stellvertretend für viele Idealisten sei Alfred Kantorowicz genannt. 1957 brach der weltberühmte Schriftsteller, seit 1931 Kommunist, Spanienkämpfer, Direktor des Germanistischen Instituts an der Humboldt-Universität, mit dem

DDR-Regime und ging wie Hans Mayer in den Westen. Er geißelte den Terror der SED-Diktatur, das „Gebelfer der Rabauken des Ulbricht-Apparats", „die unendliche Schlammflut der Lüge, die Drosselung der geistigen Freiheit" durch eine „Clique von Unwürdigen, die den Inbegriff des Sozialismus schänden, wie dereinst die Nazis den Namen Deutschlands geschändet haben" (Kantorowicz).

Naziverhaftetes Gesellschaftsbild – ein Vorwurf

Während sich mit einer solchermaßen beschädigten linken Humanität das geistige Lager Adenauers aufrüstete, wurde es zugleich von seinen Gegnern für ein naziverhaftetes Gesellschaftsbild verantwortlich gemacht. Adenauers Staatssekretär im Bundeskanzleramt Hans Globke personifizierte den Vorwurf von den neuen Karrieren alter Nazis. Globke, kein NS-Parteimitglied, hatte die Nürnberger Rassegesetze kommentiert. Als Beamter im Reichsinnenministerium auf „Horchposten", hatte Globke – so Fred Luchsinger von der Zürcher Zeitung – Hunderten Nachricht von ihrer bevorstehenden Verhaftung zukommen lassen und ihnen die Flucht ermöglicht. Doch das zählte nichts für den antifaschistischen Entrüstungsmoralismus. Er richtete sich ebenfalls selbst gegen die Wiederverwendung von jenen Wehrmachtsoffizieren beim Aufbau der Bundeswehr, die teilweise dem Widerstand nahegestanden hatten, keine Hitler-Fanatiker gewesen waren und deren Sachverstand nunmehr unverzichtbar schien. Günter Grass 1962: „Neu beginnen wollen alle mit dem Leben, mit dem Sparen, mit dem Briefeschreiben, auf Kirchenstühlen, vor Klavieren, in Karteikästen und Eigenheimen. Vergessen wollen alle die Knochenberge und Massengräber, die Fahnenhalter und Parteibücher, die Schulden und die Schuld."

Adenauer und Böll

Grass schrieb dies, als sich Adenauers Ära neigte. Den ersten Band seiner „Erinnerungen" kommentierte Heinrich Böll im „Spiegel" (Heft 49, 1965). Böll nannte darin das Werk „Magermilch der frommen Denkungsart", ordnete es gar der Kategorie jugendgefährdender Schriften zu. „Es sei denn, eine solche Einübung in Materialismus, Opportunismus und Zynismus werde der Jugend sogar zur moralischen Aufrüstung empfohlen." Adenauers Aussage, die Sowjetunion habe kein Ethos, bezeuge für Böll nur „einfach bourgeoise Blindheit". Andererseits attestierte Böll, der Kanzler sei „ein verflucht unbequemer Verhandlungspartner für die Westalliierten gewesen, er wußte deren Angst vor Stalin geschickt zu nutzen, und außerdem war ihre Angst auch seine". Für Böll war Adenauers Werk höchst stümperhaft, Anlass für Lach- und Brechreiz. Doch urteilt Böll zugleich über Adenauer: „Er hat unsere Zeit in seine Hand genommen. Seit 1945 war er immer vor, mit, an, in, über und auf der Zeit; sie war ihm günstig, er hat die Epoche geprägt, und so leben wir alle nicht in unserer, wir leben in seiner Zeit." Dies zutiefst in friedlosem Frieden eines geistigen Raumes, dessen politische Stabilität freilich Widersacher wie Adenauer und Böll aushielt; den beide anreicherten mit unendlichen Asymmetrien zwischen Geist und Macht, ohne sich als Kölner je persönlich begegnet zu sein. Gewiß symptomatisch für die Spannungslagen zwischen dem damaligen literarisch-kulturellem und dem politischen Klima.

Persönlichkeitsprofil Adenauers

Adenauer war von hermetischem Charakter, über öffentlichen Bekenntnis-Zwang spöttelnd. Adenauer verausgabte sich nicht an Menschen. Seit 1917 in hohen und höchsten Funktionen tätig, Verrat und Enttäuschung seit 1933 nicht vergessend, hatte er die Zeitgenossen kennengelernt. Er war dort zu offensiver Zuvorkommenheit bereit, wo es nutzte, er war moderat und aggressiv, kaltschnäuzig, von Fakten und Berechenbarkeitserwägungen bestimmt. Er inszenierte Drohbilder, als ob die Russen vor der Haustür stünden, kanzelte als „Kanzler der Alliierten" (Kurt Schumacher) deren Vertreter auf dem Petersberg ab, wie Shepard Stone berichtet, irritierte, inspirierte, drangsalierte und entwaffnete. Aus einem Interview mit Adenauer gewann Hans Mayer als Chefredakteur bei Radio Frankfurt den Eindruck, dass Adenauer „nicht zuhört, wenn es um Prinzipien geht, weil sich die eigenen ohnehin von selbst verstehen, aber genau wissen möchte, wie die Leute leben, und was man für sie tun kann" (...) „Was man denn so als Chefredakteur verdiene. Ich nannte ihm den Reichsmarkbetrag: Das war einmal viel Geld gewesen. „Aber davon kann man doch nicht leben?" „Natürlich nicht, aber wir erhalten ein warmes Mittagessen von der Militärregierung." – Adenauer wollte wissen, was man so auf den Tisch bekomme. Ich sagte es ihm. Werner Hilpert bestätigte es: er kannte sich aus. „Aber sie rauchen doch. Wie bekommen sie dann die Zigaretten?" „Mein Kontrolloffizier ist eigentlich Deutscher, ein Sohn Thomas Manns. Der bringt mir oft Zigaretten mit aus der amerikanischen Kantine." – „Auch Kaffee?", fragte Adenauer. „Auch Kaffee von Zeit zu Zeit." Der Name Thomas Mann hatte Eindruck gemacht. Adenauer wußte auch plötzlich wieder, dass ich eingangs seinen Sohn Konrad erwähnt hatte (mit dem Hans Mayer in Köln zum juristischen Repetitorium gegangen war). „Na, dann sind sie doch gut versorgt. Der Konrad wird sich freuen, wenn ich ihm das erzähle." Er gab mir herzlich die Hand und ging. Der Alte hat mir gefallen. Der vertraute Singsang des Kölners. Die Erinnerung an meine Jugend unter diesem Stadtregenten," schließt Mayer seinen Bericht über Adenauer, der 1929 nur mit einer Stimme Mehrheit wiedergewählt worden war und dies mit der Bemerkung

„Was ein Glück für Köln" quittiert haben soll. Zwanzig Jahre später war ihm persönlich die Kanzlerwahl mit einer Stimme Mehrheit ebenfalls ausreichend genug.

Verbund der Ziele

Doch die Widerstände blieben stärker, als es aus heutiger Rückschau erscheint. Vielfach blieb etwa unerkannt, dass Adenauer seine Ziele Sicherheit im Westen, Souveränität für die Bundesrepublik, Einheit Westeuropas, Aussöhnung mit Frankreich und Wiedervereinigung nicht in dieser Rangfolge abgestaffelt sehen wollte. Adenauer verfolgte diese Ziele im Sinne eines Ringverbundes, dessen Teile substantiell einander bedingten, um insgesamt erfolgreich zu sein, aber doch nicht als Teilziele alle gleichzeitig mit derselben Intensität verfolgt werden konnten. Stets mußte in der Phase des Kalten Krieges den Umständen der europäischen Politik aus Bonner Sicht taktisch Rechnung getragen werden, um im Rahmen europäischer Sicherheitsarchitektur deutsche Interessen einbringen zu können. Dies wurde jedoch um so schwieriger, als sich die Tendenzen in Moskau und Washington Ende der 50er Jahre verstärkten, nicht mehr die Weltpolitik durch das Nadelöhr der deutschen Frage ziehen zu lassen.

Mobil für Deutschlands Einheit

Der Sputnik-Triumph (1957), das zunehmende Patt bei den Nuklearwaffen und die Überlegenheit bei den konventionellen Truppen des Warschauer Paktes in Mitteleuropa machten Moskau kampflustig. Das Berlin-Ultimatum Chruschtschows 1958 und die Neigung des Westens, es wegen der offenen Deutschlandfrage oder des Status Berlins nicht zum nuklearen Welt-Inferno kommen zu lassen, verstärkten Adenauers Sorge vor einem Arrangement der Supermächte zu Lasten deutscher Interessen. Als die beiden wichtigsten Probleme erachtete Adenauer deshalb den „Anschluss an den Westen und Verhinderung, nachdem wir den Anschluss hatten, dass irgendwie etwas in der Außenpolitik gegen uns gemacht werden könnte". Die tiefe Sorge galt der Vertagung der Einheitsfrage auf Dauer, galt der Abkehr des Westens von Berlin und der wachsenden Bereitschaft zur Anerkennung der DDR als zweiten deutschen Staat. Der drohenden Abdrängung Bonns in die Defensive begegnete Adenauer mit allerlei Initiativen gegenüber Washington, Paris und London, die dort in der Zusicherung der Verteidigungsbereitschaft für Berlin und Westdeutschland aufgefangen wurden, ohne die Teilung aktiv überwinden zu wollen und statt dessen die Krise zu versiegeln. „We must live", so de Gaulle, „with the present division of Germany and assist the Federal Republic in remaining with the West."

Sorge um Rückzug des Westens

Der Bau der Mauer in Berlin im August 1961 (s. *den Beitrag von Rolf Steininger*) führte zu lauten, doch papierenen Protesten. Rund vier Millionen zumeist gut ausgebildete junge Menschen hatten bis zum 13. August 1961 die DDR verlassen. Allein im Juli desselben Jahres waren es 30.415 Bürger. Um mit dem Ausbluten nicht eine politische Panik der SED-Führung mit unabsehbarer Friedensgefährdung herbeizuführen, legten einflußreiche US-Politiker wie Hubert Humphrey und Michael Mansfield Ost-Berlin die Verstopfung des Schlupflochs nahe. Der Vorsitzende des auswärtigen Ausschusses im US-Senat, William Fulbright, erklärte gar am 30. Juli 1962 in einem Interview: „Ich verstehe nicht, warum die Ostdeutschen nicht ihre Grenze schließen, denn ich glaube, dass sie ein Recht haben, sie zu schließen." Seit dem Wiener Treffen Chruschtschows mit Kennedy Anfang Juni 1961 in Wien kursierte Moskaus Plan für einen Separatfrieden mit der DDR, auf die alle sowjetischen Besatzungsrechte übergehen sollten. Zwei deutsche Staaten, Teilung auf immer?

Gegen diese Projektion inszenierte Adenauer in den tiefen Kulissen der Diplomatie eine Geheim-Politik, die umwegreich die Option der Einheit bewahren sollte. Ausgehend von der Aufgabe: „Was muß erhalten bleiben, wenn wir lebensfähig bleiben wollen", antwortete der Kanzler auf die selbst gestellte Frage: „1. NATO; 2. europäische Integration; 3. Es muß zu einer kontrollierten Abrüstung kommen." In seiner Aufzeichnung über Adenauers Bemerkungen in vertrauter Runde heißt es bei Max Nitzsche: „Der Kanzler ist sich sehr bewusst, dass die Deutschlandfrage in manchen Aspekten zu einer Belastung insbesondere für die Amerikaner geworden ist. Darum müssen wir uns für unsere Verbündeten attraktiv erhalten."

Attraktiv einmal als verläßlicher westlicher Partner, attraktiv zum anderen durch hohe Elastizität im Prozeß angestrebter Konfliktverminderung gegenüber dem östlichen Lager.

Realismus gegenüber dem Osten

Eine Atempause zu gewinnen, hieß für Adenauer offenbar, die DDR bedingt anzuerkennen für den Preis humanitärer Verbesserung ihrer Lebensverhältnisse, hieß weiterhin, gegenüber dem Sowjet-Block den Abbau äußerer Bedrohung durch die Förderung des Konsum-Bereichs zu ermöglichen, dadurch auf Dauer innere Systemkritik zu fördern und so zur Entideologisierung des Ostblocks und zur Europäisierung der Sicherheitsprobleme zu gelangen, die im Endeffekt mit der Herstellung einer kollektiven Sicherheitsarchitektur die Chance zur Wiedervereinigung aktivieren konnte.

Da im Extremfall Deutschland zum ersten Schlachtfeld bestimmt war, galt es zugleich, durch Abschreckung den Krieg von vorneherein zu verhindern mittels Stationierung taktischer Atomwaffen, aber doch auch parallel dazu ab 1962 im Zeichen der „flexible response" (US-Verteidigungsminister McNamara) alle Krisenanlässe möglichst zu reduzieren.

Schon am 11. Juli 1958 hatte Adenauer im CDU-Bundesvorstand eingestanden, „dass es absolut irreal gedacht war zu glauben, die Frage der Wiedervereinigung lösen zu können, ohne dass eine allgemeine Entspannung in der Welt eintritt. Man muß sich, so bitter es auch ist, in die Lage der Russen hineinversetzen, in den Gesichtspunkt, von dem sie aus die ganze Lage betrachten. Die Russen wissen ganz genau, dass, wenn sie die DDR freigäben, Polen und die Tschechoslowakei und vielleicht auch Ungarn nicht zu halten wären (...) Die Politik der Wiedervereinigung muß bis auf weiteres darauf gerichtet sein, das menschliche Zusammengehörigkeitsgefühl diesseits und jenseits des Eisernen Vorhangs lebendig und wach zu halten." Die Politik von Abrüstung und Entspannung sei deshalb fortzusetzen und vor allem über die Kirchen in der DDR zu versuchen, den Verlust „an geistigem Boden" zu verhindern. „Über kurz oder lang", gibt Nitzsche Adenauers Worte vom 22. Januar 1959 wieder, „werden wir an der Anerkennung der DDR nicht vorbeikommen."

Erkundung von Lösungen

Doch eine offene Politik der Anerkennung kam für Adenauer noch nicht in Frage, da diese den Zusammenbruch des geistigen Widerstands in der DDR bedeuten konnte. Adenauer erstrebte eine Atempause, die für das Austesten dreier Überlegungen dienen sollte: 1. Österreich-Lösung; 2. Globke-Plan; 3. Burgfrieden-Projekt.

Am 19. März 1958 fragte Adenauer den sowjetischen Botschafter Andrej Smirnow, ob Moskau bereit sei, „der Sowjetzone den Status Österreichs zu geben." Sechs Tage später erklärte der Kanzler im Deutschen Bundestag, von Rußland doch nur zu fordern, „dass es diese 17 Mio. Deutschen nach eigenem Willen leben läßt. Mehr wollen wir ja gar nicht. Wir denken gar nicht daran, etwa dadurch, dass nun die Sowjetzone ihre Freiheit bekommt, unser militärisches und politisches Potential zu stärken. Die menschliche Seite der Sache muss uns doch vielmehr alle bewegen."

Der Druck der deutschlandpolitischen Offensiven Moskaus veranlaßte Adenauer sodann zur Ausarbeitung eines Planes durch Staatssekretär Globke, wonach zunächst für fünf Jahre die BRD und die DDR eine wechselseitige Anerkennung ihrer Souveränität vereinbaren sollten, mit Berlin als Freier Stadt. Wahlen jeweils unter UN-Aufsicht in beiden Teilen Deutschlands sollten nach Ablauf dieser Zeitspanne über eine völkerrechtliche Teilung in zwei Staaten definitiv entscheiden, falls diese die jeweilige Mehrheit in beiden Teilen Deutschlands wünschte. Eine vorsichtige diplomatische Implementierung des Plans sollte über Nehru erfolgen, der sich dafür aber nicht gewinnen ließ.

Am 6. Juni 1962 machte Adenauer Smirnow das dem Globke-Plan verwandte Angebot eines zehnjährigen Burgfriedens. Von der Abstimmung über eine Wiedervereinigung war dabei indes nicht mehr die Rede, vielmehr sollten die Dinge so belassen werden, wie sie sich jetzt darböten. „Allerdings müsse dafür gesorgt werden, dass die Menschen in der DDR freier leben könnten, als es jetzt der Fall sei."

Das überaus vorsichtige Antasten solcher Ideen im Schatten der gültigen Hallstein-Doktrin mit Bonns Anspruch auf das Alleinvertretungsrecht, das nach dem Mauerbau erstarkte Selbstbewußtsein der DDR-Führung und die Kuba-Krise friktionierten Adenauers Pläne, doch bewiesen sie insgesamt eine neue Mobilität Adenauers, die auch in der Kompensation amerikanischer Abkühlung gegenüber Bonn durch den Elysée-Vertrag mit de Gaulle (Januar 1963) Ausdruck fand. Ein vorsichtiger Wandel gegenüber den Warschauer-Pakt-Staaten wurde zudem über die Handelspolitik eingeleitet (Vertrag mit Polen im März 1963). Außenminister Gerhard Schröder bekannte sich zur Politik der Bewegung. Er hatte im November 1961 Heinrich von Brentano abgelöst, der als „Exponent einer rein defensiven Außenpolitik galt" (Dieter Bingen).

Als Adenauer im Oktober 1963 das Kanzleramt aufgab, konnte von Blockade- und Restaurationspolitik schwerlich die Rede sein. Vielmehr bestanden Chancen für eine gleitende Zäsur. Zu Weihnachten 1963 erreichten Berlins Regierender Bürgermeister Willy Brandt und AA-Staatssekretär Karl Carstens (CDU) für 1,2 Mio. Berliner ein Passierschein-Abkommen. Es wurde vom verärgerten Otto Winzer, Stellvertretenden Außenminister der DDR, als „Aggression auf Filzlatschen" abgetan. Der spätere Weg zur Revolution der Kerzen war damals nicht mal Utopie.

Die außenpolitische Elastizität in den letzten drei Jahren der Adenauer-Ära resultierte aus einer veränderten Weltlage. Die beiden Supermächte legten Bonn eigene Initiativen in der Berlin-Frage, der Anerkennung der Oder-Neiße-Grenze sowie eines Strukturwandels der deutsch-deutschen Beziehungen nahe. Die Einheit Deutschlands in die Einheit Europas einzubinden, blieb während der Regierungszeit Adenauers eine low profile-Politik. Doch trug sie gewiß in ihrer Weise dazu bei, eine neue Öffnung nach Osten einzuleiten und diese nicht nur der FDP mit Pfleiderer und Schollwer oder der SPD mit Brandt und Bahr allein gutzuschreiben.

Adenauers Leistung: Versuch einer Bilanz

1946 war das Jahr, in dem die Urteile im Nürnberger Prozeß verkündet wurden. Es war das Jahr, in dem Adenauer sagte, er sei wieder stolz, Deutscher zu sein; vor sich einen Riesenberg an Aufgaben, in sich voller Kraft, Zuversicht und einem Mut, der sich offenbar an Rückschlägen kräftigte. Es war ein Mut zur Entschiedenheit, zur Überzeugung von der Richtigkeit der Ziele und der pausenlosen Selbstverordnung von Anpacken und Geduld, denn Geduld sei einem geschlagenen Volk das wahrhaft gemäße, um dann am Ende doch sagen zu können: „Wir haben etwas geschaffen" (Adenauer).

Was war dieses Etwas? Es war der Aufstieg von einem zerstörten, geschlagenen, entrechteten Land zur Wiederaufnahme in die Völkerfamilie als eigenständiger Staat europäisch-atlantischer Zivilität, der Rechtsstaatskultur und der inneren Annahme des Endes des Alten Deutschland und seines Untergangs im Jahre 1945. Adenauer fundamentierte jene Stabilität des Wandels nach innen und außen, die bis 1990 sich so glaubhaft vor der Welt bewährte, dass diese am Ende den Deutschen die Einheit moralisch nicht versagen konnte.

Karl Löwith machte uns den Vorwurf, dass die Deutschen „keinen Sinn für die Verwendung der Freiheit in den Grenzen des Menschlichen" hätten. Adenauers Politik hat die These Löwiths widerlegt. Freilich in einer Weise, die dem Pathos nicht viel Raum läßt. Das absolut Durchschnittliche, das sich Adenauer selber bescheinigte, war die Organisierung des Überlebens, war das Tüchtige aus dem Recht auf Erschöpfung, war der Reflex der Aussichtslosigkeit, durch Auf- und Gegenrechnung zum inneren Frieden zu finden. Wer sollte Richter sein außer den Opfern? Sollte sich im tiefen Büßen, ohne dabei zu Wort und Haltung zu finden, das Lebensfeindliche der Diktatur noch in einer Diktatur der Scham fortsetzen? – Fragen, für die es keine Autoritäten gab, doch dominiert vom Instinkt, weiterleben zu wollen. Zunächst in äußerer Sicherheit der Grenzen, des Grundstücks, des Haushalts. Alles Werte des Vorläufigen gewiß, aber Voraussetzung für das Sichern von Zeit zur Heilung tiefster Verwundungen. Das Menschenwürdige im Materiellen zu begründen und dies durchaus als Ausdruck von

Freiheitswürde eines demokratischen Rechtsstaats, war den Massen, dem Durchschnitt, Grund genug, Adenauer satte Mehrheiten bei Wahlen zu beschaffen.

1961 äußerte der Alte von Rhöndorf in den USA, dass man den Deutschen, wenn sie keine weiteren Sünden begehen sollten, doch verzeihen möge. Ein Satz, den heute nach mehr als vierzig Jahren, nur Adenauer wohl öffentlich wiederholen könnte. Denn er hätte die Zivilcourage, in die Empörung die Frage einzuspießen, was denn werden soll, wenn Verzeihen ausbleibt auf Dauer.

Das Singuläre dieses Mannes besteht darin, dass er für Deutschlands Ehre nach außen eintrat und dies zugleich für eine Politik im Inneren, die den Menschen die Nachkriegszeit aushaltbar machte. Adenauer besaß eine von jedem Zeitgeist unabhängige Zivilcourage. Er war zugleich ein Revolutionär. Zumindest insofern, wenn man ihn am Wort von Friedrich Engels mißt, dass die Deutschen das theoretischste Volk der Welt seien.

Adenauers Motto hieß: „Wenn man nicht gleich die bestmögliche Lösung erreichen kann, so muss man eben die zweitbeste oder drittbeste nehmen." Bei allem bleibe aber als Wichtigstes: „der Mut".

Nach Adenauers Tod schrieb der berühmte Schweizer Kulturhistoriker Carl J. Burckhardt am 23. April 1967: „Mit ihm ist die stärkste Gestalt der internationalen Politik unseres Zeitalters verschwunden. Die Grundgefahr demokratischer Staatsform, entweder in Anarchie zu versinken oder zur Diktatur zu führen, hat er dadurch überwunden, dass er die Staatsautorität an ihren richtigen Platz stellte und sie durch seine mächtige Persönlichkeit, von Erfolg zu Erfolg, rechtfertigte. In einem Chaos unfruchtbarer theoretischer Erörterungen hat er, dem nachgerade seltensten, dem gesunden Menschenverstand zum Sieg verholfen. Dass sein Denken, sein Instinkt, sein Handeln sich zu vollster Einheit zusammenfanden, hat das schon seit so langer Zeit verschwundene Vertrauen der Welt Deutschland gegenüber wieder hergestellt und zwar in erstaunlich kurzer Zeit. Von dieser Grundlage aus hat er alle treffsicher aufs Wesentliche konzentrierten Maßnahmen getroffen. Unverständnis, hemmender Kritik ist er, bis zuletzt, mit jugendlicher Frische und taktischem Können entgegengetreten. Es ging ums Erreichen seiner objektiven Ziele. Seine Größe bestand darin, dass er in genialer Weise mit Tatsachen rechnete und nicht mit Rezepten, und dass er die menschlichen Schwächen voll und ganz gekannt hat."

Quellen und Literaturhinweise

K. Adenauer, Erinnerungen, 4 Bde (1965–1968) – R. Morsey/H.-P. Schwarz (Hgg.)/H.P. Mensing (Bearb.), Briefe (=Rhöndorfer Ausgabe), bisher erschienen 7 Bde aus den Jahren 1945–1959 (1983–2000) – R. Morsey/H.-P.Schwarz/H.J. Küsters (Bearb.), Teegespräche (Rhöndorfer Ausgabe) 1950–1963, 4 Bde. (1984–1992) – H.-P. Schwarz (Hg.), Adenauer und die Hohen Kommissare 1949–1952, 2 Bde. (1989–1990) – G. Buchstab (Bearb.), CDU-Bundesvorstand. Die Protokolle 1950–1965, 4 Bde. (1984–1992; Forschungen und Quellen zur Zeitgeschichte Bde. 8.16.24.32) – H.P. Mensing (Bearb.), Konrad Adenauer-Theodor Heuss: Unter vier Augen. Gespräche aus den Gründerjahren 1949–1959 (1997) – D. Blumenwitz u. a. (Hgg.), Konrad Adenauer und seine Zeit, 2 Bde. (1976) – A. Poppinga, Meine Erinnerungen an Konrad Adenauer (1983) – H.-P. Schwarz, Adenauer. Der Aufstieg 1876–1952 – Ders., Adenauer. Der Staatsmann 1952–1967 (1986/1991) – A. Poppinga: „Das Wichtigste ist der Mut". Konrad Adenauer – die letzten fünf Kanzlerjahre (1994) – H. Köhler, Konrad Adenauer (1994) – H.-P. Schwarz, Der Stabilisierer Europas: Konrad Adenauer, in: Ders., Das Gesicht des Jahrhunderts (1998) 510–530 – A. Baring, Was bleibt von Adenauer? Die Bedeutung Adenauers, in: P.R. Weilemann/H.J. Küsters/G. Buchstab (Hgg.), Macht und Zeitkritik. Festschrift für H.-P. Schwarz (1999) 169–185 – F. Bösch, Die Adenauer-CDU. Gründung, Aufstieg und Krise einer Erfolgspartei. 1945–1969 (2001) – H.-P. Mensing,Konrad Adenauer, in: U. Kempf/H.-G. Merz (Hgg.), Kanzler und Minister 1949–1998 (2001) 82–96 – R. Morsey, Die Bundesrepublik Deutschland (⁴2000; Oldenburg Grundriss der Geschichte, Bd.19) – Weitere und Spezialliteratur www.kas.de (Homepage) unter: Archiv, Bibliothek, Service, Auswahlbibliographien.

David Ben Gurion und Konrad Adenauer 1960 in New York

Kein Land hat freilich mehr getan, den Schrecknissen seiner Vergangenheit ins Auge zu schauen als Deutschland. Bis in die jüngste Historikergeneration hinein wird beispielsweise die Quellenlage zu Gräueltaten der SS oder der Wehrmacht genauestens erforscht. Gelegentlich hat so viel Engagement der Geschichtsschreibung nicht nur gut getan; manche Themen erhielten zuweilen eine zu einfache Schwarz-Weiß-Färbung, wo doch Geschichte nie so ordentlich aufgeht.

Antony Beevor (2002)

Es waren zwei große Staatsmänner, Konrad Adenauer und David Ben-Gurion, die die ersten Schritte einer Annäherung unternahmen trotz schärfster Opposition in beiden Staaten. Ohne sie wäre die weitere Entwicklung nicht möglich gewesen. In Israel gab es eine sehr große Minderheit, die jeden Kontakt mit Deutschland ablehnte, die einen tausendjährigen Bann verlangte wie zur Zeit der Inquisition auf Spanien (...) Auch Adenauer hatte eine starke Opposition gegen die Wiedergutmachungsverhandlungen zu überwinden. Nach Meinungsumfragen im damaligen Deutschland war die Mehrheit klar und eindeutig gegen die Zahlungen an Israel.
Es war zweifellos Staatsräson, sowohl auf Seiten Ben-Gurions als auf Seiten Adenauers, die das Wiedergutmachungsabkommen ermöglichte. Es waren sicher auch moralische Erwägungen, aber es war vor allem Staatsräson. Das Wiedergutmachungsabkommen beinhaltete nur die Zahlung von Schulden, die bezahlt werden können. Es gibt andere Schulden, die unbezahlbar sind. Sie können nur abgegolten werden durch moralische Verantwortung, durch guten Willen. Das hat mit Geld nichts zu tun.

Asher Ben Nathan (1995)

Ben-Gurion lag viel an einem Treffen mit Adenauer. Er wollte ihn kennenlernen. „Ich hatte das Gefühl, daß es sich um einen ehrlichen Mann handelt", sagte Ben-Gurion. „Er wollte wirklich die Vergangenheit wiedergutmachen." (...) „Vielleicht hat er auch an politische Vorteile für Deutschland gedacht, als er sich zu einer Begegnung mit einem israelischen Staatsmann entschloß", räumte Ben-Gurion ein. Er war aber überzeugt, daß solche Erwägungen in diesem besonderen Fall bei Adenauer nur sekundäre Bedeutung hatten.

Inge Deutschkron, Israel und die Deutschen (1983)

In diesem Jahr besonderen Gedenkens an das Ende des Zweiten Weltkrieges und der nationalsozialistischen Gewaltherrschaft erinnern wir uns mit Bewegung und Dankbarkeit an dieses wichtige Datum in der Geschichte der deutsch-israelischen Beziehungen. Für den Staat Israel, in dem so viele Überlebende des Holocaust Heimat gefunden hatten, war dieser Schritt alles andere als selbstverständlich. Er brachte uns – nur 20 Jahre nach dem 8. Mai – auf dem von Nahum Goldmann, David Ben-Gurion und Konrad Adenauer eingeschlagenen Weg der Verständigung und Zusammenarbeit ein großes Stück voran. Das Ereignis machte deutlich, welch großes Vertrauen die Völkergemeinschaft in die noch junge Bundesrepublik Deutschland bereits gefaßt hatte.

Bundeskanzler Helmut Kohl (1995)

Niels Hansen

„Mensch, Du sollst, mag es Dir glücken, rückwärts schauend vorwärts blicken." Zur Politik der frühen Bundesrepublik gegenüber Israel und den Juden

„Moralische Verpflichtung und Gebot der nationalen Ehre"

Der Luxemburger Vertrag vom 10. September 1952 , mit dem die Bundesrepublik Deutschland dem Staat Israel sowie der jüdischen Claims Conference globale Entschädigungen zusicherte, war ein Wendepunkt deutscher Geschichte von größter Tragweite. Er stellte international ein historisches und völkerrechtliches Novum mit wesentlichen Präzedenzwirkungen dar und kann als wichtiger Beleg dafür gelten, wie sehr die deutsche Politik nach Kriegsende darum bemüht war, der im Titel zitierten, von Manfred Rommel viel später so formulierten wegweisenden Maxime gerecht zu werden. Dies läßt sich ganz allgemein für die Politik Konrad Adenauers und seiner Regierung – ebenso wie der sozialdemokratischen Opposition – gegenüber Israel und den Juden sagen, in welchem Zusammenhang auch verschiedene weitere, damit verbundene Bereiche zu nennen sein werden, bei denen die zukunftsorientierte, innovative Ausrichtung des auf den Trümmern des dritten Reiches errichteten Bonner Staates deutlich wird.

Der Israel-Vertrag, der mit insgesamt 3,45 Milliarden DM vorwiegend in der Form über zehn Jahre entrichteter Warenleistungen zu Buche schlug, stellte bei seinem Abschluß ein ganz erhebliches Opfer dar, denn das Wirtschaftswunder war noch nicht angebrochen und zeichnete sich allenfalls ab. Der Bundeskanzler war in London am 6. Dezember 1951 mit seinem verpflichtenden Brief an Nahum Goldmann ein hohes Risiko eingegangen, als er zusagte, auf der Grundlage der israelischen Forderungen verhandeln zu wollen, ohne dies, wie gut zwei Monate vorher im Bundestag, mit der wirtschaftlichen Entwicklung der Bundesrepublik zu bedingen. Die schwierigen Verhandlungen mußte Franz Böhm bezeichnenderweise gegen den Widerstand von Finanzminister Fritz Schäffer und des Delegationsleiters bei der gleichzeitig laufenden Londoner Schuldenkonferenz, Hermann Josef Abs, führen. Da Israel zur Zeit der nationalsozialistischen Untaten noch nicht bestanden hatte, vermochte es, anders als die Gläubiger in London, keine eigentlichen völkerrechtlichen Ansprüche geltend zu machen. AA-Staatssekretär Walter Hallstein präzisierte dazu nach der Ratifizierung im März 1953: „Wir haben das Abkommen nicht geschlossen, weil wir dazu gezwungen worden sind oder weil wir im juristischen Sinne dazu verpflichtet waren. (...) Die Motive dafür sind im letzten Grunde eine moralische Verpflichtung und das Gebot der nationalen Ehre. Die grauenhaften Verbrechen (...) sind, wir können es nicht leugnen, von Deutschen und unter Mißbrauch des Namens des deutschen Volkes begangen worden. (...) Wir waren (...) zu schwach, um sie zu verhindern. Und in der Politik haften die Völker nicht nur für Schuld, sie haften auch für Schwäche. Wir können die Toten nicht lebendig machen. (...) Aber wir können der Welt zeigen, dass wir uns schämen. (...) Wir können zu erkennen geben, dass wir den Makel, der auf den deutschen Namen gefallen ist, unerträglich finden, und wir zu tun wünschen, was in Menschenkraft steht, um diesen Namen wieder reinzuwaschen." (Abweichend indes Böhm: „Einen Rechtssatz, dass Vertragsschulden vor Deliktschulden rangieren, gibt es nicht.")

„Historischer Präzedenzfall"

Außenminister Moshe Sharett, der gemeinsam mit Adenauer unterzeichnete, charakterisierte das Abkommen, das sich für Israel „zu einer Quelle wichtigster konstruktiver Hilfe ausgewirkt" habe, als „einmalig in der Geschichte internationaler Beziehungen", und er betonte dessen „gewaltige Bedeutung als historischen Präzedenzfall". Der israelische Verhandlungsleiter Felix Shinnar zählte es „zu den denkwürdigsten der Menschheitsgeschichte", Goldmann sprach von „einem der wenigen Siege der modernen Zeit, die von ethischen Prinzipien errungen wurden", und der Präsident des – ansonsten Deutschland gegenüber besonders kritisch eingestellten – American Jewish Congress, Israel Goldstein, von einem „historischen Meilenstein in internationaler Moral". Ministerpräsident David Ben Gurion 1958: „Niemals zuvor hat ein Staat, der zur Zeit der Unrechtsverübung noch gar nicht existiert hat, von einem großen Staat (und Deutschland war zu diesem Zeitpunkt kein zerstörter, ausgebombter und unterdrückter Staat mehr, sondern eine der stärksten Mächte in Westeuropa) nur aufgrund eines moralisch begründeten Anspruchs nicht unerhebliche Beträge an Entschädigungszahlungen erhalten – und nicht nur für die direkten Opfer." Sharett bescheinigte dem Kanzler zu seinem 80. Geburtstag, er sei „zum Symbol wiedererstarkten humanitären und internationalen guten Willens im von Krieg und Tyrannei verwüsteten Europa" geworden. Dies nur knapp paradigmatisch für die ganz überwiegend positiven Stimmen prominenter jüdischer Akteure jener Zeit.

Wenn von der – rechtlichen und sonstigen – Präzedenzlosigkeit des Luxemburger Vertrags die Rede ist, so gilt es jedoch hinzuzufügen, dass er sich eben aus dem gleichfalls präzedenzlosen, nach wie vor kaum fasslichen Völkerverbrechen der Schoah ableitete. Der jüdischen Seite war das evidenterweise stets klar.

„Hintanstellung aller Bedenken"

Die nichtjüdische deutsche bei den Verfechtern angemessener Entschädigungsleistungen wie Adenauer, Böhm, Heinrich von Brentano und Hallstein sowie, nicht zu vergessen, die meisten sozialdemokratischen Politiker wie vor allem Kurt Schumacher, sah es von vorneherein ebenfalls, was etwa aus der Mahnung des Regierungschefs an seinen Finanzminister von Ende Februar 1952 erhellt, die Verhandlungen müssten „unter weitgehender Hintanstellung aller Bedenken, die in einem anderen Fall sehr verständlich wären, in einem Geiste vorbereitet und durchgeführt werden, der dem moralischen und politischen Gewicht und der Einmaligkeit unserer Verpflichtungen entspricht". Indessen benötigten viele, was etwa eine Allensbach-Umfrage vom September 1952 ausweist, dafür mehr Zeit. Will man das Abkommen und allgemein, worauf noch zurückzukommen sein wird, die spätere Bonner Politik gegenüber Israel und den Juden – zu Recht – als Beweis dafür werten, dass die frühe Bundesrepublik politisch durchaus nicht „restaurativ" gewesen ist, so muß dieser Hintergrund in der Tat im Auge behalten werden. Entsprechende Erwägungen lassen sich im übrigen wohl generell zu dem in diesem Buch angesprochenen Problemkreis anstellen (sowie etwa zu der gelegentlich aufgeworfenen – wenig sinnvollen – wertvergleichenden Frage, inwieweit es Adenauer mit dem Aufbau Deutschlands nach der Katastrophe schwerer gehabt habe als Bismarck im Verfolg der Reichsgründung nach gewonnenem Krieg). Sie ändern aber im Grundsatz nichts an unserer These.

Moral und Staatsräson

Ein weiterer Aspekt ist hier relevant, nämlich das Verhältnis von Moral und Staatsräson in den deutschen Erwägungen. Zielten sie vor allem auf den Erhalt eines Rentréebilletts zur internationalen Gesellschaft, um das berühmte Heine-Wort abzuwandeln? Es war zweifellos das eine Motiv. Der moralische Imperativ, wie ihn die Bundestagserklärung vom 27. September 1951 und das erwähnte Schreiben des Kanzlers an Goldmann betonten und wie er während der Ratifizierungsdebatte immer wieder zum Ausdruck kam, ist davon aber logisch nicht zu trennen. Moral beruht im Sinne von Kant auf der Vernunft, Moral und Staatsräson bedingen sich gegenseitig bei kluger, vorausschauender Politik, sie sind nicht antithetisch, sondern vielmehr komplementär. Gewiß, Moral ist ein dehnbarer Begriff, mit dem sich mancherlei Forderungen rechtfertigen lassen. Doch in der Auseinandersetzung mit dem Phänomen Auschwitz ist er eindeutig und damals – wenn auch, wie gleich zu zeigen sein wird, nicht immer später – dazu mit richtig verstandener Realpolitik deckungsgleich.

Ähnliches läßt sich für die hochkomplizierte individuelle Entschädigungs- und Rückerstattungsgesetzgebung sagen, bei der in vielfacher Hinsicht Neuland betreten werden mußte und deren Vervollkommnung im ersten Protokoll zum Vertrag stipuliert wurde. Dabei erhielt die Claims Conference die Zusicherung, sie bei allen Schritten der legislativen und administrativen Umsetzung voll zu konsultieren. Der nachmalige Deutschlanddirektor des Gremiums, Ernst Katzenstein, bezeichnete es als einen „fast revolutionären Vorgang", dass eine „ausländische Nichtregierungsorganisation auf diese Weise einen vertraglich geregelten Einfluß auf die innerdeutsche Gesetzgebung erhielt"; er besteht bis heute fort. Das sogenannte Bundesentschädigungs-Schlussgesetz vom September 1965, um dessen Erarbeitung sich der Frankfurter CDU-Abgeordnete Franz Böhm als stellvertretender Vorsitzender des Wiedergutmachungsausschusses während mehr als eines Jahrzehnts bleibende Verdienste erworben hat, wurde trotz dieses Namens bis auf den heutigen Tag immer wieder ausgeweitet.

Zusätzliche Hilfe für Israel

Was die Fortentwicklung des deutsch-israelischen Verhältnisses anbelangt, so war eine sofortige Formalisierung mittels eines Botschafteraustauschs, wie sie Bonn 1952 gern
erreicht hätte, dem jüdischen Staat damals angesichts der
strikt ablehnenden Volksmeinung zu früh. Doch ergab
sich bald ein Paradigmenwechsel dergestalt, dass sie bereits 1956 von Israel angestrebt wurde, was jedoch nunmehr die Bundesrepublik unter der Drohung der Araber,
dann die DDR diplomatisch anzuerkennen, neun Jahre
lang hinauszögerte. Der Alleinvertretungsanspruch für Gesamtdeutschland besaß in jener Zeit für die Bundesregierung höchste Priorität. Sie wollte zudem, diskret ermutigt
von den USA, zusätzlichen Geländegewinnen des Sowjet-
blocks im Nahen Osten vorbeugen, und sie unterschätzte
die Bedeutung diplomatischer Beziehungen für die israelische Politik, umso mehr als solche angesichts der damit
zu befürchtenden Verdrängung Bonns aus dem arabischen
Raum nicht als im „wohlverstandenem Interesse" Israels
liegend erachtet wurden.

Diese Motive konnten sich gerade auch unter „moralischen" Gesichtspunkten durchaus sehen lassen, und sie
waren keineswegs „rückwärtsgewandt" oder gar „reaktionär", ganz im Gegenteil, obzwar dergleichen im damaligen
Diskurs häufiger unterstellt wurde. Sie stießen sich aber an
der – vergangenheitsbedingt – ebenfalls moralisch begründeten Forderung, Israel insoweit entgegenzukommen. Adenauer versuchte sich dem Dilemma so zu entziehen, dass
er mit dem gefährdeten jüdischen Staat, gesteuert von Franz
Josef Strauß und Shimon Peres, eine Rüstungszusammen-
arbeit sowie wirtschaftlichen Beistand („Aktion Geschäftsfreund") vereinbarte, wie sie in der historischen Begegnung
mit Ben Gurion in New York am 14. März 1960 fest abge-
macht bzw. in Aussicht gestellt wurden. Diese Leistungen
waren Israel letztlich wichtiger als ein Botschaferaus-

tausch. Die Waffenhilfe, die sich auf Dauer nicht geheim halten ließ, führte nach dem 1963 erfolgten Rücktritt Adenauers als Bundeskanzler schließlich zu einer schweren Krise. Als Ludwig Erhard den gordischen Knoten am 7. März 1965 durchschlug, indem er einen Botschafteraustausch anbot und ankündigte, künftig keine Waffen mehr in Spannungsgebiete zu liefern und „eine Restlieferung im Einvernehmen mit Israel umzuwandeln", wurde der Weg frei. Nach Abschluß der mühsamen Verhandlungen Kurt Birrenbachs in Jerusalem konnten am 12. Mai 1965 die diplomatischen Beziehungen endlich aufgenommen werden, wobei zehn der dreizehn Mitglieder der Arabischen Liga diejenigen zu Bonn abbrachen, ohne sie jedoch, wie lange befürchtet, mit Ostberlin zu etablieren.

Vielfacher Spagat

Die bundesdeutsche Nahostpolitik dieser Jahre, deren verschlungene Entwicklung in einem komplexen Umfeld nur stichwortartig nachgezeichnet werden konnte, ist – in beiden Teilen Deutschlands, in Israel, den muslimischen Ländern, in West und Ost – mit unterschiedlichen Akzenten immer wieder als unschlüssig, verworren und halbherzig gerügt worden. Das geschah übrigens ebenfalls später und bis jetzt, obwohl sich sagen läßt, dass uns der vielfache Spagat zwischen Israel und den Arabern, aber oft auch zu den Verbündeten alles in allem befriedigend gelungen ist. Er taugt insgesamt nur bedingt als Maßstab für vorwärtsgerichtetes Handeln, doch ist er gewiß nicht restaurativ gewesen. Nicht zuletzt war man stets darum bemüht, „vergangenheitspolitische" Erfordernisse einzubeziehen. Das gilt insbesondere für die innen- und außenpolitisch so umstrittene Rüstungshilfe an Israel. Shinnar würdigte sie als „eine eindrucksvolle Bekundung seitens des Deutschland nach Hitler für moralisches Verantwortungsbewußtsein."

Wenn man schon „Moral" und „Staatsräson" im Kontext der an den Juden verübten Verbrechen antithetisch gegenüberstellen will (was für das Luxemburger Abkommen, wie dargelegt, u. E. nicht weiterführt, was sich in anderen Feldern des bilateralen Verhältnisses aber eher rechtfertigen mag), so kann der militärische Beistand mit seinen enormen Risiken für den Alleinvertretungsanspruch und damit aus damaliger Sicht für die Überwindung der deutschen Spaltung, dem zentralen Anliegen der Bonner Politik, als ein Beispiel gelten für den hohen Stellenwert von Moral im Widerstreit mit Erwägungen der Staatsräson.

Aktive Mitwirkung von Remigranten am Aufbau

Nach Deutschland zurückgekehrte Juden haben sich, ebenso wie andere Emigranten und/oder „rassisch" usw. Verfolgte, naheliegenderweise stets für enge Verbindungen mit Israel eingesetzt, wobei als prominente Beispiele dieser Zeit der SPD-Abgeordnete Jakob Altmaier, der erste Vorsitzende des Zentralrats der Juden in Deutschland, Karl Marx, und der DGB-Vorsitzende Ludwig Rosenberg genannt seien. Altmaier, der dem Bundestag seit 1949 während vier Legislaturperioden angehörte, spielte beim Luxemburger Abkommen einen wichtigen Part, Marx hat sich, auch als Herausgeber der „Jüdischen Allgemeinen", von vorneherein engagiert für vertrauensvolle Beziehungen sowohl zwischen Juden und Nichtjuden in der Bundesrepublik wie zwischen dieser und Israel eingesetzt, Rosenberg war einer der Architekten der intensiven – international einmaligen – Partnerschaft zwischen den Gewerkschaften der beiden Länder.

Dem ersten, fünfzehn Mitglieder umfassenden Kabinett Adenauers, der von den Nationalsozialisten nicht zuletzt als „Judenknecht" angefeindet und seines Amts als Kölner Oberbürgermeister nach der „Machtergreifung" schnell enthoben wurde und der dann von ihnen mehrfach beinahe umgebracht worden wäre, gehörten mit Jakob Kaiser und Hans Lukaschek zwei aktive, inhaftierte Widerstandkämpfer an, zusätzliche drei waren 1933, ein weiterer 1935 entlassen worden, zwei sonstige standen in enger Fühlung mit der Bekennenden Kirche, Thomas Dehler (FDP) hatte wegen seiner jüdischen Frau zu leiden gehabt. Der langjährige – zweite – Bundestagspräsident Eugen Gerstenmaier war nach dem 20. Juli 1944 vom Volksgerichtshof zu sieben Jahren Zuchthaus verurteilt worden. Oppositionsführer Schumacher starb 1951 an den Folgen seiner mehr als zehnjährigen Einkerkerung im KZ. Den ersten Bundespräsidenten Theodor Heuss, der im deutsch-israelischen Verhältnis eine besondere Rolle spielte, hatte man nach 1933 kaltgestellt und als Journalist mit Schreibverbot belegt. Die aktive Mitwirkung von Juden und anderen Verfolgten am Auf- und Ausbau der Bundesrepublik mag als weiterer Beweis dafür dienen, dass diese auch in der Frühzeit politisch nicht „restaurativ" gewesen ist, ganz im Gegenteil.

Bedeutung der Reintegrationspolitik

Dem widerspricht nicht, dass – gerade im Kontext der Beziehungen zu Israel und allgemein zu den Juden – der Vorwurf laut wurde, durch ihre Aktivitäten im dritten Reich belastete Personen nähmen jetzt aufs neue mehr oder weniger gewichtige Positionen ein. Für den auswärtigen Dienst befaßte sich aufgrund der Artikelserie der Frankfurter Rundschau „Ihr naht euch wieder ..." ein Untersuchungsausschuss des Bundestags 1952/53 eingehend mit dem Thema, doch kam nicht viel dabei heraus, und einer Reihe der überprüften – auch für die Verbindungen zu Israel maßgeblichen – Angehörigen des AA wurde sogar ausdrücklich eine aktive Beteiligung am Widerstand gegen Hitler bescheinigt. Abs, der 1937 mit 35 Jahren Vorstandsmitglied der Deutschen Bank geworden war, also zu den „Funktionseliten" gehörte, wurde – trotz glänzender jüdischer Referenzen im Zusammenhang mit „Arisierungen", in die er, fast zwangsläufig, verwickelt gewesen war – zunächst jüdischerseits um so skeptischer eingeschätzt, als er sich, wie erwähnt, auf dem Weg zum Luxemburger Abkommen lange sperrig zeigte. Er spielte jedoch dann bei dessen Umsetzung und bei der „Aktion Geschäftsfreund" eine rundum positive Rolle, und er besuchte schon früh mehrfach Israel, wo er sich mit Ben Gurion und der gesamten Staatsspitze traf; der bei einer solchen Visite 1969 in der Knesset von einem kommunistischen Abgeordneten gestellte Antrag, ihn als „Kriegsverbrecher" vor Gericht zu stellen, wurde ignoriert. Auch Hans Globke (*s. auch den Beitrag von Manfred Funke*), wegen seines Kommentars zu den „Nürnberger Gesetzen" Symbolfigur bei den vorwiegend aus der DDR ständig erneuerten einschlägigen Attacken, hat sich als Staatssekretär im Bundeskanzleramt für die Kontakte zu Israel und den Juden beträchtliche Verdienste erworben. Die von „rassisch Verfolgten" erstatteten Entlastungszeugnisse füllen mehrere Aktenbände, der ansonsten nicht nur bei den Nürnberger Prozessen so kritische Robert Kempner steuerte einen längeren günstigen Buchbeitrag über ihn bei, gegen ihn von jüdischer Seite erhobene Vorbehalte blieben gedämpft. Ben Gurion meinte kurz vor dem Eichmann-Prozess: „Über Dr. Globke brauchen wir nicht zu sprechen. Wenn Konrad Adenauer ihn bei sich hat, so hat er ihn mehr geprüft als wir es jemals könnten."

Gewiss, das 1953 in Kraft getretene, im Bundestag einstimmig verabschiedete sogenannte 131er-Gesetz ermöglichte „vielen kleinen und auch nicht so kleinen NS-Tätern" (Norbert Frei) sowie ehemaligen Berufssoldaten die Rückkehr in den öffentlichen Dienst und den Erhalt von Pensionen. Die Wiedereingliederung jedenfalls der Masse der „Mitläufer" war zur Stabilisierung des jungen freiheitlichen Staatswesens aber unvermeidlich, das sich insgesamt auch auf längere Sicht als so kaum zu erwartende Erfolgsgeschichte erwies. Die Bonner Republik hatte schon im Rückblick auf die so viel weniger gelungene von Weimar auf Stabilität zu bauen, was mit Restauration nicht verwechselt werden darf. Es war unleugbar ein bitterer politisch-moralischer Preis, der ja ein halbes Jahrhundert später auch nach dem Zusammenbruch der kommunistischen Zwangsregime in Ost- und Mitteleuropa überall bezahlt werden mußte. Diese Reintegrierung war indessen verbunden mit der „normativen Abgrenzung gegenüber jenen, die außer der Rehabilitierung ihrer Person auch noch die Anerkennung ihrer ungewandelten politischen Überzeugung suchten" (ders.), und dies bedeutete, dass „die kritische und selbstkritische Auseinandersetzung der bundesdeutschen Gesellschaft mit der NS-Zeit – bei allen Defiziten – doch so etwas wie Teil der bundesrepublikanischen Identität werden sollte" (ders., „Aufbau" 13.2.1998).

Die immer noch gängige These, die Jüngeren hätten erst im Verfolg der Studentenrevolte Ende der sechziger Jahre den Älteren unbefangen Fragen nach ihrer Verstrickung in die Geschehnisse der schlimmen Zeit stellen können, bedarf zumindest der Relativierung. Gerstenmaier, der bei seinem ersten Besuch in Israel 1962 einen Vortrag bei der Hebräischen Universität Jerusalem über die „Wandlung der Deutschen" hielt, betonte dabei „die faktische Unmöglichkeit, den jungen Leuten von heute auch nur eine Ahnung von der äußeren und inneren Situation und Atmosphäre zu vermitteln, in der Hitler und seine Leute ihre Schreie ausstießen". Bei den Gesprächen darüber „sitzen nicht nur Hitler und seine Bande auf der Anklagebank, sondern so ziemlich die ganze mittlere und ältere Generation Deutschlands".

Im übrigen waren dann später den unreifen Radikalen, selbst im Hinblick auf Israel, die revolutionären Bewegungen der Dritten Welt wichtiger als die NS-Vergangenheit.

Verantwortung für die Vergangenheit

Abschließend seien einige weitere fortschrittliche Entwicklungen kurz erwähnt, sofern sie in der Frühzeit der Bundesrepublik und auch später im Verhältnis zu Israel von Belang waren. Zunächst die Überwindung der deutsch-französischen „Erbfeindschaft" (*s. auch den Beitrag von Ulrich Lappenküper*). Sie wurde von Ben Gurion immer wieder – zur Beschwichtigung der Gegner seiner Deutschlandpolitik, aber auch Adenauer gegenüber brieflich sowie bei den zwei Begegnungen 1960 in New York und 1966 in Sde Boker – als besonders bedeutungsvoll gewürdigt, wobei der (Alt)bundeskanzler indes vereinfachende Vergleiche zwischen der Annäherung an Frankreich und an Israel klug zurückwies. Der Kurswechsel der französischen Israelpolitik mit dem Machtantritt Charles de Gaulles 1958 und spätestens nach der vollen Unabhängigkeit Algeriens 1962 sollte dann zunehmend zu Differenzen mit der deutschen führen, die bis heute andauern. – Auch das Engagement für die europäische Einigung gehört hierher, bei der Deutschland – ja höchst innovativ – eine Vorreiterrolle spielte. Die wirtschaftliche und sonstige Anbindung an Europa besaß für Israel früh erhebliche Relevanz, und sie wurde von Bonn, dankbar anerkannt nicht nur durch Ben Gurion, stets unterstützt. Als Höhepunkt dieses Prozesses gelang es beim Europäischen Gipfel in Essen im Dezember 1994 Bundeskanzler Helmut Kohl in sehr persönlichen Bemühungen, die Schlußfolgerungen des Vorsitzes um folgenden Passus anzureichern: „Der Europäische Rat geht davon aus, dass Israel in Anbetracht seines hohen Entwicklungsstandes auf der Grundlage der Gegenseitigkeit und des gemeinsamen Interesses im Verhältnis zur Europäischen Union einen privilegierten Status erhält."

Weiter soll hier die 1963 so benannte Bundeszentrale für politische Bildung angeführt werden, die aus der Bundeszentrale für Heimatdienst hervorging. Sie wurde für die

Verbindungen zu Israel bedeutungsvoll (Adenauer: Will „die Kenntnis von den Leistungen des jüdischen Volkes und Israels vertiefen und das Verständnis fördern"), und sie bahnte mit den von ihr veranstalteten Reisen auch dem späteren – institutionalisierten und weltweit einmaligen – bilateralen Jugendaustausch den Weg. – Schließlich ein Wort zur Bundeswehr, mit deren Konzepten der inneren Führung und des Bürgers in Uniform vorbildliches Neuland betreten und die deutsche Armee zur demokratischsten der Welt gemacht wurde. Die Wiederbewaffnung, welche die Knesset 1951 „energisch" verurteilte, stieß jüdischerseits anfänglich auf scharfe Ablehnung, doch änderte sich das nicht zuletzt aufgrund der bilateralen Rüstungskooperation, aus welchem Anlaß Ben Gurion die Bundeswehr innenpolitischen Kritikern gegenüber mehrfach nachdrücklich in Schutz nahm und dabei die Überprüfung wiedereingestellter Offiziere unterstrich, wie sie mittels des vom Bundestag fast einstimmig geschaffenen Personalgutachterausschusses, ebenfalls international ein Novum, erfolgte. Die sicherheitsmäßige Dimension der deutsch-israelischen Partnerschaft bleibt bis auf den heutigen Tag relevant.

Zusammenfassend ist, so scheint mir, die Folgerung gerechtfertigt, dass die Politik der Bundesrepublik Deutschland gegenüber Israel und den Juden gerade auch in der Frühzeit bestrebt war, sich zukunftsorientiert ihrer geschichtlichen Verantwortung zu stellen.

Quellen- und Literaturhinweise

R.A. Blasius, Geschäftsfreundschaft statt diplomatischer Beziehungen. Zur Israel-Politik 1962/63, in: Ders. (Hg.), Von Adenauer zu Erhard. Studien zur Auswärtigen Politik der Bundesrepublik Deutschland 1963 (1994) 154–210 – N. Frei, Vergangenheitspolitik. Die Anfänge der Bundesrepublik und die NS-Vergangenheit (1996) – N. Hansen, Aus dem Schatten der Katastrophe. Die deutsch-israelischen Beziehungen in der Ära Konrad Adenauer und David Ben

Gurion (2002) – Y. A. Jelinek (Hg.), Zwischen Moral und Realpolitik. Eine Dokumentensammlung (1997) – H.-P. Schwarz, Adenauer als politischer Neuerer, in: G. Langguth (Hg.), „Macht bedeutet Verantwortung". Adenauers Weichenstellungen für die heutige Politik (1994) 13–46 – Sh. Shafir, Ambiguous Relations. The American Jewish Community and Germany since 1945 (1999) – D. Trimbur, De la Shoah à la réconciliation? La question des relations RFA-Israel (1949–1956) (2000). – M. Wolffsohn, Ewige Schuld? 40 Jahre deutsch-jüdisch-israelische Beziehungen (1988).

Konrad Adenauer und Charles de Gaulle 1962 in Reims

Meine These ist also, daß die beiden Staatsmänner seit ihrem Treffen in Colombey untereinander eine Art moralischer und politischer Übereinkunft geschlossen haben, der sie durch alle Veränderungen des politischen Geschehens hindurch grundlegend treu geblieben sind. Damit möchte ich nicht sagen, daß alles seit der ersten Zusammenkunft vorbestimmt war und daß die Geschichte der deutsch-französischen Beziehungen in den folgenden Jahren nur die Verwirklichung eines vorgegebenen Programms gewesen wäre. Jeder weiß, daß von einer solch starren Interpretation abzuraten ist, denn sie wäre unvereinbar mit den Realitäten des politischen Lebens, welche von Veränderungen und Unvorhergesehenem bestimmt ist. Ich meine, daß der Kanzler und der General sich zuerst zu einigen fundamentalen Tatsachen bekannt haben: zur Wahl einer vorzugsweisen deutsch-französischen Zusammenarbeit und zum Aufbau einer gegenseitigen persönlichen Beziehung.

Etwas zutiefst Menschliches und zutiefst Politisches gab es auch in der sehr einfachen, aber entschiedenen Art und Weise, in der de Gaulle Adenauer zu verstehen gab, daß er – de Gaulle – seine Meinung über Deutschland geändert habe, daß er nicht mehr wie im Jahre 1945 denke: daß eine Gefahr für Frankreich nicht mehr am Rhein bestehe, sondern von viel weiter her aus dem Osten komme. De Gaulle gab zu verstehen, daß eine neue internationale Lage besondere Beziehungen zwischen Deutschland und Frankreich erfordere, auch wenn er das Bedürfnis hatte, hinzuzufügen, daß Frankreich das eigentliche Verdienst gebühre.

In dieser klaren Bitte Adenauers und der klaren Antwort de Gaulles ist und bleibt das Wesentliche.

Jacques Bariéty (1985)

Man kann nicht genug unterstreichen, daß das, was nach dem Kriege geschehen ist, etwas ganz Unvorhergesehenes, etwas Wunderbares war. Wenn man mich fragt: Was denken Sie von der Krise Europas, glauben Sie noch an Europa, haben Sie noch eine Hoffnung?, dann sage ich immer: Jeden Tag, wenn ich aufstehe, erlebe ich ein Wunder; was nach dem Kriege geschehen ist, ist wirklich geschehen, es war kein Traum, es besteht heute noch. Und was besteht heute noch? Die deutsch-französische Freundschaft.

Pierre Pflimlin (1985)

Ich war von großer Sorge erfüllt, denn ich befürchtete, die Denkweise von de Gaulle wäre von der meinigen so grundverschieden, daß eine Verständigung zwischen uns beiden außerordentlich schwierig wäre ... Sehr interessant fand ich in diesem Zusammenhang folgende Bemerkung de Gaulles: Die schwerste Aufgabe, die vorliege, sei, die nationalistischen Franzosen aus ihrem nationalistischen Himmel herunter auf den Boden der Wirklichkeit zu ziehen. In seiner Ansicht über die Weltlage stimme er mit mir überein. Er stimme mir vor allem auch darin zu, daß Deutschland und Frankreich in enger Freundschaft verbunden sein müßten. Nur durch diese Freundschaft zwischen Deutschland und Frankreich werde es möglich sein, Westeuropa zu retten.

De Gaulle bekannte, er habe, wie die meisten Franzosen, nach dem Zusammenbruch Deutschlands gefürchtet, daß Deutschland sich nach seiner Erholung an Frankreich rächen würde. Deshalb habe er damals, als er Ministerpräsident gewesen sei, das Zusammengehen zwischen Frankreich und Sowjetrußland (1944) herbeigeführt. Er habe sich aber inzwischen davon überzeugt, daß das heutige deutsche Volk keine derartigen Rachegefühle hege. Daraus erkläre sich sein Wechsel in der Politik: Eng verbunden mit Deutschland zum Schutze gegen Sowjetrußland.

Konrad Adenauer über sein erstes Gespräch mit Charles de Gaulle

Ulrich Lappenküper

„Wunder unserer Zeit": Konrad Adenauer und die Versöhnung mit Frankreich (1949–1963)

„Erbfeindschaft" nach 1871

Kaum eine Legende in der über tausendjährigen Geschichte der deutsch-französischen Beziehungen wirkte so dauerhaft wie die der „Erbfeindschaft". Der historischen Realität entsprach sie gleichwohl nicht. Mochten sich die aus dem karolingischen Frankenreich hervorgegangenen Zwillinge Deutschland und Frankreich auch im Laufe der Zeit auseinandergelebt haben, so prägte ihr Verhältnis doch nicht nur Ablehnung und Abstoßung, sondern auch Anziehung und Befruchtung. Erst seit der Reichsgründung von 1870/71 wurde der Antagonismus zum bestimmenden Faktor, von interessierten Kreisen dies- und jenseits des Rheins instrumentalisiert, um den deutsch-französischen Krieg als Folge säkularer Rivalität erscheinen zu lassen. Die Verheerungen, Stellungsschlachten und Hekatomben menschlicher Opfer des Ersten Weltkrieges brannten die höchst fragwürdige und weit in die Vergangenheit zurückprojizierte Ideologie der „Erbfeindschaft" tief ins kollektive Gedächtnis der beiden Nachbarn ein. Nach der Machtergreifung des Nationalsozialismus erlebte sie ihren negativen Höhepunkt. Denn Hitler stempelte Frankreich zum „unerbittlichen Todfeind des deutschen Volkes" und zielte darauf ab, „das ewige und an sich unfruchtbare Ringen" in einem „letzten Entscheidungskampf" zu beenden, Frankreich zu vernichten.

71

Ein politisches Wunder

Nach der Katastrophe des Zweiten Weltkrieges musste das deutsch-französische Verhältnis zwangsläufig neue Gestalt gewinnen. Dass es sich während der Kanzlerschaft Konrad Adenauers von 1949 bis 1963 zu einem „linchpin" (Julius Friend) entwickelte, mutet wie ein politisches Wunder an. Was waren die Motive und Ziele der Frankreichpolitik Konrad Adenauers? Ging es ihm vornehmlich um die Versöhnung mit dem französischen Volk oder um die Einigung Europas, die ohne den Nachbarn keine Aussicht auf Erfolg besaß? Betrieb Adenauer die Verständigung als Mittel zur Wiedererlangung der Souveränität oder als Sicherungsinstrument gegen eine „französisch-russische *Einkreisung*" (Gero von Gersdorff)?

Seit der bedingungslosen Kapitulation der Wehrmacht 1945 lag das Schicksal des „vergangenen" Deutschen Reiches (Klaus Hildebrand) in den Händen der vier Besatzungsmächte USA, Sowjetunion, Großbritannien und Frankreich. Im Besatzungsstatut vom April 1949 reservierte sich die Alliierte Hohe Kommission eine Reihe von „Vorbehaltungsgebieten", zu denen die Deutschland als Ganzes betreffenden Fragen zählten, und behielt sich das Recht vor, „auf Weisung ihrer Regierungen die Ausübung der vollen Gewalt ganz oder teilweise wieder zu übernehmen". Da an eine Wiedervereinigung in Freiheit vorerst nicht zu denken war, musste es für Konrad Adenauer, den ersten Kanzler des westdeutschen Provisoriums Bundesrepublik Deutschland, vornehmlich darum gehen, Handlungsfreiheit zu gewinnen und als gleichberechtigtes Mitglied in die westliche Staatenwelt aufzusteigen. „Objekt und weiter nichts", lag Deutschland in seinen Augen als „Niemandsland" zwischen den Mächtegruppen in Ost und West und sah sich der „Anziehungspolitik" Moskaus ausgesetzt. Geprägt vom „Alpdruck Potsdam", misstrauisch gegenüber der politischen Labilität seines eigenen Volkes, glaubte der Kanzler, Sicherheit und Stabilität der noch jungen deutschen Demokratie nur mit Hilfe der Eingliederung in eine geeinte westliche Staatengemeinschaft gewinnen zu können.

Angelpunkt der Politik Adenauers

Westbindung, Amerikaorientierung, Gleichberechtigung, Mitwirkung am Zusammenschluss Europas, das waren die Grundpfeiler seiner außenpolitischen Vorstellungen. Unterhalb dieser Ebene, aber zugleich mit ihr verwoben, spielte die Verbesserung der Beziehungen zu Frankreich eine herausragende Rolle. „Nicht eigentlich frankophil", eher „ein Mann der Amerikaner" (Hans-Peter Schwarz), gedachte Adenauer, die Frankreichpolitik in sein umfassendes Konzept einer westeuropäisch-nordatlantisch angelegten Westpolitik einzufügen. Wie er bereits in seiner ersten Regierungserklärung vom September 1949 betonte, hing die europäische Einigung ganz elementar von der Verständigung zwischen der Bundesrepublik und Frankreich ab, wobei diese Verständigung wiederum ohne den Rahmen der westeuropäischen Zusammenarbeit kaum zu erreichen sein würde. Der zu überwindenden Hindernissen und der historischen Belastungen voll bewusst, erklärte er „Erbfeindschaften" in einem Zeitungsinterview mit Ernst Friedländer Anfang November, für „völlig unzeitgemäß (...). Ich bin daher entschlossen, die deutsch-französischen Beziehungen zu einem Angelpunkt meiner Politik zu machen."

Schon Anfang der 20er Jahre hatte sich Adenauer als Oberbürgermeister von Köln für die Verknüpfung der wirtschaftlichen Interessen Westdeutschlands und Frankreichs ausgesprochen. Jetzt nahm er als Bundeskanzler diesen Gedanken wieder auf und plädierte für eine „organische Verflechtung" zwischen beiden Ökonomien. Mit solchen Bindungen sich zu begnügen, kam ihm nicht in den Sinn.

Adenauer dachte an eine Intensivierung des Kulturaustausches, hielt selbst eine deutsch-französische Union mit „gemeinsame(r) Staatsbürgerschaft, gemeinsame(r) Wirtschaft und ein(em) gemeinsame(n) Parlament für möglich. Mögen ihn im Frühjahr 1950 auch vornehmlich taktische Erwägungen dazu bewogen haben, derart visionäre Vorstellungen an die Öffentlichkeit zu tragen, war die Unionsidee für den Kanzler doch mehr als nur eine Gedankenspielerei; denn sie tauchte in den nächsten Jahren wiederholt in seinen Überlegungen auf, bis sie schließlich 1963 in den Elysée-Vertrag münden sollte.

Der Schuman-Plan

Zu Beginn der 50er Jahre war an die Realisierung so weitgesteckter Ziele indes nicht zu denken. Für die Bundesrepublik musste es zunächst darum gehen, Handlungsfreiheit und Gleichberechtigung im Westen zu gewinnen. Dazu bedurfte es des ehrlichen Bemühens um Vertrauen, ja auch gewisser Konzessionen an das französische Sicherheitsbedürfnis. Genau darin unterschied sich der Kanzler vom SPD-Vorsitzenden Kurt Schumacher, der jegliches Zugeständnis entschieden ablehnte und wegen seiner unbeugsamen Forderung nach Selbstbestimmung für die Deutschen in Paris zum „Hitler von links" gestempelt wurde.

Wenngleich Adenauer aus französischer Perspektive Kredit verdiente, weil er seinem Volk unbequeme Wahrheiten zu sagen bereit war, gedachte die Pariser Regierung nicht, das Bonner Drängen auf eine Lockerung der besatzungsrechtlichen Fesseln widerspruchslos hinzunehmen. Als die Aussicht schwand, die Deutschen mit Hilfe des Besatzungsstatuts langfristig zu kontrollieren, wartete Frankreich im Frühjahr 1950 mit einer spektakulären Initiative auf. Auf der Basis eines von Jean Monnet ausgearbeiteten Projektes schlug Außenminister Robert Schuman am 9. Mai die Zusammenlegung der französischen und deutschen Montanindustrie vor. Schuman schien damit nicht nur das Adenauersche Konzept der „organischen Verflechtung", sondern auch dessen Wunsch nach Überwindung der „Erbfeindschaft" aufzugreifen. „Der Zusammenschluss der europäischen Nationen verlangt, dass der jahrhundertealte Gegensatz zwischen Frankreich und Deutschland beseitigt wird", betonte er in seiner berühmten Regierungserklärung. Indes, der „Mythos", der den „Schuman-Plan" umrankt, darf nicht darüber hinwegtäuschen, dass seine Protagonisten in Paris und Bonn ihn nicht aus reinem Idealismus und dem Wunsch nach Völkerverständigung lancierten. Denn Schuman hoffte, der Rückkehr des östlichen Nachbarn zur nationalen Souveränität mittels europäischer Integration einen Riegel vorzuschieben. Und Adenauer sah in dem „Schuman-Plan" den lang ersehnten Anknüpfungspunkt zur gleichberechtigten Mitwirkung am europäischen Einigungswerk und zur Aushöhlung des Besatzungsstatuts.

Europäische Verteidigungsgemeinschaft und Montanunion

Wachsendes deutsches Selbstbewusstsein infolge der amerikanischen Forderung nach Remilitarisierung Westdeutschlands im Zuge des Korea-Krieges und fortbestehende Widersprüche in der französischen Deutschlandpolitik ließen das zarte Pflänzchen der Verständigung schnell verkümmern. Wenn es nicht völlig vertrocknete, lag das an der „Bewässerung" durch die Amerikaner und den bedrohlichen militärischen Entwicklungen in Fernost. In der Erkenntnis, die deutsche Wiederbewaffnung nicht auf Dauer vereiteln zu können, beschloss die französische Regierung im Herbst 1950, das Modell des „Schuman-Plans" auf die militärische Ebene zu transferieren und den westeuropäischen Partnern die Bildung einer supranationalen Europa-Armee mit deutscher Beteiligung vorzuschlagen.

Nur zögernd und aus Rücksicht auf die USA ging die Bundesregierung auf das Projekt der Europäischen Verteidigungsgemeinschaft ein. Dank amerikanischer Einflussnahme verhalf sie nun auch den Verhandlungen über die Montanunion zum Durchbruch. Adenauer würdigte die Gründung der „Europäischen Gemeinschaft für Kohle und Stahl" am 18. April 1951 als „neuen Abschnitt der europäischen Geschichte". Da die Zusammenfassung der Kohle- und Stahlproduktion Kriege zwischen den Nachbarn „nicht nur undenkbar, sondern materiell *unmöglich*" mache, würde mit dem Montanvertrag „der feierliche und unwiderrufliche *Schlussstrich*" unter eine Vergangenheit gezogen, in der beide Völker sich „aus Misstrauen, Konkurrenzsucht und Egoismus immer wieder mit den Waffen in der Hand" gegenübergetreten seien. Wilhelm Hausenstein, der deutsche Generalkonsul in Paris, fasste den engen Konnex zwischen der europäischen Kooperation und der Normalisierung des deutsch-französischen Verhältnisses in die prägnanten Worte: „In dem Maße, wie sich das Bewusstsein von der Notwendigkeit der europäischen Einigung im französischen Volk verbreitet hat, war für die ‚Erbfeindschaft' mit Deutschland kein Platz mehr."

Die Ratifizierung des Deutschlandvertrages

Mit der Unterzeichnung der Verträge über die Beziehungen zwischen der Bundesrepublik Deutschland und den Drei Mächten (Deutschlandvertrag) und über die Gründung der Europäischen Verteidigungsgemeinschaft (EVG) endete im Mai 1952 eine zweite wichtige Etappe im deutsch-französischen Nachkriegsverhältnis. Doch das Werk der Kabinette stieß am Rhein wie an der Seine auf erhebliches Missfallen. Angetrieben von seiner stets gegenwärtigen Furcht vor einer Einigung der Großen Vier über die „deutsche Frage", drängte Adenauer in Bonn auf eine rasche Ratifizierung. Schuman hatte es damit weit weniger eilig, weil an die Eröffnung der parlamentarischen Beratungen in Paris aufgrund der innenpolitischen Stimmungslage erst dann gedacht werden konnte, wenn der endgültige Beweis für die Unmöglichkeit einer Verständigung mit der Sowjetunion erbracht war.

Nachdem die Bundesregierung die Westverträge 1953 im Deutschen Bundestag über die parlamentarischen Hürden gehievt hatte, spielte Adenauer mit dem Gedanken, „eine engere bündnisähnliche Verpflichtung" mit Frankreich einzugehen, und signalisierte in Paris Entgegenkommen in diversen Sachfragen. Im Grunde verfolgte er mit seinen Avancen vor allem ein Ziel: die dortige Ratifikation des EVG-Vertrags zu erleichtern – vergeblich. Wie in einem System kommunizierender Röhren nahm bei den Franzosen mit der wachsenden Einsicht in die Notwendigkeit der deutschen Aufrüstung die Bereitschaft zur Opferung der eigenen Handlungsfreiheit ab. Ende August 1954 gab die Nationalversammlung der EVG den Todesstoß.

Mit ungeahnter Energie gelang es den vier Westmächten innerhalb weniger Wochen, für die obsoleten Westverträge eine tragfähige Ersatzlösung zu finden. Indem die Bonner Republik mit den Pariser Verträgen vom Joch des Besatzungsstatuts befreit und in die Atlantische Allianz aufgenommen wurde, erhielt das deutsch-französische Verhältnis eine neue Grundlage. Am Rande der Pariser Konferenzen demonstrierten beide Regierungen im Oktober 1954 zum ersten Mal seit 1949 die Fähigkeit zur direkten Kooperation. Sie erhoben die Vertiefung der Wirtschaftsbeziehungen zu einer politischen Priorität, unterzeichneten ein seit Jahren angestrebtes Kulturabkommen und bereinigten – scheinbar – die Saarfrage.

Schon bald gerieten die Ergebnisse dieses „Tag(es) der Aussöhnung" (Konrad Adenauer) ins Visier parteipolitischer Auseinandersetzungen. Als die Verträge Ende Dezember in der Assemblée Nationale am Widerstand der

Christdemokraten, der Partei Robert Schumans, zu scheitern drohten, wandte sich der Kanzler mit einem flammenden Appell an den ehemaligen Außenminister und warnte ihn vor den unabsehbaren Folgen, wenn seine persönliche „Mission, Frankreich und Deutschland zusammenzuführen", fehlschlagen würde. Adenauers Horrorszenario zeigte Wirkung, das französische Parlament ließ die Pariser Verträge passieren; am 5. Mai 1955 traten sie in Kraft.

Ära der „bonne entente"

Im Selbstverständnis der beiden Kabinette am Rhein und an der Seine begann nun eine Ära der „bonne entente" (Antoine Pinay), in der die Ressentiments der vergangenen Jahre zugunsten des entschiedenen Willens zur vertrauensvollen Zusammenarbeit zurücktraten. Aus der Vergangenheit überkommene Streitpunkte wurden beseitigt, in die Zukunft gerichtete Beiträge zu einer gemeinsamen Politik geleistet. Spannungen im Atlantischen Bündnis und zunehmende Indizien für eine amerikanisch-sowjetische „Komplizenschaft" (Henning Köhler) im Zuge der weltpolitischen Doppelkrise in Ungarn und am Suez-Kanal ließen die beiden Regierungen 1956 zunehmend enger kooperieren. Ende Oktober unterzeichneten sie einen neuen Saarvertrag, der einer „kleinen Wiedervereinigung" den Weg ebnete; Anfang November durchtrennten sie den gordischen Knoten in den festgefahrenen Verhandlungen über die Europäische Wirtschaftsgemeinschaft. In seiner Festansprache zur Einbeziehung des Saarlandes in den Geltungsbereich des Grundgesetzes erinnerte Adenauer am 1. Januar 1957 abermals an die jahrhundertelang während „Feindschaft" zwischen den Nachbarvölkern und an die „vergiftende Rolle", die die Saarfrage dabei gespielt hatte. „Das ist nun vorbei. (...) nun ist die Bahn frei für ein echtes und starkes Zusammengehen dieser beiden Völker."

Adenauer und de Gaulle: ein „Mirakel"

Des Kanzlers Verheißungen wirkten bald höchst irreal. Die Machtübernahme Charles de Gaulles im Sommer 1958 drohte die deutsch-französische Partnerschaft in längst überwunden geglaubte Zeiten zurückzustoßen. Adenauer begegnete dem General mit abgrundtiefem Misstrauen. Denn de Gaulle war für ihn der Inbegriff der intransigenten französischen Deutschlandpolitik nach dem Zweiten Weltkrieg, der Verfechter der französisch-sowjetischen Allianz von 1944, ein Politiker, der sich zwar dem Westen verbunden fühlte, aber einen Anspruch auf globale Verantwortung geltend machte und der supranationalen europäischen Integration ablehnend gegenüber stand.

Aus rational kaum nachvollziehbaren Gründen sollte die erste Begegnung der beiden Staatsmänner Mitte September ihr Verhältnis grundlegend ändern. Augenzeugen des historischen Rendezvous sprachen später von einem „Mirakel". Dem rückschauenden Betrachter drängt sich hingegen der Eindruck auf, der Kanzler habe den General vor der Begegnung ebenso verzerrt beurteilt wie unmittelbar nachher – nur mit einem anderen Vorzeichen.

De Gaulles Bestreben, die Führung der Atlantischen Allianz in die Hände eines amerikanisch-britisch-französischen Triumvirats ohne deutsche Beteiligung zu legen, brachte Adenauer rasch auf den harten Boden machtpolitischer Tatsachen zurück. Dass seine harsche Kritik an der „Größe" und „Rang" verpflichteten französischen Außenpolitik nicht in ein Zerwürfnis umschlug, hing vornehmlich mit der von der Sowjetunion Ende 1958 initiierten Berlin-Krise zusammen. Während die USA und Großbritannien Kompromissbereitschaft an die Adresse der Sowjets signalisierten, lehnte Frankreich jegliches „appeasement" ab und stärkte der Bundesregierung den Rücken, nicht aus Altruismus, sondern aus Staatsräson.

Vor dem Hintergrund der gescheiterten Pariser Ost-

West-Gipfelkonferenz 1960 begann de Gaulle, seinen deutschlandpolitischen Beistand in den Dienst eigener machtpolitischer Ambitionen zu stellen, und regte bei Adenauer die Intensivierung der europäischen Zusammenarbeit auf der Basis der deutsch-französischen Entente an. Zunächst begrüßte der Kanzler die Initiative geradezu überschwenglich, dann wich sein Enthusiasmus der Ernüchterung, als ihm seine Mitarbeiter die Gefahren der französischen Absichten vor Augen führten. Da de Gaulle sowohl die europäische Gemeinschaft als auch die transatlantische Allianz völlig neu zu gestalten gedachte, verweigerte Adenauer ihm die Gefolgschaft.

Wenn sie ihre Meinungsverschiedenheiten nach heftigen Auseinandersetzungen 1961 beilegten und die bilaterale Verständigung wieder aufnahmen, gar forcierten, so lag das vornehmlich an der Regierungsübernahme des amerikanischen Präsidenten Kennedy. Je unnachgiebiger die USA auf ihre Vormachtrolle in der Atlantischen Allianz pochten und gleichzeitig die Entspannung zur Sowjetunion suchten, desto enger schweißten sie die Bundesrepublik und Frankreich zusammen. De Gaulles Forderung nach Einbeziehung der Verteidigungspolitik in den Kanon der europäischen Zusammenarbeit und seine Weigerung, England an den Beratungen teilnehmen zu lassen, belasteten die innereuropäischen Beratungen über seinen Europaplan, nicht aber sein Verhältnis zu Adenauer. Als die EWG-Staaten sich dann doch auf ein Statut über eine Europäische Politische Union verständigten, torpedierte der General die Übereinkunft Anfang 1962 wohl wissend, dass der Kanzler ihm angesichts der sowjetischen Pressionen auf Berlin kaum die Unterstützung verweigern konnte.

Wenig später benutzte de Gaulle erneute amerikanisch-sowjetische Fühlungnahmen dazu, die Deutschen von ihrer alten Schutzmacht USA gänzlich abzunabeln. Adenauer ging auf den Vorstoß ein, obwohl er mit seiner seit 1949 multilateral ausgerichteten Außenpolitik kollidierte und in der politischen Kaste der Bundesrepublik kaum Sympathie genoss. Letztlich resultierte seine Hinwendung zu einem deutsch-französischen Exklusivbündnis aus Angst: der Angst vor der Schutzlosigkeit des nuklearen Habenichts Bundesrepublik, der Angst, den einzig wahren Bundesgenossen, Frankreich, zu verlieren, der Angst vor der von ihm keineswegs ausgeschlossenen französisch-russischen Allianz! Während den französischen Staatspräsidenten nie die Furcht ganz losließ, die Deutschen könnten sich nach dem Abgang des Kanzlers von der Bühne der Macht wie Anno 1922 dem Osten zuwenden, trieb Adenauer die zumindest latente Gefahr einer Erneuerung der französisch-sowjetischen Allianz von 1892/94 bzw. 1944 um. „Solange Frankreich-Deutschland eng zusammenhalten, ist der Damm für ein weiteres Vordringen Sowjetrusslands nach Westeuropa fest", beteuerte er Mitte Juni in einem Teegespräch mit Journalisten; dann wäre eine Wiederbelebung des alten französisch-russischen Bündnisses unmöglich.

Der deutsch-französische Vertrag 1963

Wenige Wochen später vereinbarten beide Staatsmänner den Ausbau der deutsch-französischen Beziehungen zur „Union"; kraft seines Amtes erklärte de Gaulle die einstigen „Erbfeinde" zu „entschlossene(n) Freunde(n)". Anfang 1963 beschloss Adenauer auf Anraten der Juristen des Auswärtigen Amts, die Übereinkunft nicht – wie bisher beabsichtigt – in einem Regierungsabkommen, sondern in einem Staatsvertrag zu fixieren. Da die Bonner Koalition dem mittlerweile 87-jährigen Regierungschef die Zusage abverlangt hatte, demnächst zurückzutreten, glaubte er, der Verständigung mit dem Nachbarn nur so Dauer verleihen zu können.

In der Überzeugung, „dass die Versöhnung zwischen dem deutschen und dem französischen Volk, die eine Jahrhunderte alte Rivalität beendet, ein geschichtliches Ereignis darstellt, das das Verhältnis der beiden Völker zueinander von Grund auf neugestaltet", unterzeichneten Adenauer und de Gaulle am 22. Januar 1963 den „Vertrag über die deutsch-französische Zusammenarbeit". In Bezug auf die von ihnen verfolgten Zielsetzungen besaß das Abkommen, das die Konzertierung der Außen-, Verteidigungs- und Entwicklungspolitik sowie die Kooperation auf dem Feld der Erziehung festschrieb, eine evidente Differenz: Adenauer ging es zwar auch um die deutsch-französische Versöhnung, vor allem aber um eine erste Etappe auf dem Weg zur Einigung Westeuropas, um eine Rückversicherung gegenüber amerikanischen Entspannungstendenzen und eine Möglichkeit, Frankreich vor einem völligen Abdriften aus der Atlantischen Allianz, gar einem Schwenk nach Osten zu bewahren. De Gaulle teilte wohl die erste und letzte Absicht: Versöhnung und Bindung. Im Kern bildete der Elysée-Vertrag für ihn aber das Fundament für den Aufbau eines von den USA unabhängigen Europa.

Mochten die Deutschen und Franzosen das gemeinsame Bündnis auch mehrheitlich begrüßen – in den classes politiques machte sich massiver Widerspruch bemerkbar. Drei Faktoren zeichneten dafür verantwortlich, dass dem Vertrag von seinen Gegnern die „Zähne gezogen" wurden: der von den USA unterstützte innerdeutsche Feldzug gegen die deutsch-französische Allianz; der rasante Machtverfall Adenauers; die Konfrontationspolitik de Gaulles gegen den britischen EWG-Beitritt. Mit der in enger deutsch-amerikanischer Abstimmung getroffenen Entscheidung, dem Ratifikationsgesetz zum Elysée-Abkommen eine Präambel vorzuschalten, die die multilateralen Verpflichtungen der Bundesrepublik und die Partnerschaft mit den USA hervorhob, schob der Deutsche Bundestag den Absichten Adenauers und de Gaulles Mitte Mai einen festen Riegel vor. Ihr Wunsch, ein neues Kraftzentrum in der Mitte Europas entstehen zu lassen, war mit den internatio-

nalen Rahmenbedingungen und den außenpolitischen Interessen der Bundesrepublik nicht in Einklang zu bringen.

Das Symbol von Verdun

Gleichwohl entwickelte sich der Elysée-Vertrag seit den
siebziger Jahren nach einer Phase der Relativierung des
deutsch-französischen Verhältnisses zu einem erstaunlich
lebensfähigen und zentralen Instrument der Außenpolitik
beider Staaten. Trotz unterschiedlicher parteipolitischer
Vorzeichen setzten Helmut Kohl und François Mitterrand
die vom „Tandem" Helmut Schmidt und Valéry Giscard
d'Estaing wieder aufgenommene Kooperation fort und ver-
halfen den beiderseitigen Beziehungen zu einer neuen Blü-
tezeit. In ihrem ausgeprägten Gespür für die Bedeutung der
Geschichte im Leben ihrer Völker und für die Wirkungs-
kraft symbolischer Gesten reichten sich beide am 22. September 1984 in Verdun über den Gräben von hunderttau-
senden von Soldaten die Hände. „Mit ihrer gemeinsamen
Ehrung der Toten vergangener Kämpfe", so verkündeten
der Präsident und der Kanzler, ganz Erbe de Gaulles und
Adenauers, „setzen sie an historischer Stätte ein Zeichen
dafür, dass beide Völker unwiderruflich den Weg des Friedens, der Vernunft und freundschaftlichen Zusammenarbeit eingeschlagen haben." Deutschland und Frankreich
hatten aus der Geschichte ihre Lehre gezogen. „Wir haben
uns versöhnt. Wir haben uns verständigt. Wir sind Freunde
geworden."

Am Beginn des 21. Jahrhunderts ist das, was früher
Wunsch und Traum war, Realität geworden. Auf der Basis
des Freundschaftsabkommens von 1963 ist ein dichtes
Netz von Kontakten und Beziehungen entstanden, das in
seiner Spannweite und Intensität einmalig unter souverä-
nen Staaten sein dürfte. Adenauer und de Gaulle war es gelungen, einen Schlussstrich unter eine unheilvolle Vergan-

genheit zu ziehen und die Grundlage für einen in die Zukunft weisenden Anfang zu schaffen – für den geschichtsbewussten ersten Präsidenten der V. Republik das „Wunder unserer Zeit".

Quellen- und Literaturhinweise

H.-P. Schwarz (Hg.) in Verb. mit R. Pommerin/F.-L. Kroll/M. Nebelin (Bearb.), Akten zur Auswärtigen Politik der Bundesrepublik Deutschland, Bd.1: Adenauer und die Hohen Kommissare 1949–1951 (1989), Bd.2: Adenauer und die Hohen Kommissare 1952 (1990) – H.-P. Schwarz (Hg.)/D. Kosthorst u. a.(Bearb.), Akten zur Auswärtigen Politik der Bundesrepublik Deutschland 1949/50, 1950, 1951, 1952, 1953, 1963 (1994–2001) – R. Morsey/H.-P. Schwarz (Hgg.)/H. P. Mensing (Bearb.), Adenauer: Briefe 1945–1947, 1947–1949, 1949–1951, 1951–1953, 1953–1955, 1955–1957, 1957–1959 (1983–2000) – K. Adenauer, Erinnerungen 1945–1953, 1953–1955, 1955–1959, 1959–1963. Fragmente (1965–1968) – R. Morsey/H.-P. Schwarz (Hgg.)/H.-J. Küsters/H. P. Mensing (Bearb.), K. Adenauer: Teegespräche 1950–1954, 1955–1958, 1959–1961, 1961–1963 (1984–1992) – H. Blankenhorn, Verständnis und Verständigung. Blätter eines politischen Tagebuchs 1949 bis 1979 (1980) – H. Möller/K. Hildebrand (Hgg.), Die Bundesrepublik Deutschland und Frankreich: Dokumente 1949–1963; Bd.1 Außenpolitik und Diplomatie, bearb. von U. Lappenküper, Bd.2 Wirtschaft, bearb. von A. Wilkens, Bd.3 Parteien, Öffentlichkeit, Kultur, bearb. von H. Elzer, Bd.4 Materialien, Register, Bibliographie (Erschließungsband), bearb. von H. Elzer (1997/1999) – Ministère des Affaires étrangères, Commission de Publication des Documents Diplomatiques Français (Hg.), Documents diplomatiques français 1954–1963, Bd.1–23 (1987–2001) – H. M. Bock (Hg.), Les Rapports mensuels d'André François Poncet, Haut-Commissaire français en Allemagne 1949–1955. Les débuts de la République fédérale d'Allemagne 2 Bde. (1996) – Ch. de Gaulles, Discours et Messages, 5 Bde. (1970) – Ders., Lettres, notes et carnets, Bd.6–10 (1984–1987) – Ders., Memoiren der Hoffnung. Die Wiedergeburt 1958–1962 (1971) – H. Kusterer, Der Kanzler und der General (1995) – P. Maillard, De Gaulle und Deutschland. Der unvollendete Traum (1991) – Fondation Jean Monnet pour l'Europe, Centre de recherches européennes (Hg.), J. Monnet/R. Schuman, Correspondance 1947–1953 (1986) – H. Osterheld, „Ich gehe nicht leichten Herzens ...". Ade-

nauers letzte Kanzlerjahre – ein dokumentarischer Bericht (1986) –
F. Bondy/M. Abelein, Deutschland und Frankreich. Geschichte einer wechselvollen Beziehung (1973) – E. Conze, Die gaullistische
Herausforderung. Die deutsch-französischen Beziehungen in der
amerikanischen Europapolitik 1958–1963 (1995) – J. W. Friend,
The Linchpin. French-German Relations 1950–1990 (1991) – G.
von Gersdorff, Adenauers Außenpolitik gegenüber den Siegermächten 1954. Westdeutsche Bewaffnung und internationale Politik
(1994) – D. Hüser, Frankreichs „doppelte Deutschlandpolitik". Dy-
namik aus der Defensive – Planen, Entscheiden, Umsetzen in gesellschaftlichen und wirtschaftlichen, innen- und außenpolitischen Krisenzeiten 1944–1950 (1996) – F. Knipping/E. Weisenfeld
(Hgg.), Eine ungewöhnliche Geschichte. Deutschland – Frankreich
seit 1870 (1988) – M. Koopmann, Das schwierige Bündnis. Die
deutsch-französischen Beziehungen und die Außenpolitik der Bundesrepublik Deutschland 1958–1965 (2000) – J. Lacouture, De
Gaulle, 3 Bde. (1984–1986). – U. Lappenküper, Die deutsch-französischen Beziehungen 1949–1963. Von der „Erbfeindschaft" zur „Entente élémentaire", 2 Teil-Bde. (2001) – E. Lohse, Östliche Lockun-
gen und westliche Zwänge. Paris und die deutsche Teilung 1949 bis
1955 (1995) – W. Loth/R. Picht (Hgg.), De Gaulle, Deutschland und
Europa (1991) – K. Manfrass (Hg.), Paris-Bonn, Eine dauerhafte Bindung schwieriger Partner. Beiträge zum deutsch-französischen Verhältnis in Kultur, Wirtschaft und Politik seit 1949 (1984) – R. Mar-
cowitz, Option für Paris? Unionsparteien, SPD und Charles de
Gaulle 1958 bis 1969 (1996) – N. Meyer-Landrut, Frankreich und
die deutsche Einheit. Die Haltung der französischen Regierung
und Öffentlichkeit zu den Stalin-Noten 1952 (1988) – R. Poidevin,
Robert Schuman, homme d'État 1886–1963 (1986) – H.-P. Schwarz,
Adenauer, 2 Bde. (1986 u. 1991) – Ders. (Hg.), Adenauer und Frankreich. Die deutsch-französischen Beziehungen 1958 bis 1969
(1985) – Ders., Erbfreundschaft. Adenauer und Frankreich (1992) –
G-H. Soutou, L'alliance incertaine. Les rapports politico-stratégi-
ques franco-allemands. 1954–1996 (1996) – M. Vaïsse, La grandeur.
Politique étrangère du général de Gaulle. 1958–1969 (1998) – A.
Wilkens (Hg.), Die deutsch-französischen Wirtschaftsbeziehungen
1945–1960. Kolloquium des Deutschen Historischen Instituts Paris 8.–10. Dezember 1994 (1997) – G. Ziebura, Die deutsch-französischen Beziehungen seit 1945. Mythen und Realitäten, überarb. u.
aktual. Neuausgabe (1997).

Nach dem Mauerbau 1961

(...) ich verstehe die Frage so, dass es Menschen gibt in Westdeutschland, die wünschen, dass wir die Bauarbeiter der DDR mobilisieren, um eine Mauer zu errichten. Niemand hat die Absicht, eine Mauer zu errichten.

SED-Chef Walter Ulbricht
auf die Frage einer Journalistin (15. Juni 1961)

Das Marionettenregime in der Zone macht in seinem Beschluss vom 12. August den vergeblichen Versuch, die angebliche Notwendigkeit dieser Abriegelungsmaßnahmen zu begründen. Die Bundesregierung hält es für unter ihrer Würde, auf diese Verdrehungen und unwahren Behauptungen näher einzugehen. Diese Behauptungen werden von der Wirklichkeit selbst gerichtet. Die Bundesregierung möchte jedoch mit allem Nachdruck klarstellen, daß diese illegale Aktion der Zonenmachthaber ein für alle mal der Weltöffentlichkeit zeigt, in welchem Teil Deutschlands „Militarismus und Aggression" praktiziert werden.

Aus der Erklärung der Bundesregierung (18. August 1961)

Alle freien Menschen, wo immer sie leben mögen, sind Bürger dieser Stadt Berlin, und deshalb bin ich als freier Mann stolz darauf sagen zu können: Ich bin ein Berliner.

Der amerikanische Präsident John F. Kennedy
vor dem Rathaus Schöneberg (26. Juni 1963)

Herr Gorbatschow, reißen Sie diese Mauer nieder!

Der amerikanische Präsident Ronald Reagan (12. Juni 1987)

Wer Einheit sagte, war rechtsradikal – Ein Trauma wird verdrängt: Warum die Berliner Mauer in der Literatur kaum vorkommt.

Hans Christoph Buch (1991)

Rolf Steininger

Der Mauerbau 1961: Zementierung eines Systems oder Friedenssicherung?

„Sperrwand eines Konzentrationslagers"

Am Abend des 11. August 1961, Freitag, fanden sich hochrangige Stasi-Offiziere bei ihrem Chef, „Genosse General" Erich Mielke, zum Befehlsempfang ein.

„Heute", so Mielke, „treten wir in einen neuen Abschnitt der tschekistischen Arbeit ein. (...) In der jetzigen Periode wird sich erweisen, ob wir alles wissen und ob wir überall verankert sind. Jetzt müssen wir beweisen, ob wir die Politik der Partei verstehen und richtig durchzuführen in der Lage sind."

Seine Befehle machten klar, dass eine außergewöhnliche, drastische Aktion bevorstand. Gegen die „Republikflucht" würden Maßnahmen getroffen, „wobei besonders der Ring um Berlin der Schwerpunkt sein wird". Hauptaufgabe sei,

„größte Wachsamkeit üben, höchste Einsatzbereitschaft herstellen und alle negativen Erscheinungen verhindern. Kein Feind darf aktiv werden, keine Zusammenballung darf zugelassen werden."

Die wichtigsten Partei- und Regierungsobjekte müßten ausreichend gesichert sein, die notwendigen Alarmmaßnahmen seien einzuleiten, Maßnahmepläne „zur schnellen und wirksamen Bekämpfung der Untergrundtätigkeit" zu erstellen, wobei besonders Kirche, Presse und Jugend zu beobachten seien. Mielke abschließend: „Alle vorbereitenden Arbeiten sind unter Wahrung der Konspiration und unter strengster Geheimhaltung durchzuführen. Die gesamte Aktion erhält die Bezeichnung ‚Rose'."

In der darauffolgenden Nacht vom 12. auf den 13. August begann die Aktion, die zu den einschneidendsten Ereignissen der deutschen Nachkriegsgeschichte gehört. SED-„Kampfgruppen der Arbeiterklasse", Volkspolizei und Einheiten der Nationalen Volksarmee riegelten die Sektorengrenze zwischen Ost- und West-Berlin mit Stacheldraht ab. Mitten durch Berlin wurde „die Sperrwand eines Konzentrationslagers" gezogen, wie das der Regierende Bürgermeister von West-Berlin, Willy Brandt, in einer emotionalen Rede vor dem Abgeordnetenhaus am selben Tag bezeichnete. Wenig später wurde aus dem Stacheldrahtverhau die Mauer, die Teilung der Nation im wahrsten Sinne des Wortes zementiert – und von den Deutschen in Ost und West auch so empfunden. Für den Vorsitzenden der CDU/CSU-Fraktion im Deutschen Bundestag, Heinrich Krone, war dieser 13. August „ein Schicksalstag der deutschen Nation", wie er in sein Tagebuch schrieb.

In den folgenden Wochen und Monaten überschlug sich die SED in ihrer Propagandakampagne zur Rechtfertigung des Mauerbaues. Immer wieder wurde auf die „friedensstiftende" Wirkung des „antifaschistischen Schutzwalls" hingewiesen. Das ZK der SED meinte Anfang Oktober 1961, am 13. August „haben wir den Frieden für das ganze deutsche Volk gerettet". Einige Leute im Westen hätten ihre Illusionen verloren, etwa jene, die DDR in einem „kleinen Krieg" überrollen zu können. Man könne die DDR weder erpressen noch überrollen: „Jede kriegerische Provokation gegen die Grenzen der DDR bedeutet die Auslösung des großen Krieges. Wer die Waffe gegen den deutschen Friedensstaat erhebt, gleich, wer es ist, wird vernichtet." Und mit Blick auf die „Frontstadt Westberlin": dieser „gefährliche Brandherd" sei unter Kontrolle gebracht worden; die Perspektive sei klar: „Westberlin muß eine entmilitarisierte Freie Stadt werden." Es habe sich gezeigt, dass „die DDR niemals zu besiegen ist". Die „westdeutschen Militaristen" hätten eine Offensive gegen die DDR, gegen den So-

zialismus starten wollen; in der Offensive aber „sind das
sozialistische Lager und alle Friedenskräfte".

Abstimmung mit den Füßen

Je schriller die SED-Propaganda den Mauerbau begründete,
um so deutlicher wurde, worum es bei den Absperrmaß-
nahmen wirklich ging, und was Bundeskanzler Adenauer
in einer Erklärung am 13. August folgendermaßen be-
schrieben hatte, nämlich „weil das der mitteldeutschen Bevölkerung von einer auswärtigen Macht aufgezwungene
Regime der inneren Schwierigkeiten in seinem Mach-
bereich nicht mehr Herr wurde. (...) Der gesamten Weltöffentlichkeit wurde durch die Massenflucht aus der Zone
tagtäglich gezeigt, unter welchem Druck die Bewohner stehen und dass ihnen das in der ganze Welt anerkannte
Selbstbestimmungsrecht nicht gewährt wird."

So war es in der Tat. Seit Gründung der DDR im Jahre
1949 hatten bis 1958 über zwei Millionen Menschen der
geistigen und materiellen Enge des SED-Regimes, dem
„ersten Arbeiter- und Bauernstaat auf deutschem Boden",
wie er sich selbst bezeichnete und wo seit 1952 der „Aufbau des Sozialismus planmäßig" vorangetrieben werden
sollte, den Rücken gekehrt und Freiheit und Wohlstand
im Westen gesucht. Sie alle hatten für sich in der DDR
keine Zukunft mehr gesehen. Im Jahre 1958 wurden
204.092 Flüchtlinge registriert, 1959 waren es 143.917,
1960 199.188, 1961 bis zum 13. August 155.402 Flüchtlinge, allein im April 1961 waren es 30.000 gewesen. Die Zahl
stieg nach dem 15. Juni 1961, als SED-Chef Walter Ulbricht
auf einer Pressekonferenz erklärte: „Niemand hat die Absicht, eine Mauer zu errichten."

West-Berlin war die vielzitierte „offene Flanke der
DDR", Schaufenster und Vorposten des Westens, für viele
auch Frontstadt, vor allen Dingen aber Fluchtweg: Wer

aus der DDR flüchten wollte, brauchte nur in den Ostsektor Berlins zu fahren, um von dort aus mit der S-Bahn, der U-Bahn oder zu Fuß in die Westsektoren zu gelangen.

Diese „Abstimmung mit den Füßen" ließ die DDR langsam aber sicher an den Rand ihrer Existenz geraten, ließ sie „ausbluten". Im November 1958 reagierte der Osten. Der Erste Sekretär der KPdSU und Ministerpräsident der Sowjetunion, Nikita Chruschtschow, kündigte zunächst in einer Rede im Moskauer Sportpalast die Aufkündigung des Potsdamer Abkommens an; die Westmächte sollten ihre Beziehungen zur DDR selbst regeln und mit ihr ein Übereinkommen treffen. Noch im selben Monat folgte ein sowjetisches Ultimatum, in dem die Umwandlung West-Berlins in eine selbständige politische Einheit innerhalb der nächsten sechs Monate gefordert wurde.

West-Berlin als Hebel

Chruschtschow ging es nicht einfach darum, die Westmächte aus West-Berlin zu vertreiben, die Stadt zu erobern und sie der DDR einzuverleiben. Mehr und mehr wurde erkennbar, dass er die Schwachstelle West-Berlin als Hebel für weitergehende Ziele benutzen wollte, nämlich Anerkennung der durch den Zweiten Weltkrieg geschaffenen Situation in Europa, d. h. des Status quo und damit in irgendeiner Form auch Anerkennung der DDR und Anerkennung der bestehenden Grenzen, auch der Oder-Neiße-Grenze, durch den Westen. Ansatzpunkt sollte die „Freie Stadt" West-Berlin sein, mit der notwendigerweise gleichzeitig das Schlupfloch für DDR-Flüchtlinge, das den Status quo gefährdete, gestopft werden würde. Konnte man dabei die Stadt vielleicht später kassieren – um so besser. Es ging Chruschtschow noch um mehr, nämlich die atomare Bewaffnung der Bundeswehr zu verhindern und das westdeutsche Militärpotential zu reduzieren.

Der amerikanische Präsident Dwight D. Eisenhower
und sein Außenminister John Foster Dulles waren damals
nicht bereit, in irgendeiner Weise der sowjetischen Erpressung nachzugeben. Dass dabei allerdings von „roll back" in
der Deutschlandfrage, d. h. Zurückdrängen des Kommunismus mit möglicher „Befreiung der DDR" keine Rede mehr
sein konnte, erfuhr Berlins Regierender Bürgermeister
Willy Brandt damals am 9. Februar 1959 bei seinem Besuch
in Washington. Dulles gab ihm zu verstehen, dass man
„mit den Standardforderungen nach freien Wahlen" nicht
weiterkomme; und auf die Frage von Brandt nach einem
möglichen „Sonderstatus für Deutschland" antwortete dieser „mit einiger Kälte", wie sich Brandt erinnerte: „Die
Russen und wir mögen uns über tausend Dinge uneinig
sein. Doch über eines gibt es zwischen uns keine Mei-
nungsverschiedenheit: Wir werden es nicht zulassen, dass
ein wiedervereinigtes, bewaffnetes Deutschland im Niemandsland zwischen Ost und West umherirrt."

Für Brandt war klar: Es gab „so etwas wie eine stille
Übereinkunft zwischen Moskau und Washington über die
Respektierung der Einflußsphären in Europa", und das
schloß die Hinnahme der Spaltung Deutschlands auf sehr
lange Sicht ein.

Am Status quo änderte sich zunächst nichts – dank der
harten Haltung von Eisenhower und Dulles. Adenauer trie-
ben die Zweifel um. Er fürchtete die möglichen – atomaren –
Konsequenzen einer aggressiven sowjetischen Politik, die
mit ziemlicher Sicherheit zuerst Deutschland zu tragen gehabt hätte. Dennoch: Mit Eisenhower und Dulles ging es
noch soeben, auch wenn es ihm extrem schwerfiel, die
Westmächte auf dem bis dahin in der Deutschlandpolitik
gefahrenen Kurs zu halten. Auch in Berlin änderte sich zunächst nichts.

„Neue Realitäten" und Status quo

Mit dem neuen US-Präsidenten John F. Kennedy wurde –
fast – alles anders. Kennedy ging es nicht mehr um Deutschland oder Berlin als Ganzes, sondern nur noch um den West-
teil Berlins. Nur da sollte der Status quo erhalten bleiben. Er
war schon bald ganz auf der Linie der kompromißbereiten
Briten, suchte ebenfalls Kompromisse mit den Sowjets und
war bereit, bisherige Grundsatzpositionen aufzugeben, was
nur auf Kosten der Westdeutschen gehen konnte. „Selbstbestimmung" wurde in Washington jetzt Ersatzwort für Wiedervereinigung. Beides hielt man dort für unrealistisch. Auch
in Washington wurden die „neuen Realitäten" immer öfter
erwähnt. Und die lauteten: de facto-Anerkennung der DDR,
Anerkennung der Oder-Neiße-Grenze, keine Atomwaffen
für die Deutschen, Nichtangriffspakt zwischen NATO und
Warschauer Pakt, West-Berlin kein Teil der Bundesrepublik.

Der anschwellende Flüchtlingsstrom aus der DDR im
Sommer 1961 war die „aktuellste" Realität, die auf öst-
licher Seite zu extremem Handlungsbedarf führte.

Die Mauer als Friedenssicherung? Es gab damals auf
westlicher Seite – etwa bei US-Botschafter Walter Dowling
in Bonn – Überlegungen, die für eine weitere Schwächung
der DDR plädierten. West-Berlin müsse in jedem Fall als
Schlupfloch für die Ostdeutschen erhalten bleiben; auf
diese Weise würden mehr und mehr DDR-Bürger ihr Land
verlassen, die ostdeutsche Wirtschaft würde das nicht ver-
kraften, „und die Russen würden so mit der Zeit dazu gebracht, über eine Lösung der deutschen Frage zu verhandeln". Aber: das war nicht die Haltung des offiziellen
Washington. Bei einem weiteren Ansteigen des Flücht-
lingsstroms befürchtete man dort eher eine „Explosion" in
der DDR, so etwas wie einen „zweiten 17. Juni". In dem
Fall würde man nicht mehr wie 1953 zuschauen können,
und wenn ja, würde das das Ende des amerikanischen Pres-
tiges und Einflusses in West-Deutschland sein. Auf der an-

deren Seite war aber auch klar, dass man der sowjetischen Erpressung – Aufgabe der Rechte in Berlin – nicht so ohne weiteres nachgeben konnte. Der Ausweg wurde im Frühjahr 1961 erkennbar, als in Washington nicht mehr die Rede von Berlin, sondern nur noch von West-Berlin war.

Kennedy machte das in seiner berühmten Rede am 25. Juli mehr als deutlich, als es um die drei essentials für West-Berlin ging. Für den damaligen Stellvertretenden US-Verteidigungsminister Paul Nitze war auch noch im Rückblick die Berlinkrise gefährlicher als die Kubakrise 1962, und zwar wegen der Gefahr von Fehleinschätzungen auf seiten Chruschtschows mit Blick auf die amerikanischen Ziele in Berlin. In der Rede am 25. Juli demonstrierte Kennedy die Führungsrolle und Entschlossenheit der USA, machte aber gleichzeitig zwei Dinge auch klar, und wies Chruschtschow einen Ausweg aus dem Dilemma. Er wollte mit den Sowjets verhandeln – wie von Anfang an der britische Premierminister Harold Macmillan – und war bereit, einiges in Berlin zu akzeptieren, denn: „Heute verläuft die gefährdete Grenze der Freiheit quer durch das geteilte Berlin. Wir wollen, dass sie eine Friedensgrenze bleibt." Mit anderen Worten: Chruschtschow konnte bis zur Sektorengrenze gehen – nicht weiter. Senator William Fulbright, immerhin Vorsitzender des außenpolitischen Ausschusses des Senats, erläuterte am 30. Juli in einem Fernsehinterview, was das bedeutete: „Ich verstehe nicht, warum die Ostdeutschen nicht ihre Grenze schließen, denn ich glaube, dass sie ein Recht haben, sie zu schließen." Deutlicher hätte man es kaum formulieren können.

Die Mauer als Zementierung des Systems

Angesichts der harten Haltung der Amerikaner mit Blick auf ihre Rechte in West-Berlin blieb den Sowjets letztlich nur die Mauer, eine Maßnahme, mit der – mit Ausnahme der DDR-Bewohner – alle Betroffenen am Ende ganz gut leben konnten. Die Mauer war eine Niederlage des Ostens – und in jedem Fall „besser als Krieg", wie Kennedy es formulierte. Insofern wurde der Friede gesichert, allerdings war dieser Friede nicht vom Westen gefährdet worden, sondern vom Osten. Am Ende der Krise blieb festzuhalten: Gewisse Realitäten waren erkennbar geworden: Deutschland war tatsächlich geteilt, die DDR existierte tatsächlich. Aber: Der Status quo wurde lediglich festgeschrieben, nicht grundlegend verändert. Ulbricht mußte sich von Chruschtschow sagen lassen, dass Maßnahmen, die die Lage verschlechtern würden, insbesondere mit Blick auf Berlin, „vermieden werden sollten". Kennedy sah das ähnlich. Ihm schien es mehr als idiotisch, das Leben von einer Million Amerikanern aufs Spiel zu setzen für das Recht, eine Autobahn zu benutzen oder weil die Deutschen Deutschland wiedervereinigt haben wollten, „wo wir doch alle wissen, dass Deutschland wahrscheinlich nie mehr wiedervereinigt wird!"

Der Mauerbau als Zementierung eines Systems? Ja, und dies gleich im doppelten Sinne. Zum einen wurde mit der Mauer jenes System von Jalta zementiert, das die Interessensphäre der Sowjetunion auf der einen und der angelsächsischen Mächte in Europa auf der anderen Seite festgelegt hatte. Die offene Grenze in Berlin, die das Ausbluten der DDR ermöglichte, widersprach diesem System. Mit dem Mauerbau wurde die Teilung Deutschlands im wahrsten Sinne des Wortes jetzt zementiert und zu einem stabilen Element in einer instabilen Welt – und so von den Westmächten und der Sowjetunion akzeptiert. Das wurde damals auch jenen schmerzlich bewußt, die ihre Hoffnung in die Westmächte gesetzt hatten. Für Heinrich Krone war es „die Stunde der großen Desillusion".

Zum anderen wurde das kommunistische System in der DDR zementiert; 17 Mio. Menschen wurden eingesperrt. Die Mauer sicherte den Fortbestand der DDR; ohne sie war die DDR nicht überlebensfähig. Die Krise, die zur Mauer führte, war systemimmanent in der SED-Diktatur angelegt. Die sogenannte Friedenssicherung ging allerdings in erster Linie auf Kosten der DDR-Bewohner. Die Mauer, mit Zustimmung der Sowjets gebaut, war gleichzeitig die für alle sichtbare Bankrotterklärung des Sozialismus und blieb gleichzeitig für 28 Jahre die Existenzgrundlage der DDR – mit mehr als 1000 Toten an der innerdeutschen Grenze und an der Mauer. Das Ende kam dann sehr schnell.

Nach 40 Jahren

40 Jahre später, 2001, 12 Jahr nach dem Fall der Mauer, erinnerten alle Parteien an den 13. August 1961. Dabei traf es sich gut, dass der Jahrestag des Mauerbaus in den Berliner Wahlkampf fiel. Das Gedenken an das Geschehen vor 40 Jahren wurde überdeckt von der Debatte um die mögliche Regierungsbeteiligung der PDS in Berlin und um die grundsätzliche Auseinandersetzung mit der Nachfolgepartei der SED. Mit scharfen Worten geißelten SPD und CDU den Mauerbau. Bundespräsident Johannes Rau – der als Kanzlerkandidat 1986 noch bereit gewesen war, im Falle seiner Wahl zum Kanzler die DDR-Staatsbürgerschaft anzuerkennen –, nannte ihn ein „Verbrechen" der DDR-Führung gegen das eigene Volk. Für ihn war dies jetzt „das Kainsmal eines Regimes, das Machterhalt und Ideologie über Menschenrechte und Menschenwürde gestellt hat". Er und auch Bundeskanzler Gerhard Schröder widersprachen der Ansicht, der Bau der Mauer sei eine zwangsläufige Folge des Kalten Krieges gewesen, wie das die PDS in mehreren Erklärungen geäußert hatte. Auf einer Wahlkundgebung am früheren Grenzübergang „Checkpoint Charlie" kritisierten die Vorsitzenden von CDU und CSU, Angela Merkel und Edmund Stoiber, die SPD scharf wegen deren Überlegungen zur Zusammenarbeit mit der PDS in Berlin – die

Anfang 2002 realisiert wurde –, gleichzeitig auch die PDS, weil sie nach Unionsmeinung die Politik der SED fortsetzte. Mit Blick auf die Mauerbau-Erklärungen der PDS meinte Frau Merkel, es sei im Grunde egal, ob sich die PDS für den Mauerbau entschuldige oder dazu nichts sage, solange ihr Parteiprogramm noch immer eine grundlegende Veränderung des gegenwärtigen freiheitlichen Systems der Bundesrepublik erstrebe.

Politiker von SPD und Grünen wiederholten die Aufforderung an die PDS, sich für den Bau der Mauer zu entschuldigen. Klaus Wowereit meinte, auch deren Berliner Spitzenkandidat Gregor Gysi „wäre gut beraten, wenn er sich entschuldigte". Der wiederum verweigerte das. Schuld sei „etwas sehr Persönliches", sagte er, eine „plakative, billige Entschuldigung" auf Aufforderung des politischen Gegners erscheine ihm „ein bisschen albern". Dagegen forderte die Potsdamer PDS-Politikerin Birgit Müller ihre Partei auf, sich für die Mauer und die Toten zu entschuldigen. Die Brandenburgische Sozialdemokratin und frühere Ministerin Regine Hildebrandt (SPD) brachte einen ganz anderen Gedanken in die Diskussion ein: Sie warf der DDR-Blockpartei CDU eine Mitschuld am Bau der Mauer vor; die PDS dürfe nicht „zum Buhmann der Nation" gemacht werden. Und dann kam sie auf den Kern der Sache: „Eine Zusammenarbeit mit der PDS, so wie sie sich jetzt mit ihren Leuten in Berlin darstellt, ist möglich." Die wiederum verweist immer wieder darauf, dass sie eigentlich nicht die Nachfolgerin der SED sei; von den ehemaligen 2,4 Mio. SED-Mitgliedern seien nämlich nur etwa 60.000 Mitglieder der PDS geworden.

Der Generalsekretär der Berliner CDU, Joachim Zeller, nannte die Aufforderung Wowereits an die PDS, sich für den Mauerbau der SED zu entschuldigen, eine „der beschämendsten Tatsachen zum heutigen Datum". Wowereit habe sich schließlich von der PDS zum Regierenden Bürgermeister wählen lassen; er weiche „bewusst klaren Antworten auf die Frage der Zusammenarbeit mit der SED-Fortsetzungspartei aus", was die Opfer der Mauer als „pure Heuchelei" empfinden müssten. Die sogenannte Friedenssicherung ging allerdings in erster Linie auf Kosten der DDR-Bewohner.

Der CDU-Spitzenkandidat für die Wahl zum Abgeordnetenhaus, Frank Steffel, kritisierte, dass Wowereit in seinen Beiträgen zum Gedenken an den Mauerbau weder die Leistungen der westlichen Alliierten für Berlin und Deutschland, noch die des ehemaligen Bundeskanzlers Kohl gewürdigt habe. Das sei ein „Armutszeugnis". Die Mauer war zwar materiell „entsorgt", aber seit sie nicht mehr stand, wirkte – und wirkt – sie offensichtlich weiter.

Quellen- und Literaturhinweise

R. Steininger, Der Mauerbau. Die Westmächte und Adenauer in der Berlinkrise 1958–1963 (2001) – Ders., Deutsche Geschichte seit 1945, Band 3: 1959–1974, Kap. 3, und Band 4: 1974–2002, Kap. 10 (2002). Zum Thema „DDR" und „Kalter Krieg" jetzt Ders., 17. Juni 1953 – Der Anfang vom langen Ende der DDR (2003) – Ders., Der Kalte Krieg (2003) – Ergänzende Dokumente zum Mauerbau im Zeitgeschichte-Informationssystem des Instituts für Zeitgeschichte der Universität Innsbruck unter http://zis.uibk.ac.at (Schwerpunktthema: Deutsche Geschichte seit 1945 – Weitere und Spezialliteratur auch www.kas.de (Homepage) unter: Archiv, Bibliothek, Service, Auswahlbibliographien.

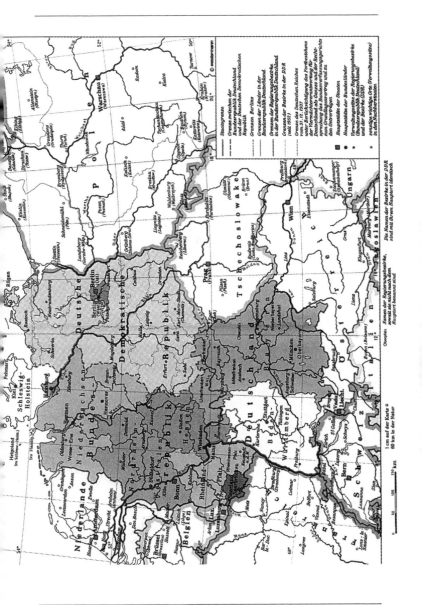

Deutschland in den siebziger Jahren

Freiheit und Einheit für das deutsche Volk zu erringen, ist Aufgabe der deutschen Politik; sie nimmt dabei den Deutschlandvertrag und die Verantwortung der Vier Mächte für Deutschland als Ganzes in Anspruch. Das Selbstbestimmungsrecht für das deutsche Volk, die staatliche Einheit Deutschlands müssen zusammen mit der Überwindung der Teilung Europas angestrebt werden. Eine Friedensordnung in Europa bietet den Rahmen für eine Einheit des deutschen Volkes, die auf der freien Entscheidung in beiden Teilen Deutschlands beruht.

Aus dem Berliner Programm der CDU (1971)

Die deutsche Frage ist offen. Wir werden das Bewußtsein von Deutschland in allen seinen Teilen bewahren und lebendig erhalten.

Aus dem Grundsatzprogramm der CDU (1978)

Aus dem Wiedervereinigungsgebot folgt: „Kein Verfassungsorgan der Bundesrepublik Deutschland darf die Wiederherstellung der staatlichen Einheit als politisches Ziel aufgeben, alle Verfassungsorgane sind verpflichtet, in ihrer Politik auf die Erreichung dieses Ziels hinzuwirken – das schließt die Forderung ein, den Wiedervereinigungsanspruch im Inneren wachzuhalten und nach außen beharrlich zu vertreten – und alles zu unterlassen, was die Wiedervereinigung vereiteln würde."

Aus den Leitsätzen des Zweiten Senats
des Bundesverfassungsgerichts vom 31. Juli 1973

Wir, die Unionsparteien, waren damals durchaus der Überzeugung, daß man für die offene deutsche Frage eine Regelung, einen Modus vivendi, finden müsse, solange es keine Aussicht auf einen Friedensvertrag für Deutschland als Ganzes gab. Diesem Gedanken der Brandtschen Ostpolitik, der bereits in der Ostpolitik Erhards und Kiesingers angelegt gewesen war, konnten wir ohne weiteres zustimmen. Gegen die Mehrdeutigkeit der Verträge richteten wir jedoch heftige Kritik. Die kommunistischen Herrscher in Moskau und Warschau interpretierten sie als endgültige Anerkennung des Status quo, während der Westen die Teilung Deutschlands und Europas weiterhin als nur vorläufig betrachtete. Es ist das große Verdienst der damaligen Opposition – vor allem der CDU/CSU-Bundestagsfraktion unter der Führung von Rainer Barzel –, durch bohrende Fragen und beharrliches Drängen erreicht zu haben, daß der östlichen Interpretation ein wirksamer Riegel vorgeschoben wurde. Dies geschah zunächst durch den „Brief zur deutschen Einheit" und später dann durch die Gemeinsame Entschließung des Deutschen Bundestages vom 17. Mai 1972.

Helmut Kohl (1996)

Werner Link

Détente – Entspannungs- und Ostpolitik der siebziger Jahre im Widerstreit

Phasen der Détente nach 1945

Der Ost-West-Konflikt, der nach dem Zerfall der Weltkriegsallianz bis 1989/90 sowohl die internationale Politik als auch die Außen- und Deutschlandpolitik der „alten", an der Systemgrenze gelegenen Bundesrepublik bestimmte, begann mit einer scharfen Konfrontation, die sehr bald als Kalter Krieg bezeichnet wurde. 1950 eskalierte er sogar zum „heißen Krieg" in Korea, das wie Deutschland geteilt war. Als sich in den sechziger Jahren abzeichnete, dass infolge der enormen sowjetischen Nuklear- und Raketenrüstung ein „Gleichgewicht des Schreckens" (beiderseitige gesicherte Zweitschlagfähigkeit, d. h. „mutual assured destruction") entstehen würde, kam es zu ernsthaften Verhandlungen zwischen den USA und der Sowjetunion, um eine nukleare Eskalation zu vermeiden und einen Modus vivendi auf der Basis des territorialen Status quo zu begründen. Diese internationale Entspannungspolitik („détente"), deren deutsches Pendant die Neue Ostpolitik wurde, hatte sich bereits unmittelbar nach dem Höhepunkt der Konfrontationsphase (Berlin- und Kuba-Krise) angedeutet, nämlich als „Semi-Détente" unter Präsident Kennedy und als „Brückenschlag"-Politik unter Präsident Johnson. 1969 begann offiziell die „era of negotiations" (Präsident Nixon), und in der ersten Hälfte der siebziger Jahre gelangte die Détente zu ihrer operativen Entfaltung, bei der allerdings der ideologische Kampf und die machtpolitische und ideologische Konkurrenz in der Dritten Welt aus sowjetischer

Sicht ausdrücklich nicht nur ausgeklammert blieben, sondern sogar verschärft wurden. In der zweiten Hälfte der siebziger Jahre geriet diese Détentepolitik, nicht zuletzt eben aufgrund ihres nur partiellen Charakters, allmählich in eine Krise; die steigerte sich Ende 1979 – mit der sowjetischen Afghanistan-Intervention – zu einer neuen Konfrontation. Mitte der achtziger Jahre entwickelte sich neuerlich eine Détentepolitik – diesmal als eine umfassende Strategie, die 1989/90 in das Ende des Ost-West-Konflikts mündete, weil der östliche Antagonist implodierte.

Umstrittene Ostpolitik

Das ist – knapp skizziert – die Verlaufskurve des Ost-West-Konflikts, wie sie sich aus der historischen Analyse ergibt. Die Sichtweisen und Geschichtsbilder, die in den jeweiligen Phasen entstanden, waren höchst unterschiedlich, oftmals sogar konträr; und sie konkurrierten miteinander. Das gilt in besonderem Maße für die Phase der ersten Détente und der Neuen Ostpolitik, die Gegenstand dieses Essays ist. Es gab wohl nur wenige Wendepunkte der deutschen Geschichte nach 1945, die so strittig waren wie diese entspannungs- und ostpolitische Weichenstellung. Und die kontroversen Geschichtsbilder, die damals entstanden, wirken bis heute fort. Sie waren und sind für das kollektive historische Selbstverständnis der Deutschen bedeutsam und verdienen deshalb untersucht zu werden. Wie wurde – so ist zu fragen – die erste internationale Entspannungspolitik und die Neue Ost- und Deutschlandpolitik von den Zeitgenossen in der Bundesrepublik Deutschland gesehen und gedeutet? Wie wurde insbesondere die Weichenstellung der sozialliberalen Koalition im Jahr 1970 perzipiert und gewertet? Wie sahen die konträren Vorstellungen und Einschätzungen der Entspannungs- und Ostpolitik und deren vermutlichen Folgen aus? Und wie sind die verschiedenen Sichtweisen in der Retrospektive zu beurteilen? Um die Beantwortung dieser Fragen geht es in den folgenden Erörterungen.

Détente als Gefahr oder Chance

Als die internationale Entspannungspolitik ihre ersten Konkretisierungen durch die amerikanischen Präsidenten Kennedy und Johnson erfuhr, entstand in der Bundesrepublik das Gefühl, dass die westdeutsche Außen- und Deutschlandpolitik in ihren Grundfesten erschüttert werde. Zunehmend wurde deutlich: Die USA, die Garantiemacht der Sicherheit und Freiheit der Bundesrepublik Deutschland und West-Berlins, suchte den Ausgleich mit der Sowjetunion auf der Basis des Status quo. Und die anderen westlichen Verbündeten verfolgten eine ähnliche Politik. Damit stand – wie Staatssekretär Carstens dem Bundeskabinett am 14. Oktober 1966 erläuterte – die bisherige Deutschlandpolitik „nicht mehr mit der von den führenden westlichen Staaten verfolgten allgemeinen Ostpolitik im Einklang"; die Gefahr bestehe, „dass wir uns bei äußerster Konsequenz in der Verfolgung unserer Deutschland-Politik aus dem internationalen Verkehr selbst ausschalten". Die bisherige Deutschland-Politik brachte die Bundesrepublik Deutschland nicht nur – wie bisher schon – in Gegensatz zur Sowjetunion, sondern zu fast allen NATO-Partnern, und damit drohte der Bundesrepublik Deutschland eine zweifache Isolierung. Das war für den höchst gefährdeten Staat an der Systemgrenze und für die „Enklave" West-Berlin unerträglich. Schon der Mauerbau in Berlin und die Passivität der Westmächte hatten wie ein Schock gewirkt. Willy Brandt, der Berliner Regierende Bürgermeister, hatte den Eindruck, dass „ein Vorhang weggezogen" wurde und sich herausstellte: „die Bühne war leer". Und Bundeskanzler Adenauer warnte 1962 in vertraulichen Gesprächen mit Heinrich Krone (1955–1961

Fraktionsvorsitzender der CDU/CSU und dann Sonder-
minister und Vorsitzender des Bundesverteidigungsrates):
„Trauen Sie den Amerikanern nicht; sie bringen es fertig,
sich auf unserem Rücken mit den Russen zu verständi-
gen." Das war damals – wie wir inzwischen wissen – keineswegs eine übertriebene Befürchtung. Hatte doch der Sicherheitsberater von Präsident Kennedy, McGeorge Bundy,
den erbetenen Vorschlag für die Verhandlungen mit der
Sowjetunion vierzehn Tage nach dem Mauerbau dahin-
gehend formuliert, „that we can and should shift substanti-
ally toward acceptance of the GDR, the Oder-Neisse-line, a
non-aggression pact, and even the idea of two peace trea-
ties". Es war also durchaus begründet, dass die Ost-West-
Détente zunächst vor allem als Gefahr von führenden
westdeutschen Politikern perzipiert wurde und bei vielen
eine pessimistische Sichtweise erzeugte. Bei einigen steigerte sich dieser Pessimismus bis zur Resignation. So notierte Heinrich Krone am 5.8.1963 in seinem Tagebuch:
„Wir sind die Opfer der amerikanischen Entspannungspolitik." Und Ende 1968 meinte er gar: „Wir sind ein Volk ohne
Kraft, ohne nationale Kraft. Ein Volk ohne Ausdauer. Die
Weltpolitik geht über uns hinweg." Diese resignative Sicht
war in den sechziger Jahren allerdings nicht handlungs-
bestimmend und fand deshalb auch keinen Niederschlag
im westdeutschen Geschichtsbild. Resignation konnte
nicht die politische Antwort auf die Détente sein, und sie
war es auch nicht!

Adenauer: Kein Gegner echter Entspannungspolitik

Dass eine konstruktive, proaktive Antwort auf die Détente
schon von Bundeskanzler Adenauer versucht wurde, ist
freilich den Zeitgenossen verborgen geblieben und hat
auch nach dem Bekanntwerden der Adenauerschen Ge-
heimdiplomatie das Geschichtsbild, das über die deutsche

Reaktion auf die Semi-Détente entstand, kaum beeinflußt. Um so nachdrücklicher muß der historische Befund betont werden, dass sich Adenauers Deutschland-Politik keineswegs darin erschöpfte, in Washington zu bremsen. Der erste Kanzler der Bundesrepublik Deutschland war kein Gegner einer echten Entspannungspolitik und machte die Lösung der deutschen Frage (für die seiner Meinung nach die Zeit noch nicht reif war) keineswegs zur Vorbedingung. Im Gegenteil argumentierte er (in einer Aufzeichnung für John Foster Dulles vom 30. Januar 1959): „In einer entspannten Atmosphäre könnten auch andere Fragen, zum Beispiel die Wiedervereinigung Deutschlands, mit Aussicht auf Erfolg verhandelt werden." (*s. auch den Beitrag von Manfred Funke*) In der Zwischenzeit ging es ihm, Adenauer, um die Verbesserung des Status quo bis hin zu möglichen Vereinbarungen über die Beibehaltung des Status quo für eine gewisse Zeit, und zwar unter einer Bedingung, nämlich unter der Bedingung interner Veränderungen in der DDR in Richtung auf mehr Freiheit. Das war der durchgängige Gedanke bei dem Vorschlag einer „Österreich-Lösung" für die SBZ/DDR (März 1959) und beim „Burgfrieden"-Plan (1962/63). Der Kanzler schlug der Sowjetunion am 6. Juni 1962 vor, die Dinge während einer Zeitspanne von zehn Jahren „so zu lassen, wie sie sich jetzt darböten. Allerdings müsse dafür gesorgt werden, dass die Menschen in der DDR freier leben könnten, als es jetzt der Fall sei." Durch eine Modus-vivendi-Regelung sollte die Deutschlandpolitik in die entspannungspolitische Tendenz eingefügt werden – unter der Bedingung freiheitlicher Entwicklung in der DDR als Voraussetzung für die Annäherung und für die spätere Einheit. Schlagwortartig formuliert: Annäherung durch Wandel, durch Wandel in der DDR und in der internationale Politik.

„Wandel durch Annäherung": Kooperation im Status quo

Bekanntlich brachte Egon Bahr in seiner Tutzinger Rede am 15. Juni 1963 seine Vorschläge auf die umgekehrte Formel, nämlich „Wandel durch Annäherung". Eine freiheitliche Entwicklung in der DDR war nicht die Voraussetzung, sondern das erhoffte Ergebnis einer Politik, die zunächst und für geraume Zeit vom Status quo, auch von dem innenpolitischen Status quo in der DDR, auszugehen habe. Die Formel „Wandel durch Annäherung" war Bahrs Antwort auf die selbstgestellte, rhetorische Frage, ob es nicht Möglichkeiten gebe, die durchaus berechtigte Existenzsorge dem kommunistischen Regime in Ost-Berlin „graduell so weit zu nehmen, dass auch die Auflockerung der Grenzen und der Mauer praktikabel wird, weil das Risiko erträglich ist". Das kam einer Existenzgarantie nahe. Nicht der Sturz des Regimes, sondern die Zusammenarbeit mit ihm sei der allein gangbare Weg – mit „Erleichterungen für die Menschen in so homöopathischen Dosen, dass sich daraus nicht die Gefahr eines revolutionären Umschlags ergibt, die das sowjetische Eingreifen aus sowjetischem Interesse zwangsläufig auslösen würde". Bahr nahm – wie er selbst hervorhob – die „Übertragung" der Friedensstrategie Kennedys auf Deutschland vor: „Überwindung des Status quo, indem der Status quo zunächst nicht verändert werden soll"; Wiedervereinigung nicht als ein „einmaliger Akt", sondern als „ein Prozeß mit vielen Schritten und vielen Stationen". Kurzum: Transformation und Wandel als Ergebnis der Kooperation auf der Basis des Status quo. Dass die FDP zur gleichen Zeit ähnliche Überlegungen anstellte und sie dann in der Zeit der Großen Koalition, also aus der Opposition heraus, sogar radikalisierte, sei nur am Rande erwähnt. Für alle diese Überlegungen (die hier nicht im einzelnen referiert werden können) galt, dass eine aktive Anpassung an die internationale Haupttendenz, eine Nutzung der Détente im deutschlandpolitischen Interesse angestrebt wurde. Die Deutschland-Politik sollte (wie Bahr später formulierte) „vor den Wind der weltpolitischen Entwicklung" gebracht werden. Détente als Chance! Diese Sichtweise wurde dominant und hat bis heute das deutsche Geschichtsbewußtsein bestimmt.

Détente und Ostpolitik in gesamteuropäischer Perspektive: Die große Koalition

Das Leitmotiv, das in der Regierungszeit der Großen Koalition (1966–69) intern und auch öffentlich im Zuge dieser aktiven Anpassung entwickelt und immer wieder thematisiert wurde, war das langfristige Konzept einer neuen europäischen Friedensordnung. Vor allem machten Bundeskanzler Kiesinger und Außenminister Brandt den „großen Entwurf einer künftigen europäischen Friedensordnung" zum zentralen Bezugspunkt ihrer Deutschlandpolitik. Unter Verweis auf die „kritische Größenordnung" Deutschlands, eines wiedervereinigten Deutschlands, argumentierte Kiesinger 1967 in seiner berühmten Rede zum 17. Juni, dass die Lösung der deutschen Frage nur eingebettet in den Prozeß der Überwindung des Ost-West-Konflikts in Europa möglich sei und dass dafür ein Konzept einer europäischen Friedensordnung entworfen werden müsse. Brandt stellt wiederholt die gleiche Forderung auf: „Wir brauchen eine Orientierung, die die deutsche Frage einordnet in den europäischen Zusammenhang, und dazu brauchen wir ein Konzept, das Grundzüge einer europäischen Friedensordnung enthält." Grundlegend sollte das Recht jedes Staates sein, seine politische, wirtschaftliche, soziale und kulturelle Ordnung selbst zu bestimmen. Über das Selbstbestimmungsrecht wurde das spezielle deutsche Interesse mit den Interessen aller europäischen Staaten verbunden. Die europäische Friedensordnung wurde von Deutschland her gedacht, und die gesamteuropäische Friedenspolitik wurde – im historischen Prozess – gleichsam zurückbezogen auf die Deutschlandpolitik.

Im deutschen Geschichtsbewusstsein hat die Tatsache, dass dieses Konzept der europäischen Friedensordnung während der Großen Koalition einen ostpolitischen Konsens zwischen den beiden großen Volksparteien stiftete, keinen adäquaten Niederschlag gefunden, weil die neue Ost- und Deutschland-Politik seit Oktober 1969 in Widerstreit zwischen SPD/FDP-Regierung und CDU/CSU-Opposition operativ umgesetzt wurde und so zum Markenzeichen der sozialliberalen Koalition wurde. Die öffentlichen Stellungnahmen und insbesondere die internen Dokumente zeigen aber eindrucksvoll den ursprünglichen Konsens zwischen führenden Politikern von CDU/CSU und SPD. Ein diesbezügliches Schlüsseldokument ist das Protokoll über die außenpolitische Klausurtagung am 2./3. Mai 1968 auf Burg Heimersheim. Außenminister Brandt fand keinen Widerspruch, als er ausführte: „Um in der Gewaltverzichtsfrage gegenüber Osteuropa weiterzukommen, könnten wir an drei Dinge denken:

- Andeutungen machen, dass wir die Grenzfragen faktisch als erledigt betrachten, ohne die Ansprüche aufzugeben.
- Verbindliche Abmachungen mit der DDR ohne völkerrechtliche Anerkennung.
- Mobilisierung des osteuropäischen Interesses gegen das Veto der DDR für die Normalisierung der Beziehungen zu uns."

Am Schluß der Klausurtagung entschied der Bundeskanzler: „Der Gedanke einer europäischen Friedensordnung ist weiterzuführen und auszuarbeiten."

Diese „Ausarbeitung" hat Bahr 1968/69 als Leiter des Planungsstabes im Auswärtigen Amt in seinen großen Denkschriften vorgenommen. Hier ging Bahr in verschiedenen Punkten über den Koalitionskonsens hinaus, und er ließ Präferenzen für Zukunftsszenarien erkennen, die nicht mehr konsensfähig waren. Aber die Vorstellung einer stufenweisen Politik in Richtung auf eine europäische Friedensordnung wurde von der Regierung Kiesinger/Brandt geteilt und von ihr offiziell gegenüber den westlichen Bündnispartnern vertreten, unter anderem im Ministerrat der WEU am 8. Juli 1968. Auf dem Weg zu einer europäischen Friedens- und Sicherheitsordnung sei zunächst ein System bilateraler Gewaltverzichtsabkommen zu schaffen (wozu auch ein Grundvertrag mit der DDR gehörte), dann sollte eine ausgewogene Truppenverminderung (also ein Rüstungskontrollregime) vereinbart und schließlich ein neues kollektives Sicherheitssystem errichtet werden. Seit der Großen Koalition war also folgende Sequenz-Annahme unstrittig: Erst die Errichtung einer neuen gesamteuropäischen Friedensordnung, dann die Ausübung des Selbstbestimmungsrechtes durch das deutsche Volk. Das war auch die sequentielle Verknüpfung, die 1970 im Brief zur deutschen Einheit, der Bestandteil des ostpolitischen Vertragswerkes wurde, ihren Ausdruck fand und bis 1989 maßgebend blieb.

Vertragspolitik im Widerstreit

Neben dem Sachverhalt, dass das Konzept der europäischen Friedensordnung von der Großen Koalition entwickelt wurde, ist in Folge des erbitterten Parteienstreits Anfang der siebziger Jahre zudem eine weitere, noch wichtigere Tatsache aus der kollektiven Erinnerung verdrängt worden: Die Große Koalition (nicht erst die sozialliberale Koalition) traf die Entscheidung für Verhandlungen mit der Sowjetunion – verbunden mit ausgearbeiteten Entwürfen, die der sowjetischen Regierung als Verhandlungsgrundlage am 3. Juli 1969 überreicht wurden. Adressat des

Aide Memoire vom 12. September 1969, in dem die sowjetische Regierung ihrerseits den Vorschlag unterbreitete, den Meinungsaustausch „fortzusetzen" und die Verhandlungen nun in Moskau zu führen, war ebenfalls die Regierung der Großen Koalition. Jeder informierte Zeitgenosse wusste, wenn – wie zu erwarten war – die NPD bei den Bundestagswahlen am 28. September die Fünf-Prozent-Hürde überspringen und in den Bundestag einziehen würde, wäre die Fortsetzung der Großen Koalition unabdingbar; denn eine Regierungsbeteiligung der NPD wurde von allen demokratischen Parteien strikt abgelehnt. Auch Bahr ging deshalb bei seinen „Überlegungen zur Außenpolitik einer künftigen Bundesregierung" (18. September 1969) davon aus, dass diese künftige Regierung wieder eine Große Koalition sein werde.

Es kam bekanntlich anders. Die Moskauer Verhandlungen fanden unter den neuen innenpolitischen Bedingungen statt, die sich aus den Bundestagswahlen vom 28. September ergeben hatten. Weil die NPD mit 4,3 Prozent der Stimmen wider Erwarten die Fünf-Prozent-Marke knapp verfehlte, waren mehrere Koalitionen möglich geworden. Überraschend koalierten bekanntlich SPD (42,7 Prozent) und FDP (5,8 Prozent), d. h. die nur zweitstärkste Fraktion (237 Mandate), mit der bisherigen Oppositionsfraktion und eigentlichen Wahlverliererin (31 Mandate statt 50 im Jahre 1965). Trotz geringer Verluste (1,5 Prozent) hatten CDU und CSU den höchsten Stimmenanteil (46,1 Prozent) erreicht. Die CDU/CSU-Fraktion war mit 250 Mandaten auch deutlich die stärkste Bundestagsfraktion, stellte aber trotzdem nicht den Kanzler, sondern sah sich plötzlich sogar auf die Oppositionsbänke verwiesen. Dadurch gerieten die Neue Ostpolitik und die Moskauer Verhandlungen unvermeidlich in den dynamischen Antagonismus und erbitterten Machtkampf zwischen Regierung und starker Opposition. Nicht die bisherigen Gemeinsamkeiten, sondern die Meinungsunterschiede (die es natürlich, insbesondere im

Wahljahr, gegeben hatte) wurden bestimmend. Beide Seiten hatten kein Interesse daran, an die ehemaligen Gemeinsamkeiten zu erinnern (und manche Historiker sind den Antagonisten später auf den Leim gegangen). Kein Zweifel, die Moskauer und Warschauer Gespräche und Verhandlungen und die beiden 1970 abgeschlossenen Ostverträge wurden von allen Parteien für den innenpolitischen Machtkampf instrumentalisiert. Dabei waren die Regierungsparteien im Vorteil: Brandts Kniefall in Warschau und die Zuerkennung des Friedensnobelpreises für Willy Brandt im Jahre 1971 entfalteten große Medienwirkungen; sie trugen dazu bei, dass die Neue Ost- und Deutschlandpolitik von der SPD als alternativlose Friedens- und Versöhnungspolitik propagiert werden konnte. Die Einwände der Opposition erschienen als nicht legitim.

Aus der kritisch-pessimistischen Sicht der CDU/CSU-Opposition hatte Staatssekretär Bahr in Moskau unprofessionell, zu schnell und zu entgegenkommend verhandelt, mit unausgewogenem Ergebnis. Es bestand nach Meinung der Opposition die Gefahr, dass die Ostverträge die Teilung Deutschlands und Europas zementierten, die sowjetische Hegemonie über Osteuropa stabilisierten und sogar der Sowjetunion Chancen eröffneten, ihren Einfluss auf Westeuropa auszudehnen. Vor allem aber befürchtete die Union, dass das Selbstbestimmungsrecht des deutschen Volkes praktisch entleert werde, ersetzt durch die Entscheidungen der beiden deutschen Staaten: Es wachse die Gefahr, „dass die Wiederherstellung der staatlichen Einheit Deutschlands nicht mehr eine Frage der Ausübung eines einheitlichen Selbstbestimmungsrechtes für das ganze Volk ist, sondern in eine Frage nach der Zusammenführung zweier Staaten transformiert wird". Gegen diesen „Paradigmenwechsel" (Doering – Manteuffel) opponierten CDU/CSU.

Aus realpolitischer Sicht betrachtet, begründeten die Ostverträge und der deutsch-deutsche Grundlagenvertrag einen Modus vivendi mit der Sowjetunion, den osteuropäischen

Staaten und der DDR auf der Basis der „realen Lage" in Europa. Dazu gehörte auch das Vier-Mächte-Abkommen über Berlin, mit dem der freie Zugang von und nach West-Berlin im westlichen Sinne geregelt wurde. Das Junktim zwischen einer befriedigenden Berlin-Regelung und der Ratifizierung des Moskauer Vertrages brachte zum Ausdruck, dass das Berlin-Abkommen die eigentliche Gegenleistung der Sowjetunion für die einstweilige politische (nicht die rechtliche) Anerkennung des Status quo war. Der Modus-vivendi-Charakter der Ostverträge wurde dank des Drängens der CDU/CSU-Opposition in der gemeinsam verabschiedeten Erklärung des Deutschen Bundestages vor der Ratifikation der Ostverträge am 17. Mai 1972 ausdrücklich hervorgehoben. Diese Interpretation schuf die Grundlage für die Kontinuität der offiziellen deutschen Ostpolitik bis 1989, die auch nach dem Regierungswechsel von 1982 erhalten blieb. Ebenso wenig wie die internationale Détente der frühen siebziger Jahre das Ende des Ost-West-Konflikts bedeutete, ersetzten die Ostverträge eine friedensvertragliche Regelung. Dass Bahr sich später von dem Begriff „modus vivendi", den er 1970 selbst (wie auch alle führenden deutschen Politiker) als zutreffende Beschreibung wiederholt gebraucht hatte, distanzierte, war ein Indiz für seine im Zuge der „zweiten" Ostpolitik verfolgten Zielsetzung (s. unten); das westdeutsche Geschichtsbild von den Ostverträgen wurde dadurch nicht geprägt.

Ost- und Deutschlandpolitik in der Détente-Krise und in der neuen internationalen Konfrontationsphase

Als die internationale Détente in der zweiten Hälfte der 70er Jahre – nach den Höhepunkten der Moskauer Konferenz (1972) und der Deklaration von Helsinki, der KSZE-Schlussakte (1975) – in eine Krise geriet und in den USA wegen der sowjetischen Hochrüstung und Machtexpansion in der 3. Welt als diskreditiert galt, hielt die sozialliberale Koalition an der positiven Einschätzung der Détente und der Neuen Ostpolitik fest. Jetzt wurde – in Umkehrung der Situation in den 60er Jahren – Détente in Deutschland als Chance, in den USA als Gefahr angesehen. Für die Umsetzung der Ostverträge und des deutsch-deutschen Grundlagenvertrages waren die internationalen Rahmenbedingungen nun allerdings denkbar schlecht. Das Stufenkonzept der neuen Ostpolitik beruhte ja auf der Voraussetzung, dass die Détente lange andauern, auf Dauer gestellt werden könne. Das war bekanntlich nicht der Fall. Beim vertraulichen Treffen zwischen Brandt und Breschnew im September 1971 auf der Schwarzmeerinsel Oreanda schien sich zwar die Möglichkeit eröffnet zu haben, ein Rüstungskontrollregime für Europa als zweite Stufe anzustreben – aber das Gegenteil trat ein: Statt Rüstungskontrolle forcierte Dissoziierung der neuen sowjetischen Mittelstreckenwaffe SS-20! Der Prozess zur Errichtung einer gesamteuropäischen Friedensordnung blieb bereits in der 2. Stufe stecken, noch bevor die Ostverträge und der Grundlagenvertrag implementiert, „mit Leben gefüllt" waren.

Flexibilität als methodisches Prinzip

Die Regierung Schmidt/Genscher reagierte in der zweiten Hälfte der siebziger Jahre auf die neue Konstellation mit einer Politik der deutsch-deutschen Dauerverhandlungen, ankämpfend gegen die Abgrenzungspolitik der DDR. Und die Bundesregierung entwickelte pragmatisch politische und insbesondere wirtschaftliche Beziehungen zur Sowjetunion und den anderen osteuropäischen Staaten. Da man eine revolutionäre Entwicklung international und intranational ausschloss und nichts so fürchtete wie eine „Destabilisierung", kam nur eine inkrementale, evolutionäre Politik in Betracht, und das hieß, man musste mit den kommunistischen Machthabern verhandeln und kooperieren und dabei bewusst in Kauf nehmen, dass dadurch die kommunistische Herrschaft in der DDR und in Osteuropa stabilisiert wurde. Was das für die Deutschlandpolitik der sozialliberalen Koalition bedeutete, hat Egon Franke, der Bundesminister für innerdeutsche Beziehungen, am 12. Dezember 1980 in einer öffentlichen Rede klar dargelegt. Nicht eine große Strategie „im Dienst säkularer Zielsetzungen" bestimme die Deutschlandpolitik, sondern ein flexibler Pragmatismus; „Flexibilität, gleichsam zum methodischen Prinzip erhoben": „Wenn wir unter den gegebenen Umständen ein Auseinanderleben der Deutschen verhindern wollen, so müssen wir jederzeit bereit und fähig sein, sich bietende Gelegenheiten für die Verbesserung und den Ausbau der innerdeutschen Beziehungen zu nutzen." Diese pragmatische Deutschlandpolitik war zwar insofern an einem zukünftigen Wiedervereinigungsziel orientiert, als durch die Verhinderung des Auseinanderlebens der Deutschen „gewissermaßen die Bedingungen der Möglichkeit der selbstbestimmten Rückkehr unter ein gemeinsames deutsches Dach aufrechterhalten" werden sollten, „falls eine solche Möglichkeit sich je noch einmal bieten sollte". Aber zugleich war doch das aktuelle Ziel, „nämlich das Auseinanderleben zu verhindern", Dreh- und Angelpunkt der Praxis. Franke argumentierte, dass man sich eine Vorstellung bilden müsse von dem, was diesem Ziel dienlich sei. Aber eine solche Selbstklärung wollte er nicht als Strategie verstanden wissen: „Deswegen nicht, weil, erstens, das Ziel ein permanentes, d. h. ein ständig zurückweichendes, nie einzuholendes ist, solange die Rahmenbedingungen fortbestehen. Zweitens (…), weil unsere Vorstellungen und Wünsche hinsichtlich dessen, was ein Auseinanderleben der Deutschen verhindert, sollen sie realisiert werden, unabdingbar gebunden sind an die Zustimmung der DDR-Führung."

Im Rückblick kann man – wie Brigitte Seebacher-Brandt – argumentieren, dass sich die Folgen der neuen Ost- und Deutschlandpolitik – die Anerkennung der Zwei-Staaten-Realität – verselbständigten. Man kann jedoch auch umgekehrt argumentieren: Weil sich die wichtigste erhoffte Folge der neuen Ost- und Deutschlandpolitik, nämlich eine neue europäische Friedensordnung, nicht einstellte, weil der Prozess der Ostpolitik stecken blieb nach Erreichung der ersten Stufe und eine neue europäische Friedensordnung, die Voraussetzung für die Realisierung der Selbstbestimmung, in immer weitere Ferne rückte, reagierten die Sozialdemokraten nach dem gleichen Muster, wie die SPD um die Jahrhundertwende auf den Sachverhalt reagiert hatte, dass der Zusammenbruch des kapitalistischen Systems und die sozialistische Revolution ausblieben und in absehbarer Zukunft nicht zu erwarten waren. Die damalige revisionistische Schlussfolgerung lautete, dass das Ziel nichts, der Weg alles sei; dass man im bestehenden System konkrete Reformarbeit betreiben, dass man die Orientierung an „endzeitlichen" Hoffnungen zugunsten realistischer Tagespolitik zurückstellen müsse. Entsprechendes geschah in der Deutschlandpolitik der Sozialdemokraten: der Verzicht auf eine Wiedervereinigungsstrategie und auf die Wiedervereinigungsformel und statt dessen die Fixierung auf das aktuelle Ziel, mit der DDR-Regierung bescheidene Vereinbarungen zu treffen. Flexibilität im Verkehr mit der Regierung der DDR wurde zur bestimmenden Methode – so wie Minister Franke dies 1980 begründete. Die „endzeitliche" Hoffnung der Wiedervereinigung trat zurück hinter den „realistischen" Ausbau der Beziehungen zwischen den beiden deutschen Staaten. In der nationalen Frage war die sozialdemokratische Deutschlandpolitik so etwas wie ein Wiedervereinigungsrevisionismus. Und sie artikulierte damit eine breite Stimmung in der bundesrepublikanischen Bevölkerung.

Die „zweite" Ostpolitik: Mangelndes Realitäts-
bewusstsein

Die Entwicklung in den 80er Jahren bis hin zur überraschenden Wiedervereinigung ist nicht Gegenstand dieses Beitrags
(*s. den Beitrag von Jürgen Aretz*). Es sei aber abschließend
immerhin darauf verwiesen, dass parallel zur offiziellen Politik der neuen Regierung Kohl/Genscher, die die pragmatische Ostpolitik fortsetzte, aber zugleich die sicherheitspoli-
tischen Voraussetzungen für die spätere Détente-Politik
durch die Stationierung der amerikanischen Mittelstrecken-
waffen mitschuf, die SPD unter Führung Brandts und Bahrs
aus der Opposition heraus eine „Nebenaußenpolitik"
betrieb, die treffend als „zweite" Ostpolitik bezeichnet worden ist. Sie war – nachdem sich die Haupttendenz der internationalen Politik umgekehrt hatte – nicht mehr pro-
zyklisch, sondern antizyklisch, „gegen den Strom" (Brandt)
der internationalen Politik – basierend auf der Annahme gemeinsamer Sicherheits- und Abrüstungsinteressen zwischen den Sozialdemokraten und den sozialistischen Herr-
schaftseliten. Frank Fischer hat in einer lesenswerten
Dissertation den mangelnden Realitätsbezug dieser Politik
überzeugend nachgewiesen. In dem erbitterten Streit um
den NATO-Doppelbeschluss und dessen Verwirklichung
angesichts der ungebremsten Stationierung der sowjetischen SS-20 erfolgte der realpolitische Lackmustest der
„zweiten" Ostpolitik, und er fiel negativ aus. Die „Friedensbewegung" hatte – wie wir inzwischen wissen – die sowjetische Führung hoffen lassen, ohne Gegenmaßnahmen ihre
Rüstung fortsetzen zu können; Verhandlungskompromisse
schienen ihr deshalb nicht nötig zu sein. Bis heute ist diese
negative Wirkung der Friedensbewegung nicht hinreichend
ins deutsche Geschichtsbewusstsein eingedrungen, weil
auf der politischen Linken ein konträres Geschichtsbild propagiert wird. Fischer hat diese Selbstdarstellung „entmytho-
logisiert". Er hat ferner gezeigt, dass die These, das „neue

Denken" der SPD habe entscheidend zu Gorbatschows „neuem Denken" beigetragen, nicht gerechtfertigt ist. Es ist bezeichnend, dass Bahr bis zum Zusammenbruch des SED-Regimes Ende 1989 an seinem Konzept, nur die SED-Führung (und nicht Dissidentengruppen) könnten als Verhandlungspartner in Frage kommen, festhielt und zwei Friedensverträge, mit der Bundesrepublik Deutschland und der DDR, anstrebte – ein Gedanke, den Bahr (wie neue sowjetische Dokumente belegen) schon 1970 insgeheim in Moskau ventiliert hatte und der sich nun, im Lichte der realen Wiedervereinigungspolitik, erst recht als pseudo-realistisch erwies. Brandt hingegen erkannte Ende 1989 die Zeichen der Zeit. Und die Regierung Kohl/Genscher konnte jetzt, die Gunst der historischen Stunde nutzend, eine aktive Wiedervereinigungspolitik betreiben, weil sie die Rückendeckung der Allianz besaß – einer Allianz, die sie 1982/83 vor dem Verfall gerettet hatte.

Ostverträge und aktive Wiedervereinigungspolitik

Die unterschiedlichen Sichtweisen der Détente waren abhängig von der internationalen Großwetterlage und deren Einschätzung. Daraus resultierte der Widerstreit über die Neue Ost- und Deutschlandpolitik. Aus retrospektiver Sicht kann man zugespitzt formulieren: In der politischen Realität der 70er und 80er Jahre vollzog sich nicht oder doch nur in sehr geringem Maße ein „Wandel durch Annäherung", sondern eine Annäherung (und schließlich Wiedervereinigung) durch Wandel, nämlich durch Wandel in der internationalen Politik und durch daraus resultierendem internen Wandel. Die Dominanz der internationalen Politik ist durchgängig das erklärende Charakteristikum dieser Entwicklung. Aus der Einsicht in diese Dominanz entstand das Grundkonzept der Neuen Ostpolitik, nämlich das Konzept der europäischen Friedensordnung. Diese Perspektive wurde von allen politischen Parteien geteilt, so unterschiedlich auch die jeweiligen Konkretisierungen aussahen. Erst als der Ost-West-Konflikt zu Ende ging, konnte eine aktive Wiedervereinigungspolitik betrieben werden. Aber die erwartete Sequenz – erst europäische Friedensordnung, dann Ausübung des Selbstbestimmungsrechts – kehrte sich in der Realität um: Die Wiedervereinigung wurde möglich aufgrund der Revolution des internationalen Systems, und zwar bevor eine europäische Friedensordnung errichtet worden war. Die Détente von 1969/70 ermöglichte die „erste" Ostpolitik, die die Détente als Chance begriff. Krise und Ende dieser ersten Détente zwangen zu einem ost- und deutschlandpolitischen Pragmatismus, wie er von den Regierungen Schmidt und Kohl praktiziert wurde, und evozierten die „zweite" Ostpolitik der oppositionellen SPD in den achtziger Jahren. Die neue, umfassende Détente, die Ende der 80er Jahre in das Ende des Ost-West-Konflikts mündete, eröffnete die Chance zur Wiedervereinigung, die die Regierung Kohl/Genscher erfolgreich nutzte. Nur weil die „deutsche Frage" durch die Neue Ostpolitik „offen" geblieben war, weil die Ostverträge Anfang der siebziger Jahre nur einen Modus vivendi, also keine definitive Regelung beinhalteten, und weil dieser Modus vivendi kontinuierlich ausgebaut worden war, war 1989/90 eine aktive Wiedervereinigungspolitik im Einklang mit den Ostverträgen möglich. Und dadurch hat auch in der Retrospektive die Neue Ostpolitik zurecht eine positive Wertung im deutschen Geschichtsbewusstsein gefunden.

Quellen- und Literaturhinweise

Akten zur Auswärtigen Politik der Bundesrepublik Deutschland, 1963 ff. (1993 ff.) – B. Meissner (Hg.), Die deutsche Ostpolitik 1961–1970. Kontinuität und Wandel, Dokumentation (1970) – Bundesministerium des Innern (Hg.), Dokumente zur Deutschlandpolitik, Reihe 6 vom 21. Oktober 1969 fortlaufend (ab 2002) – Deutscher Bundestag (Hg.), Materialien der Enquête-Kommission „Aufarbeitung von Geschichte und Folgen der SED-Diktatur in Deutschland", Band V/2, Deutschlandpolitik, innerdeutsche Beziehungen und internationale Rahmenbedingungen (1995) – F. Fischer, „Im deutschen Interesse". Die Ostpolitik der SPD von 1969–1989 (2001) — T. Garton Ash, Im Namen Europas. Deutschland und der geteilte Kontinent (1993) – Ch. Hacke, Die Außenpolitik der Bundesrepublik Deutschland. Weltmacht wider Willen (1997) – H. Haftendorn, Deutsche Außenpolitik zwischen Selbstbeschränkung und Selbstbehauptung, 1945–2000 (2001) – K. Hildebrand, Von Erhard zur Großen Koalition 1963–1969 (1984) – W. Link, Der Ost-West-Konflikt. Die Organisation der internationalen Beziehungen im 20. Jahrhundert, 2. überarb. und erw. Aufl. (1988) – Ders., Außen- und Deutschlandpolitik in der Ära Brandt 1969–1974, in: K.-D. Bracher/W. Jäger/W. Link, Republik im Wandel 1969–1974, Die Ära Brandt (1996) – Ders., Außen und Deutschlandpolitik in der Ära Schmidt 1974–1982, in: W. Jäger/W. Link, Republik im Wandel, Die Ära Schmidt 1974–1982 (1987) – Ders., Die Entstehung des Moskauer Vertrages im Lichte neuer Archivalien, in: Vierteljahrshefte für Zeitgeschichte 49/2001, 295–315 – B. Seebacher-Brandt, Die Linke und die Einheit (1991) – P. Siebenmorgen, Gezeitenwandel: Aufbruch zur Entspannungspolitik (1990) – D. Taschler, Vor neuen Herausforderungen, Die außen- und deutschlandpolitische Debatte in der CDU/CSU-Bundestagsfraktion während der Großen Koalition (1966–1969) (2001) – A. Vogtmeier, Egon Bahr und die deutsche Frage. Zur Entwicklung der sozialdemokratischen Ost- und Deutschlandpolitik vom Kriegsende bis zur Vereinigung (1996).

Nach dem Krieg: Flucht und Vertreibung

Flüchtlinge, Heimatvertriebene, Umsiedler, Spätaussiedler, sie alle gehören zu den Opfern des Krieges ebenso wie jene Polen, die infolge des Zweiten Weltkrieges ihre eigentliche Heimat in Lemberg, Wilna oder anderswo im europäischen Osten verloren haben. Die tragisch verwickelten historischen und politischen Umstände führten dazu, dass die Polen vielleicht besser als viele andere Völker in Europa in der Lage sind, die Leiden und Schwierigkeiten der Menschen zu verstehen, die gezwungen waren, ihre Heimatorte zu verlassen. Sie verstehen auch das Problem der Spaltung eines Volkes, weil sie es selbst erlebt haben. Den Menschen ihre unmittelbare Heimat zu entziehen ist nie eine gute Tat, sondern immer eine böse Tat, selbst wenn man keinen anderen Ausweg aus einer bestimmten historischen politischen Lage sieht. – Die Polen, die aus dem Osten Polens nach Niederschlesien oder Hinterpommern kamen, haben in den ersten Monaten nach dem Krieg gewiss nicht die Tragik ihres eigenen Schicksals empfunden als die Freude über den Sieg (...) Im Verlauf der letzten paar Jahre haben sehr viele Menschen guten Willens in Deutschland im Geiste der Nächstenliebe und der Solidarität dem polnischen Volk Hilfe geleistet. Die volle psychologische Bedeutung dieser Tatsache wird sich vielleicht in der Zukunft als noch wichtiger erweisen als ihre unzweifelhafte materielle Bedeutung.

Wladyslaw Bartoszewski anlässlich der Verleihung
des Friedenspreises des Deutschen Buchhandels (1986)

Wir blicken zurück auf eine lange gemeinsame Geschichte, in der die Städte und Dörfer Schlesiens, des östlichen Brandenburg, Pommerns, West- und Ostpreußens und anderer Landschaften für Deutsche Heimat waren. Sie haben dieser europäischen Kulturlandschaft ihr unverwechselbares, ihr historisches Gepräge gegeben. Ich denke daran, dass dieses Land in Glück und Unglück, in Freude und Leid Lebensmittelpunkt von vielen Generationen von Deutschen war. Millionen von Deutschen haben dort ihre Wurzeln. Noch immer leben dort deutsche Familien Seite an Seite mit ihren polnischen Nachbarn. Im Bewusstsein und in den Gefühlen vieler Deutscher sind die Landschaften östlich von Oder und Neiße, wo sie für ihr Leben prägende Eindrücke erfahren haben, als Heimat lebendig. Dieses ganz ursprüngliche Gefühl der persönlichen Verbundenheit verdient jedermanns Achtung, ja, Sympathie. Die 700jährige Geschichte und Kultur des deutschen Ostens ist und bleibt Bestandteil des geschichtlichen Erbes der deutschen Nation. Uns Deutschen liegt viel daran – ich will mich auch persönlich dafür einsetzen, dieses Kulturerbe zu bewahren und zu pflegen. Dieses Erbe bleibt lebendig, es ist unverlierbarer und unvergänglicher Bestandteil unserer Geschichte wie auch des kulturellen Reichtums Europas. Noch in vielen Jahren und Generationen werden sich Menschen an den Gedichten Eichendorffs erfreuen, und was Immanuel Kant Zum „ewigen Frieden" geschrieben hat – über einen Föderalismus freier Staaten, über die Herrschaft des Rechts –, bleibt ein Wegweiser in das Europa der Zukunft. Wahrheit ist – und das darf an einem Tag wie heute nicht verschwiegen werden. Die Vertreibung der Deutschen aus ihrer angestammten Heimat war ein großes Unrecht. Es gab dafür keine Rechtfertigung, weder moralisch noch rechtlich. Wir können auch Jahrzehnte danach nicht erklären, die Vertreibung sei rechtmäßig gewesen (...). Heute sind in den Gebieten jenseits von Oder und Neiße polnische Familien in zweiter und dritter Generation ansässig, diese Gebiete sind ihnen zur Heimat geworden. Wir Deutsche wollen nicht, dass Krieg und Blut und Tod immer wieder aufgerechnet werden. Wir wollen nach vorne schauen, auf die Zukunft kommender Generationen. Dies wird und kann eine Zukunft in Frieden und Freiheit sein.

Aus der Regierungserklärung Bundeskanzler Helmut Kohls (22. Juni 1990)

Karol Sauerland

Ist Versöhnung möglich? Ein Auf und Ab im Opfer- und Täter-Dialog

Die Konfrontation überwinden

Als ich am 17. Mai 2002 in der „Süddeutschen Zeitung" über einen polnischen Artikel des in Danzig lebenden polnischen Autors Pawel Hülle berichtete, in dem dieser unter Bezugnahme auf die Novelle „Im Krebsgang" vom Labyrinth der Geschichte sprach und darauf verwies, dass die Erinnerung in Mittel- und Osteuropa nicht erst mit dem Jahr 1945, sondern mit dem Beginn des Zweiten Weltkriegs einsetze, erhielt ich eine Reihe von deutschen Leserbriefen, deren Absender empört schrieben, die Erinnerung reiche bis 1919 zurück, d. h. bis zu dem Zeitpunkt, an dem Deutsche das neuerstandene Polen verlassen und in der Tschechoslowakei Schikanen erleiden mußten. Auch könne man die Vertreibung der Deutschen nicht mit der der Polen aus der Ukraine und anderen östlichen Gebieten vergleichen, denn auf „drei vertriebene Polen fielen zwanzig vertriebene Deutsche". Dabei werden die Juden zumeist in der Vertreibungsdebatte übergangen, als gehörten sie in ein ganz anderes Kapitel.

Wenn man Leserbriefe dieser Art zum Ausgangspunkt nimmt, muß man zu dem Schluß gelangen, dass eine Versöhnung nicht möglich ist. Jeder wird unerbittlich auf das Leid der Seinigen schauen, ihre Opferrolle herausstreichen. Es ist so, als hätte es in den letzten Jahrzehnten keine Veränderung in der Darstellung der Opfer- und Tätergeschichte zwischen dem Rhein und Dnepr, zwischen der Nord- bzw. Ostsee und dem Schwarzen Meer gegeben, als würden alle in einseitigen Schuldzuweisungen verharren. Aber so ist es Gott sei Dank nicht. Die letzten Jahre charakterisieren unzählige Bemühungen, das Konfrontationsdenken zu überwinden, Leid beim Namen zu nennen, Täter verschiedenster Art zu ermitteln und sich auch mit Schadensersatzansprüchen auseinanderzusetzen.

Mit einmaligen Gesten und Aktionen ist es nicht getan, wie sich herausstellt. Zwei von ihnen sind zwar in die Geschichte eingegangen und haben auch Nachahmer gefunden, aber es waren nur Wegweiser. Ich denke an den Brief der polnischen katholischen Bischöfe an ihre deutschen Glaubensbrüder und an Willy Brandts Kniefall vor dem polnischen Ghettodenkmal.

Versöhnungsgeste 1965: Leid auf beiden Seiten

Der Brief der polnischen Bischöfe vom November 1965 enthielt den berühmten Satz „Wir gewähren Vergebung und bitten um Vergebung". Das war eine Versöhnungsgeste im Reinformat. Es wäre nur noch ein gegenseitiger Händedruck der Brüder und Schwestern wie am Ende der Messe nötig gewesen, hätte ein Ironiker wie Heinrich Heine hinzugefügt. Die deutsche Seite reagierte aber lau. Sie war darauf offensichtlich nicht vorbereitet. Erst die Katholiken des Bensberger Kreises fanden im März 1968 mutige Worte zur Versöhnung zwischen den Deutschen und Polen. Sie gingen sogar so weit, den Polen in den ehemaligen deutschen Westgebieten das Recht auf Heimat, d. h. die neue Heimat zuzubilligen.

Der Brief der polnischen Bischöfe erstaunte natürlich auch viele Polen, vor allem diejenigen, die vergessen hatten oder aus Angst vergessen wollten, dass Polen während der Kriegszeit zwei Besatzungen erleben mußte, die deutsche und die sowjetische. Auf die Aggression vom Osten war niemand in Polen vorbereitet. Die sowjetischen Brutalitäten entsprachen zwar dem Bild, das man in Polen vom roten Rußland hatte, aber man schien zu glauben, dass mit der siegreichen Schlacht bei Warschau im Jahre 1920 das Unheil ein für allemal abgewendet worden sei. Doch die Bolschewiki hatten nichts vergessen und rächten sich gründlich, indem sie fast alle polnischen Offiziere, die in Katyn und anderen Lagern interniert worden waren, ermordeten. 1944/45 zeigten die sowjetischen Militärs und Geheimdienstler noch einmal ihre Krallen, indem sie gleich nach den Siegen über den deutschen Feind die polnischen Mitkämpfer vor Ort in Lager steckten, weil diese der Landesarmee (AK) angehörten, d. h. der Formation, welche der polnischen Exilregierung in London unterstand. Hunderttausende von Polen wurden zugleich, wenn sie nicht in den fernen Osten gebracht worden waren, gen Westen getrieben, da für sie die frei gewordenen Ostgebiete Deutschlands vorgesehen waren.

Mit dem Bild des Leids der Ostpolen vor Augen verstanden die polnischen Bischöfe, von denen so mancher selber aus Wilna, Lwów (Lemberg/Lwiw) oder einer anderen östlichen Stadt stammte, welcher Schmerz vielen Deutschen aus den ehemaligen Ostgebieten zugefügt worden war. Die Grenzziehungen, mit denen der Stalin-Hitler-Pakt verewigt wurde, konnten von den wachen Köpfen Polens nicht einfach als etwas Selbstverständliches hingenommen werden, wie überhaupt die Ordnung von Jalta von ihnen als ein Diktat verstanden wurde. Und wenn man es mit zwei Aggressoren zu tun hat, fällt es nicht so leicht, nur den einen, d. h. den deutschen, als Teufel hinzustellen. Der beste Ausweg wäre gewesen, schneller aufeinander zuzugehen, aber die deutschen Bischöfe hatten wahrscheinlich zu wenig Wissen in Bezug auf die Geschichte Osteuropas, deren Kenntnis nicht erst im Augenblick der Osterweiterung unentbehrlich ist. Sie dachten vor allem an das Leid der eigenen Gemeindemitglieder. Nach Vincens M. Lissek glaubte man in Deutschland nicht mehr an große Worte, und die Kirche hatte vor allem die Aufgabe, die Millionen von Vertriebenen in der Gesellschaft auf so friedlich wie möglichem Wege zu integrieren. In Polen sehe man auch nicht, dass der 81.Katholikentag 1966 in Bamberg eine Antwort auf den Brief der polnischen Bischöfe gegeben hätte.

Der Kniefall in Warschau

Die deutsch-polnische oder besser westdeutsch-polnische Verständigung blieb somit erst einmal den Politikern vorbehalten, für die der Gesichtspunkt der Innenpolitik und der globalen Kräfteverhältnisse Ausgangspunkt aller Überlegungen ist. Eine neue Ostpolitik war schon deswegen vonnöten, weil die Amerikaner immer mehr auf Entspannung setzten. Wie es dann zu den Ostverträgen kam, braucht hier nicht nachgezeichnet zu werden, auch nicht, wie schnell Egon Bahr in seinen Verhandlungen vorankam. Wichtig für unseren Kontext ist jene Geste, die über die Politik hinauswies: der Kniefall Brandts, von dem ich notabene am gleichen Tag Kenntnis erhielt – in den polnischen Massenmedien wurde er erst nach der Wende der Öffentlichkeit zugänglich –, als ich mich mit Günter Grass und Siegfried Lenz zu einem Gespräch um Mitternacht traf. Wir diskutierten verständlicherweise bis in den Morgen hinein über den Kniefall. Ein jeder fragte sich, ob es sich um einen im Voraus geplanten Akt gehandelt habe oder nicht. Wie ich mich erinnere, neigten beide zu der Ansicht, Brandt sei spontan auf die Knie gefallen.

War es eine Geste der Versöhnung oder besser ein Aufruf zur Versöhnung, denn wie Brandt selber in seinen „Erinnerungen" (Zitate 213f.) berichtet, habe er in seiner Rede zum Warschauer Vertrag gesagt, dass „Verständigung und Versöhnung" nicht durch Regierungen verfügt werden könnten, sie müßten „in den Herzen der Menschen auf beiden Seiten heranreifen". Oder bedeutete diese Geste keineswegs einen Aufruf, sondern die Bitte: gewährt uns Vergebung, die um so authentischer wirkte, da sie von einem gestellt wurde, der sich zu den „besseren Deutschen" zählen konnte. Brandt zitiert ja selber in seinen „Erinnerungen" die Worte eines Berichterstatters (Hermann Schreiber, Spiegel vom 14.12.1970): „Dann kniet er, der das nicht nötig hat, für alle, die es nötig haben, aber nicht knien – weil sie es nicht wagen oder nicht können oder nicht wagen können".

Im offiziellen Polen wurde der Kniefall allerdings nicht wahrgenommen, einzig die in Jiddisch erscheinende „Folksztyme" brachte auf der zweiten Seite eine Aufnahme des knienden Kanzlers. Es war ja ein Kniefall vor dem Denkmal zum Gedenken an das Ghetto und vor allem an den Ghettoaufstand von 1943, nicht vor einem (damals noch nicht existierenden) Denkmal des Warschauer Aufstandes von 1944. Brandt bekam selber zu hören, dass er schließlich vor dem Grab des Unbekannten Soldaten hätte niederknien können, wo er nach eigenen Worten „der Opfer von Gewalt und Verrat" gedachte. Als er am Ghetto-Monument, am „Abgrund der deutschen Geschichte und unter der Last der Millionen Ermordeten", stand, tat er dagegen das, „was Menschen tun, wenn die Sprache versagt". Man könnte hinzufügen, wenn es keine Entsündigung, keine Reinigung von Schuld selbst für diejenigen gibt, die keine Schuld auf sich geladen haben.

Brandt schreibt, die polnische Seite, d. h. die davon wußten, hätten nicht reagiert, sie seien befangen gewesen, niemand habe ihn auf die Geste hin angesprochen. Er scheint sich darüber nicht zu wundern, was man nur damit erklären kann, dass er sich nicht über das polnische Jahr 1968 auslassen wollte, als die letzten Juden außer Landes gejagt wurden. Er hätte etwas dazu sagen müssen, dass ein Gomułka am 19. März 1968 die nicht voll adaptierten polnischen Juden zum Verlassen des Landes aufgefordert hatte. Wie sollten da die polnischen Politiker eine Geste kommentieren können, die von ihnen selber eine Versöhnung, um die alte Schreibweise anzuwenden, verlangt hätte. Der Kniefall paßte in keiner Weise ins Schema, wohl bis heute nicht. Er überschreitet das, was man damals und immer noch den deutsch-polnischen Dialog nennt. Er verweist auf eine Versöhnung allgemeinerer Art, die keine eindeutige Opfer- und Täterzuschreibung kennt, die den Grenzfall, den Holocaust, mit einbezieht; dabei drückt sich Brandt sehr zurückhaltend aus: „Die maschinelle Vernichtung der polnischen Judenheit stellte eine Steigerung der Mordlust dar, die niemand für möglich gehalten hatte."

Stabilisierung des Status quo

Nach den Ostverträgen kam die Zeit der Entspannung, in der es so aussah, als würde der Status quo, das System von Jalta verewigt. Mit der Formel „Wandel durch Annäherung" (Egon Bahr) oder „Wir haben von den Tatsachen auszugehen, wenn wir die Tatsachen verändern wollen" (Willy Brandt) wurde der Bevölkerung eingeredet, dass der Sozialismus ein menschliches Antlitz bekäme, wenn man seine Führer akzeptiere und auf die offiziellen Austauschprogramme im kulturellen und wissenschaftlichen Bereich eingehe. Dies klang überzeugend für den Westen, und die Nomenklatura im Osten hatte ihre Freude daran, dass sie sich selber vertreten durfte. Die Situation der Gesellschaft wurde damit jedoch nicht verändert.

In der zweiten Hälfte der siebziger Jahre wurde das starre Festhalten an der Formel „Wandel durch Annäherung" bzw. an der neuen Ostpolitik immer problematischer, denn es ging nicht um Annäherung auf der gesellschaftlichen Ebene, sondern allein auf der offiziellen. Als Solidarność entstand, wußte die SPD nicht zu reagieren; sie war ihr im Wesen fremd. Und als am 13. Dezember 1981 der Kriegszustand ausgerufen wurde, hatte Helmut Schmidt, der sich gerade am Scharmützelsee mit Honecker traf, nichts Besseres zu sagen, als dass es sich um eine innere

Angelegenheit Polens handle, deretwegen er es nicht für nötig befand, den DDR-Besuch abzubrechen. Er verstand sich durch und durch als Realpolitiker. Die amerikanische Reaktion auf die Ausrufung des Kriegsrechts in Polen legte er als ein typisches Beispiel von Medienabhängigkeit aus. Als er am 4.Januar 1982 mit Reagan zusammentraf, wunderte er sich, wie er in seinem Buch „Menschen und Mächte" (1987 (folgende Zitate S. 302.306.313f.) berichtet, dass die Ereignisse in Polen für den amerikanischen Präsidenten „bei weitem das wichtigste Thema" bildeten, obwohl es „vielerlei Gesprächsstoff" über anderes gegeben hätte. Aber das Fernsehen habe in seiner Berichterstattung aus Danzig und Warschau eine so heftige Erregung in der amerikanischen Nation ausgelöst, dass Reagan nicht anders – das heißt so wie Schmidt – hätte reagieren können. Es wäre falsch gewesen, wenn Westeuropa den amerikanischen Embargowünschen gefolgt wäre. Das hätte bei den „freiheitsliebenden Polen (Sind die Polen tatsächlich so freiheitsliebend? Ist man dies, wenn man sich einfach über die Dummheit der Machthaber ärgert, die das Land ruinieren? – K.S.) Hoffnungen wecken (...) und sie verleiten (können), im Vertrauen auf amerikanische oder westliche Hilfe ihr Leben und jedenfalls ihre persönliche Freiheit aufs Spiel zu setzen (...)." Washington würde natürlich schnell zu „der Erkenntnis gelangen (...), die ganze dramatische Anstrengung sei aussichtslos. Man würde die Sache im Sande verlaufen lassen und durch ein neues fernsehgerechtes Thema ersetzen." Er, Helmut Schmidt, wollte sich „an einer solchen würdelosen Inszenierung, die schließlich zu Lasten der Menschen gehen mußte, (...) nicht beteiligen". Am Ende schreibt Schmidt:

„Ich habe hier die Kontroverse über die zweckmäßige ‚Antwort' des Westens auf die Unterdrückung der polnischen Freiheitsbewegung nur deshalb so ausführlich geschildert, weil sie auf charakteristische Weise den möglichen Konflikt zwischen Fernsehdemokratie und politischer

Ratio beleuchtet. Zwar hat sich in diesem Fall die Vernunft durchgesetzt; alle amerikanischen Maßnahmen wurden später ziemlich sang- und klanglos beendet, ohne dass die Lage in Polen sich grundlegend geändert hätte, aber solche Konflikte können und werden sich wiederholen. Selbst in diesem Falle der Konfliktbeilegung durch gleitflugartige Revision des emotionalen Standpunktes hat sich die Ratio keineswegs auch im Bewußtsein der Beteiligten durchgesetzt. Weder das Gros der amerikanischen Medien noch die Administration haben sich eingestanden, dass die in Jalta vorgenommene Teilung Mitteleuropas in zwei Einflußsphären (oder in eine westliche Einflußsphäre und einen östlichen Machtblock) nicht durch Fernsehansprachen, große Gesten und anschließende kleine Maßnahmen aufgehoben werden kann."

Die aktive Verurteilung der „Konfliktbereinigung" erscheint ihm als ein Zeichen der Ermunterung für weiteren Protest, der ihm, dem Rationalisten, sinnlos dünkt. Wir finden daher in seinen Memoiren auch kein tadelndes Wort über Herbert Wehner, als dieser sich einige Wochen nach Ausrufung des Kriegszustands in angeblich privater Mission vom 19.–22. Februar 1982 nach Warschau begab. Er hatte den Zug benutzen müssen, weil die polnischen Flughäfen wegen des Kriegsrechts gesperrt waren. Ich machte in der Nacht zum 23.Februar 1982 folgende Tagebuchaufzeichnung:

„Ich hörte eben einen Bericht über Wehners Warschaubesuch. Ein Korrespondent fragte ihn über die Gespräche, ob er etwas für die Lockerung des Kriegsrechts tun konnte. Wehner reagiert hierauf furchtbar erregt: ‚Ich lasse mich nicht examinieren. Mein ganzes Leben habe ich für die deutsch-polnische Freundschaft eingesetzt …'. Mit diesen Sätzen endete der Bericht. – Der ehemalige Kommunist hat vergessen, dass die Freundschaft zwischen den Völkern nicht identisch ist mit der zwischen Regierungen. – (…) Helmut Schmidt verwahrte sich gegen einen Vergleich der polnischen Lager mit den deutschen. Man solle Polen gegenüber nicht überheblich sein. – Warum entdecken die Sozialdemokraten gerade jetzt ihre Freundschaft zu Polen (dem offiziellen). – Wehner hat nicht den Kontakt zu Wałęsa oder einem frei herumlaufenden Solidarność-Mitglied gesucht. – Für seine Rückreise hat er einen Sonderwagen mit vier Dienern bekommen. Nun wird er nicht mehr ‚säuisch‘ behandelt."

Dieses „säuisch" bezog sich auf Wehners Wut, dass er in einem kalten Zug ohne Wasser von Berlin nach Warschau hatte fahren müssen. Am 19.2.1982 hatte ich in meinem Tagebuch notiert: „Wehner soll missgelaunt aus dem Zug gestiegen sein. Er sagte: ‚Die Behandlung ist säuisch‘. Im Schlafwagen gab es kein Wasser, auch war er schmutzig. Das ist die Folge davon, wenn der Flugverkehr eingestellt ist."

In der Bundesrepublik kam es zu keinen größeren Protesten gegen die Einführung des Kriegsrechts, dagegen zu einer beispiellosen Spendenaktion für das „notleidende Polen" (Sie setzte bereits Anfang 1981 ein, nach der Einführung des Kriegsrechts konnten jedoch Pakete portofrei von der Bundesrepublik nach Polen geschickt werden), die allerdings völlig unpolitisch war, denn Lebensmittel und andere Artikel bekamen sowohl Gegner wie auch Anhänger der Solidarność. Sie war von deutscher Seite als eine reine Versöhnungsgeste dem polnischen Volk als solchem gegenüber gedacht. Dieter Bingen kommentiert die „karitative Hilfe aus der Bundesrepublik in den ersten Monaten des Kriegszustands" als psychologischen Faktor, „der auf längere Sicht das Verständnis des polnischen Nachbarn für die ‚offene deutsche Frage‘ fördern konnte". Nicht das Ringen um Freiheit und Unabhängigkeit wurde unterstützt, sondern die armen Schwestern und Brüder. Man verstand in Deutschland nicht, dass es nicht ein Polen als solches gibt, sondern dass es ein Land ist, in dem die einen dem Sowjetsystem ergeben waren – aus welchem Grund auch immer –, die anderen um die Wiedererlangung der Souveränität rangen, was für sie zugleich eine Rückkehr nach Europa bedeutete.

„Zwei Vaterländer – zwei Patriotismen"

Zu diesen anderen gehörte Jan Józef Lipski, der 1981 in der kleinen Schrift „Zwei Vaterländer – zwei Patriotismen. Bemerkungen zum nationalen Größenwahn und zur Xenophobie der Polen" (die folgenden Zitate S. 12f.17) erklärte, dass es ohne eine kritische Sicht der eigenen Geschichte keine Rückkehr nach Europa und auch keine „Aussöhnung" gäbe. Was Deutschland betreffe, müsse an den Brief der polnischen Bischöfe an ihre deutschen Amtsbrüder angeknüpft werden, denn dies war „die mutigste und weitestblickende Tat der polnischen Nachkriegsgeschichte", wenn es um das deutsch-polnische Verhältnis geht. Der Brief stelle aber die Polen vor das Problem der eignen Schuld gegenüber den Deutschen. Lipski führt hierzu aus:

„Den Polen scheint eine solche Darstellung der Dinge unerträglich – und das ist auch unschwer zu verstehen, denn die Proportionen sind absolut unvergleichlich. Man darf sich aber nicht mit einer Bagatellisierung der eigenen Schuld abfinden, selbst dann nicht, wenn sie unvergleichlich geringer ist die fremde."

Und nun kommen die Sätze, die damals einen Sturm der Empörung in Polen auslösten und den Kommunisten wie ein gefundenes Fressen erschienen:

„Wir haben uns daran beteiligt, Millionen Menschen ihrer Heimat zu berauben, von denen die einen sicherlich sich schuldig gemacht haben, indem sie Hitler unterstützten, die anderen, indem sie seine Verbrechen tatenlos geschehen ließen, andere nur dadurch, dass sie sich nicht zu dem Heroismus eines Kampfes gegen die furchtbare Maschinerie aufraffen konnten, und das in einer Lage, als ihr Staat Krieg führte. Das uns angetane Böse, auch das größte, ist aber keine Rechtfertigung und darf auch keine sein für das Böse, das wir selbst anderen zugefügt haben; die Aussiedlung der Menschen aus ihrer Heimat kann bestenfalls ein kleineres Übel sein, niemals eine gute Tat. Sicherlich wäre es ungerecht, wenn ein Volk, überfallen von zwei Räubern, zusätzlich noch alle Kosten dafür zahlen sollte. Die Wahl eines Auswegs, der, wie es scheint, die geringere Ungerechtigkeit ist, die Wahl des kleineren Übels darf dennoch nicht unempfindlich machen gegen sittliche Probleme."

Lipski geht nicht nur auf die Vertreibung ein, wobei er auch an die Vertreibung der Polen aus dem Osten erinnert, sondern auch auf die verschiedensten nationalistischen antideutschen Ideen und Vorurteile polnischerseits sowie auf die Furcht der Polen, in Deutschland könnten die „Giftstoffe des Nationalismus wieder wirksam werden, aber man müsse alles tun, was möglich ist, um von unserer (d. h. der polnischen – K.S.) Seite die besten Voraussetzungen zu schaffen für eine Versöhnung unserer Völker. Vor allem müssen wir manches in uns selbst und in unserem geschichtlichen Bewußtsein ändern, damit dieses möglich ist."

Lipskis Versuch, das deutsch-polnische Verhältnis grundlegend zu verändern durch eine Überwindung nationalistischer Denkgewohnheiten, durch einen Prozeß der Entgiftung aller gegenseitigen nationalen Beziehungen in Mittel- und Osteuropa (dazu zählte er auch die Beziehungen zu allen anderen Nachbarn Polens: den Russen, Litauern, Weißrussen, Ukrainern und Tschechoslowaken), mißlang vorerst durch die Einführung des Kriegszustandes und die Etablierung des Jaruzelski-Regimes. Lipski wurde interniert, später aus gesundheitlichen Gründen freigelassen. Er konnte sich in England einer Herzoperation unterziehen. Gleich danach kehrte er zurück, um wieder das offizielle Polen in Unruhe zu versetzen. 1985 sollte Günter Grass am 20.Mai im Warschauer Studentenclub Hybrydy auftreten. Lipski wollte ihn mit der Rede „Versöhnung und Entspannung. Wort an Günter Grass" (im polnischen Text lautet der Untertitel „Polemik mit Günter Grass") begrüßen. Dort unterstreicht er erneut (Zitate: Jan Józef Lipski, Wir müssen alles sagen ... Essays zur deutsch-polnischen Nachbarschaft, Gleiwitz, Warschau 1996, 248f., 249f.): „Wir müssen uns gegenseitig alles sagen, unter der Bedingung, dass jeder über seine eigene Schuld spricht. Wenn wir dies nicht tun, erlaubt uns die Last der Vergangenheit nicht, in eine gemeinsame Zukunft aufzubrechen."

Und er vertritt die Meinung, „dass die Teilung Deutschlands die Teilung Europas bedeutet und dass die Berliner Mauer nicht nur die in beiden Teilen dieser Stadt lebenden Deutschen, sondern auch uns Polen von Europa trennt". Doch dann wendet er sich gegen die Kritik von Günter Grass am NATO-Doppelbeschluss, gegen dessen Gleichsetzung von Adenauer und Ulbricht und dessen Lob der Entspannungspolitik. Wir Polen, sagt Lipski, „haben häufig Angst, wenn wir vom ‚weltweiten Wunsch nach Entspannung hören', wie Sie das formulierten. Warum? Weil dies allzu häufig das Einverständnis mit der ewigen Unfreiheit bedeutet. Ich weiß, dass dies nicht Ihre Absicht ist, aber die Schöpfer der westdeutschen Ostpolitik nehmen das (Freiheits-)Streben der polnischen Gesellschaft nicht ernst und sind willens im Namen des politischen Realismus unsere – und nicht nur unsere – Unfreiheit zu stabilisieren, deren Ursprung im Ribbentrop-Molotow-Pakt liegt."

Es ist schade, dass es zu dieser Rede nicht gekommen war. Grass wurde das Einreisevisum verwehrt. Die politischen Machthaber wußten offensichtlich, was sie taten. Vor offenen Worten hatten sie immer größte Furcht.

Sieg der Freiheit

Am Ende erwies sich, dass es weniger die Entspannungspolitik war, die zum Zusammenbruch des kommunistischen Regimes führte, als vielmehr eine breite, friedlich gesinnte, in sich sehr differenzierte Widerstandsbewegung. Diejenigen, die die Einführung des Kriegszustandes verurteilt hatten, bekamen schließlich Recht. Das Freiheitsstreben siegte über die sogenannte Realpolitik.

Immerhin kann sich die polnische Opposition zugute schreiben, dass sie die ersten Kontakte mit der neuen bundesdeutschen Regierung 1983 aufgenommen hatte, um ihr zu erklären, welche deutschlandpolitischen Vorstellungen sie habe. Der Wiedervereinigungsgedanke war ihr keineswegs fremd. Ohne ein Gesamtdeutschland konnte man sich ja auch schwer eine deutsch-polnische Versöhnung vorstellen.

Symbolik in Kreisau

Als ein großer symbolischer Akt nach dem Ende Volkspolens im Juni 1989 sollte nach einem Vorschlag des polnischen Bischofs Alfons Nossol ein Treffen von Kohl und Mazowiecki auf dem Annaberg (Góra Świętej Anny) stattfinden. Dieses Treffen kam allerdings nicht zustande. Es war noch nicht möglich, dass sich deutsche und polnische Politiker an Orten feierlich begegnen, die nationalgeschichtlich besetzt sind, an denen erst die einen ein Denkmal errichteten und dann die anderen es sprengten, um ein eigenes hinzubauen. Kohl und Mazowiecki trafen sich schließlich in Kreisau (Krzyżowa), von dessen Bedeutung kaum ein Pole wußte. Für den historischen Augenblick nach der Wende war es jedoch eine gute Wahl, auch wenn Dieter Bingen meinte, dass „Mazowiecki fast wie ein genötigter Gast auf nicht heimischen Territorium wirkte": ein aus der polnischen antitotalitären Opposition stammender Ministerpräsident begab sich dorthin, wo sich Männer und Frauen des 20. Juli getroffen hatten, also auch Oppositionelle einer antitotalitären, wenn auch bescheideneren, gesellschaftlich nicht so verankerten Bewegung, wie es Solidarność war.

Nach dem erfolgreichen Abschluß des Vertrages zwischen Deutschland und Polen hatten nur wenige damit gerechnet, dass der Weg zur Versöhnung bzw. Versühnung so schwer und kompliziert sein wird, dass so viele an ihr erlittenes Leid und das ihrer Vorfahren erinnern werden, dass es zu einem qualvollen Opfer-Täter-Dialog kommen wird. In der ersten Phase sah es so aus, als würde es reichen, nur von den Vertreibungen der Deutschen aus Polen und der Polen aus dem Osten zu sprechen. Doch kamen all die anderen Leiden hinzu.

Die Tragödie begann 1939

Eigenartigerweise wird in dem Dialog nur selten mit dem Jahr 1939 begonnen, als am 28. September in einem vertraulichen deutsch-sowjetischen Protokoll, die „Übersiedlung der deutschstämmigen Bevölkerung aus der sowjetischen Interessensphäre" vereinbart wurde und als am 6./7. Oktober Hitler öffentlich die Absicht erklärte, die „ethnographischen Verhältnisse" in Europa mit Hilfe von Umsiedlungen neu zu ordnen und nach einer „Regelung des jüdischen Problems" zu suchen. Das Karussell der „Bevölkerungsverschiebung" nahm seinen Anfang. Massen von Deutschen vor allem aus dem Baltikum wurden ins Gebiet von Posen gedrängt, die dortigen Bewohner ins Generalgouvernement abgeschoben, Juden wurden erst enteignet und dann in die schnell errichteten Ghettos gepfercht. Im sowjetisch besetzten Polen wurden Hunderttausende nach Sibirien und Kasachstan deportiert, bis dann die deutschen Truppen am 22. Juni 1941 nach Osten vorstießen und Sondereinheiten ihre Mordaktionen gegen die Juden durchführten, zum Teil auch mit Unterstützung der Ortsbevölkerung. Es war das Vorspiel zum Holocaust, bei dem etwa 82 Prozent der polnischen Juden den Tod fanden. Dann wendete sich das Blatt. Die Rote Armee und sowjetischen Sicherheitskräfte verfolgten in ihrem Marsch gen Westen nicht nur die Deutschen, sondern auch andere Völker und deren geistigen Eliten, unter ihnen auch Polen, was jedoch nicht bedeutete, dass sich Polen den ethnischen Reinigungen Nicht-Deutschen gegenüber fernhielten. Man denke an die Ukrainer, sogar die bodenständigen, die Lemker, die in ehemalige deutsche Gebiete „umgesiedelt" wurden.

Die Unabgeschlossenheit der Geschichte

Der Täter-Opfer-Dialog hat erst begonnen, wie sich herausstellt. Er nimmt europäische Dimensionen an. Ohne ihn wird sich ein vereinigtes Europa nicht errichten lassen. Diejenigen, die meinen, man solle doch die Vergangenheit den Historikern überlassen und sich selber der Zukunft zuwenden, mögen sich die kluge Auseinandersetzung zwischen Max Horkheimer und Walter Benjamin über die Abgeschlossenheit oder Unabgeschlossenheit der Geschichte in Erinnerung rufen (die Zitate aus W. Benjamin, Gesammelte Schriften 1980, Bd. 2,3 S. 1332 f.; 5,1 S. 589; 1,2 S. 693f.). Diese hatte sich an der Behauptung entzündet, die Benjamin in seinem Aufsatz über Eduard Fuchs aufgestellt hatte, dass das Werk der Vergangenheit für den historischen Materialisten keineswegs abgeschlossen sei. Damit konnte sich Horkheimer nicht einverstanden erklären. In einem Brief an Benjamin erläuterte er den Grund:

„Über die Frage, inwiefern das Werk der Vergangenheit abgeschlossen ist, habe ich seit langem nachgedacht. Ihre Formulierung mag ruhig so stehen bleiben, wie sie ist. Persönlich mache ich das Bedenken gelten, dass es sich auch hier um ein nur dialektisch zu fassendes Verhältnis handelt. Die Feststellung der Unabgeschlossenheit ist idealistisch, wenn die Abgeschlossenheit nicht in ihr aufgenommen ist. Das vergangene Unrecht ist geschehen und abgeschlossen. Die Erschlagenen sind wirklich erschlagen.

Letzten Endes ist Ihre Aussage theologisch. Nimmt man die Unabgeschlossenheit ganz ernst, so muß man an das Jüngste Gericht glauben. Dafür ist mein Denken jedoch zu materialistisch verseucht. Vielleicht besteht in Beziehung auf die Unabgeschlossenheit ein Unterschied zwischen dem Positiven und dem Negativen, so dass das Unrecht, der Schrecken, die Schmerzen der Vergangenheit irreparabel sind. Die geübte Gerechtigkeit, die Freuden, die Werke verhalten sich anders zur Zeit, denn ihr positiver Charakter wird auch durch die Vergänglichkeit weitgehend negiert. Das gilt zunächst im individuellen Dasein, in welchem nicht das Glück, sondern das Unglück durch den Tod besiegelt wird. Das Gute und Schlechte verhalten sich nicht in gleicher Weise zur Zeit. Auch für diese Kategorien ist die diskursive Logik daher unzugänglich."

Benjamin hatte diesen Brief sofort beantwortet, jedoch auf diplomatische Weise. Die eigentliche Antwort hatte er im Manuskript zum Passagenwerk versteckt, wo er die eben zitierte Stelle aus Horkheimers Brief anführt und als Kommentar hinzufügt:

„Das Korrektiv dieser Gedankengänge liegt in der Überlegung, dass die Geschichte nicht allein eine Wissenschaft sondern nicht minder eine Form des Eingedenkens ist. Was die Wissenschaft »festgestellt« hat, kann das Eingedenken modifizieren. Das Eingedenken kann das Unabgeschlossene (das Glück) zu einem Abgeschlossenen und das Abgeschlossene (das Leid) zu einem Unabgeschlossenen machen. Das ist Theologie; aber im Eingedenken machen wir eine Erfahrung, die uns verbietet, die Geschichte grundsätzlich atheologisch zu begreifen, so wenig wie wir sie in unmittelbar theologischen Begriffen zu schreiben versuchen dürfen."

Man könnte auch sagen, erst im Eingedenken üben wir Gerechtigkeit, denn die Vergangenheit, um es noch einmal in benjaminischen Worten auszudrücken, führt „einen heimlichen Index mit, durch den sie auf die Erlösung verwiesen wird"; wir sind gleichsam von den gewesenen Geschlechtern auf der Erde erwartet worden.

Dies betrifft aber nicht nur die Erschlagenen, sondern all diejenigen, denen in den vergangenen, eigentlich noch ganz gegenwärtigen, aber so großzügig verdrängten Jahrzehnten Leid angetan worden ist, dieses tausendfache, verschiedenartigste Leid, bei dem sich die Täter immer wieder auf Paragraphen, Vorschriften oder mündliche bzw. fernmündliche Mitteilungen und Anordnungen zu berufen suchen, anstatt sich dem Dialog zu stellen. Zwar kann die Gerechtigkeit nicht durch einen Akt des Rechts erwirkt werden, denn so viel Unrecht läßt sich konkret gar nicht sühnen, aber schon seine Aufdeckung, seine Benennung, das Sprechen darüber führt zu einer Entsühnung und damit Versöhnung.

Quellen- und Literaturhinweise

G. Aly, „Endlösung". Völkerverschiebung und der Mord an den europäischen Juden (1995) – U.A.J. Becher,/W. Borodziej/R. Maier (Hgg.), Deutschland und Polen im 20. Jahrhundert (2001) – D. Bingen, Die Polenpolitik der Bonner Republik von Adenauer bis Kohl. 1949–1991 (1998) – Ch. Dahm/H.-J. Tebarth (Bearb.), Deutsche und Polen. Beiträge zu einer schwierigen Nachbarschaft (1994; Kulturstiftung der deutschen Vertriebenen) – W.-D. Eberwein/B. Kerski (Hgg.), Die deutsch-polnischen Beziehungen 1949–2000 (2001) – J.-D. Gauger, Der historische deutsche Osten im Unterricht. Diachrone Analyse von Richtlinien und Schulbüchern im Fach Geschichte von 1949 bis zur Gegenwart (2001) – A. Hajnicz, Polens Wende und Deutschlands Vereinigung. Die Öffnung zur Normalität 1989–1992 (1995) – F. Halbauer, Deutsch-polnische Geschichtsbildprobleme. Dargestellt an 1000 Jahren deutsch-polnischer Begegnung (1988) – E. Heller, Macht. Kirche. Politik. Der Briefwechsel zwischen den polnischen und deutschen Bischöfen im Jahre 1965 (1992) – G. Hitze, Carl Ulitzka (1873–1953) oder Oberschlesien zwischen den Weltkriegen (2002; Forschungen und Quellen zur Zeitgeschichte, 40) – J.J. Lipski, Zwei Vaterländer – zwei Patriotismen. Bemerkungen zum nationalen Größenwahn und zur Xenophobie der Polen, in: Kontinent 22. Magazin, 8/1982, 3–48 – Vincens M. Lissek, in: Polacy i Niemcy. Pół wieku pózniej

(1996; Festschrift für Mieczysław Pszon) bes. 100f. – G. Rhode, Zwangsaussiedlung als Mittel der Machtpolitik, in: F. Kusch (Hg.), Eisen ist nicht nur hart (1980) 45–63 – K. Wóycicki, Zur Besonderheit der deutsch-polnischen Beziehungen, in: Aus Politik und Zeitgeschichte B 28/1996, 14–20 – Weitere und Spezialliteratur zu den deutsch-polnischen Beziehungen auch www.kas.de (Homepage) unter: Archiv, Bibliothek, Service, Auswahlbibliographien.

„Die '68er Generation"

Als 1968 die große Befreiungsparty begann, waren wir Kinder und wurden ins Bett geschickt. Während wir schliefen, feierten unsere Eltern Demos, entdeckten freieren Sex, rauchten Haschisch und stellten in einer einmaligen Hinterfragungskampagne alle bis dahin gültigen Werte auf den Kopf.

Als wir Nachgeborenen Mitte der siebziger Jahre aus unserer kindlichen Passivität erwachten, war die Party vorbei. Wir fanden uns inmitten eines Chaos wieder – auf der einen Seite zerstörte, auf der anderen Seite noch nicht gefestigte Werte und Lebensstile. Die konventionellen Lebensformen hingen in der Luft und waren nunmehr leere Hülsen. Wollte man nach ihnen leben, zerfielen sie zu Attitüden (...) alles hatte einen ironischen Beigeschmack, so als wären die alten Konventionen nur ein Spaß aus längst vergangener Zeit.

Und das Wertesystem der 68er! Ihm merkte man an, wie sehr es als Reaktion auf die spießigen fünfziger Jahre entstanden war und wie der Haß auf deren Muffigkeit verhärtet hatte. Nach zehnjähriger verbissener Praxis enthielt es daher bereits eine ganze Reihe von Dogmen, die wir nicht übernehmen wollten. Wir entdeckten, daß es eigentlich nicht nötig war, in zerrissenen Büßergewändern herumzulaufen, nur um zu demonstrieren, daß es aufs Aussehen doch gar nicht ankomme; wir wußten – hatten wir es doch am eigenen Leib erfahren –, daß man seine Kinder mit überdrehten antiautoritären Erziehungsmethoden auch verunsichern konnte; und das Hinterfragen und Ausdiskutieren hatte die Generation unserer Eltern an einen Punkt gebracht, der nicht nur zur Handlungsunfähigkeit, sondern schier zur Verzweiflung geführt hatte.

Bettina Röhl, Tochter von Ulrike Meinhof und Klaus Rainer Röhl (1988)

Einer der gravierendsten Einwände gegen das, was 1968 losging, ist doch, dass man zwar alte Formen zerschlug, es aber nicht vermochte, neue zu entwickeln. So blieb es bei der Formlosigkeit, beim Popel-Look unter dem Motto „Werdet alle Proletarier". Es kam zur Abwertung der „Sekundärtugenden", die Lafontaine später Helmut Schmidt zum Vorwurf machte (...) Sie haben mit der gesellschaftlichen Kontinuität gebrochen. Die Diskreditierung des Bürgertums hat zu einer tiefen Verunsicherung der Deutschen geführt. Dass wir heute einen Verlust aller Führungsfähigkeit beklagen, hat damit zu tun, dass Deutschland durch Achtundsechzig stärker entbürgerlicht worden ist, als für das Land gut war. Hinzu kommt die einseitige Fixierung auf den Nationalsozialismus in der Auseinandersetzung mit der Geschichte (...) Die Folgen von Achtundsechzig konnte man im jüngsten Wahlkampf beobachten. Ich habe kaum jemanden getroffen, der mir auf Anhieb die drei wichtigsten Forderungen der wesentlichen Parteien nennen konnte – und wenn, dann falsch. Die Ersetzung von Politik durch eine spielerische, subversiv angemalte Aktion (...) Diese Generation hat den Ernst aus der Politik genommen. Der Wirtschaftshistoriker Knut Borchardt hat mal gesagt: „Problematisch wurde es in Deutschland, als die Leute nicht mehr vom Wirtschaftswunder redeten, weil sie den Wohlstand für selbstverständlich hielten." Die beachtliche Leistungsfähigkeit der Bevölkerung nach dem Krieg schlaffte nach den Sechzigern ab. Wir sind eine Industriegesellschaft mit einer übersteigerten Umverteilungskapazität und haben nun größte Mühe, die Erwartungen der Bevölkerung der Wirklichkeit anzupassen. Das ist der Unernst, den ich meine.

Arnulf Baring im Gespräch mit Uwe Wesel (2002)

Gerhard Besier

1968 und die Sakralisierung der Politik

Symbole der 68er Revolte

„Darf einer, der Polizisten verprügelt hat, die Republik repräsentieren?" fragte der „Spiegel" am 8. Januar 2001. Mit einem Mal stand den Bundesbürgern West eine Zeit vor Augen, die unsere Gesellschaft nachhaltiger verändert hat als das Jahr 1945. So jedenfalls will es die Legende. 1998 waren die „68er" in die Führungspositionen der Bundesrepublik gelangt. Kaum einmal zwei Jahre an der Macht, da wurden die ehemaligen „Berufsrevolutionäre" von ihrer Geschichte eingeholt. Der 2. Juni 1967 stieg wieder auf, jener Tag, an dem der Student Benno Ohnesorg, Zuschauer bei einer Berliner Demonstration gegen den Schah von Persien, von einem Polizisten erschossen wurde. Blockaden gegen die Bild-Zeitung, das „Enteignet Springer", nächtliche Brandanschläge auf Kaufhäuser, die Kommune I und das Attentat auf Rudi Dutschke kamen wieder hoch – Wegbereiter jener Stimmung, die das Wirtschaftwunder und die Demokratie in Westdeutschland als bloße Fortsetzung der Nazi-Diktatur denunzierte. Diese sog. Außerparlamentarische Opposition (APO) zehrte von der Romantik der Revolution, ihr Kampf wurde ritualisiert, gebar ihre Posen, ihre Märtyrer und Helden. Der kubanische Revolutionär Che Guevara und der Nordvietnamese Ho Chi Minh rückten zu Heiligen auf, die „Mao-Bibel" gehörte zur Eisernen Ration der Mythenbildner. Auch Marx, Lenin und Freud bewohnten die heiligen Hallen. Den Vereinigten Staaten von Nordamerika, der NATO und den Unterstützern der Notstandsgesetze fiel in dieser neuen Weltsicht die Rolle des Bösen zu. Doch die Mittel, mit denen die USA als der imperialistische Hauptfeind bekämpft wurde, entstammten just der amerikanischen Protestkultur. Die Protagonisten der sog. „Studentenbewegung" kopierten regelrecht die Kampagnen, Sitzstreiks und Go-ins der amerikanischen Bürgerrechtsbewegung. Diese war von Martin Luther King und anderen Pfarrern geprägt. Religiöse Überzeugungen bildeten nicht nur ein Movens; sie gaben der Bewegung ihr sakrales Gesicht und Gewicht. Das war in Deutschland nicht anders, wenngleich diese Konturen bei den Altachtundsechzigern kaum mehr zu erkennen sind. Meist ohne selbst gläubige Christen zu sein, ließen sie es sich gerne gefallen, wenn Pfarrer ihre verworrenen Träume und Ziele in die Aura göttlicher Gerechtigkeit tauchten und so transzendierten. Bei jenem protestantischen Hilfspersonal in Sachen Verklärung handelte es um den „radikalen" Flügel der Bekennenden Kirche, dem Wiederbewaffnung und Westintegration ein Greuel gewesen war. In ohnmächtigem Zorn hatten sie zusehen müssen, wie Adenauer und Erhard den Widerstand gegen Hitler beerbten. Jetzt schien die Chance gekommen, ihre lang gehegten theopolitischen Vorstellungen von einer gerechteren Welt, in der Lämmer und Löwen friedlich beieinander lagen, doch noch zu realisieren.

Erlösung durch „Kulturrevolution"

Gustav Heinemann, Martin Niemöller, Helmut Gollwitzer, Kurt Scharf, Erhard Eppler und andere erlebten den „Machtwechsel", von dem sie immer schon geträumt hatten, den endlichen „Umbruch" der Verhältnisse. Was für sie mit tiefen religiösen Deutungsmustern von „Neuanfang" und Erlösungshoffnung verbunden war, entliehen auf der anderen Seite Politiker von der SPD, allen voran Willy Brandt, um mit charismatischem Flair gleichsam messianische Hoffnungen auf sich zu ziehen. Der Ursprungsmythos dieses „Umbruchs" hatte 1965 der Berliner Allgemeine Studentenausschuss in Gestalt einer Diskussionsveranstaltung formuliert: „Restauration oder Neubeginn – Die Bundesrepublik 20 Jahre danach". „Restauration oder Neuanfang in der Evangelischen Kirche?", so hatte bereits 1946 der Tübinger Theologe Hermann Diem gefragt. Die Antwort war klar: Hand in Hand meinten linke Protestierer und Protestanten feststellen zu können, dass zwischen 1945 und 1965 die Restauration obsiegt und sie unter sich begraben hatte. Aber mithilfe dieser jungen, aufrührerischen Generation, so schien es, erhielten Staat, Kirche und Gesellschaft in der Bundesrepublik eine zweite Chance. Kirchliche Talarträger stellten sich in den Dienst jener Studentenführer, die nicht nur an den Universitäten den „Muff von Tausend Jahren unter den Talaren" beseitigen wollten.

Sie wollten mehr. Eine „Kulturrevolution" sollte es sein, die das Leben insgesamt umkrempelte. In eins mit den politischen Aspirationen fiel die persönliche Befreiung von bürgerlichen Konventionen und von Besitzstreben. Die privaten Lebensverhältnisse von Fritz Teufel, Rainer Langhans, Uschi Obermaier und anderen in der Kommune I gewannen Modellcharakter, Wilhelm Reichs Vorstellungen einer sexuellen Revolution, die „Funktion des Orgasmus" für den Einzelnen, wurde zum Gegenstand kollektiver politischer Diskussionen. Um bürgerliche Verklemmung und den eingenisteten Wunsch nach Intimsphäre aufzubrechen, wurden auch in kirchlichen Studentenwohnheimen die Türen ausgehängt. Diese so genannte „sexuelle Befreiung" war freilich nur ein Produkt männlicher Phallus-Phantasien. Sie bedeutete, wie Ute Kätzel schreibt, „für viele Frauen eine neue Form der Bevormundung, die in scheinbar gesellschaftskritischen Sprüchen ihren Ausdruck fand: ‚Wer zweimal mit derselben pennt, gehört schon zum Establishment'. Vielen Frauen wurde vorgehalten: ‚Wenn du nicht mit mir schläfst, bist du ne Bürgerliche'. Die Antibabypille, die seit 1961 auf dem deutschen Markt war, verstärkte diesen Druck erheblich." Die Familie galt als repressives Domestizierungsinstrument der Herrschenden, Kinder erschienen als „Betriebsunfälle", als bürgerliche „Fallen", als Last und organisatorisches Problem. Spuren dieser Haltung finden sich bis heute. Auch wer diese Jahre trotz Studienabbruch, Drogenkonsum und Psychotherapien schadlos überstand, vielleicht sogar in bürgerliches Karrieredenken zurückfand und Erfolg hatte, blieb gezeichnet: Die Unfähigkeit zu dauerhaften Bindungen, der Mangel an Authentizität und der Hang zur Selbststilisierung, das Pathos der großen Auftritte sind geblieben. In unüberbrückbarem Widerspruch zu den Idealen ihres „Aufbruchs" erwiesen sich die Überlebenden dieser seelenfressenden Revolution als kalte Fassadenkünstler mit hoher Flexibilität für Überzeugungen, als perfekte Darsteller, Meister der tönenden Moralrede. Ihre Verachtung für das „faschistoide" System Bundesrepublik generalisierte auf die eigene Biographie und das, was ihnen einst lieb und wert gewesen war. Doch diese Gleich-Gültigkeit offenbart sich lediglich in der Übertreibung, die sogar einem Staatsakt gelegentlich kabarettistische Züge geben kann. Bei der Inszenierung des Bürgerlichen fehlt das Augenmaß.

Gegen den „CDU-Staat"

Was mit dem Wunsch nach einer Universitätsreform begonnen hatte, setzte bald den Willen frei, die bundesdeutsche Gesellschaft von der Wurzel her zu erneuern, sie zu demokratisieren, ihren angeblich faschistoid-autoritären Charakter zu entlarven.

In ihrem Aufbegehren gegen den „CDU-Staat" wurden die „68er" von Philosophen und Schriftstellern unterstützt, die ihnen die Argumente und Szenarios zulieferten. Deren Werke, dem Winkel der Gelehrtenstube entronnen, bildeten das intellektuelle Futter für die reformerischen Ideen. Es war eine Verstärkung auf Gegenseitigkeit: Die Studenten popularisierten die Arbeiten von Horkheimer und Habermas, Adorno, Bloch und Lukács; die Philosophen adelten die Eleven zu den wahren Erben der gescheiterten proletarischen Revolution.

Gesinnungsethik und Sozialismus

In Wahrheit bereitete das APO-Fußvolk nur den Boden für die „bessere CDU" – für eine Sozialdemokratie, die seit dem Parteitag von Godesberg 1959 ein für allemal ihr proletarisches Profil abgestreift hatte und nunmehr ideologisch verunsichert umherirrte. Für die neue sozialdemokratische Weltanschauung zeichneten jetzt Gustav Heinemann, Diether Posser, Johannes Rau und vor allem Erhard Eppler verantwortlich – gesinnungsethische Protestanten, die von der im Mai 1957 selbst aufgelösten Gesamtdeutschen Volkspartei (GVP) herübergekommen waren. Unterstützt von dem Chefstrategen Herbert Wehner reinigten sie die Partei von Antiklerikalismus und Freidenkertum, gaben ihr eine christlich-bürgerliche Fassade. Der Sozialismus, so Rau, wurde zum „Staub, den das Evangelium auf seinem Weg durch die Welt aufwirbelt". Auch wenn sie innerlich Agnostiker blieben, wagten viele Sozialdemokraten nicht mehr, das auch auszusprechen. Wer in dieser religiös runderneuerten Partei noch etwas werden wollte, zimmerte sich eiligst eine protestantische Legende. Ein verinnerlichter sozialdemokratischer Machtinstinkt sorgt bis heute für eine Reproduktion dieser Haltung. Die stumme Verlegenheit Brandts ist sogar Schröder noch geblieben, wenn er direkt auf seine Konfession, ein Phantom doch, angesprochen wird. Der Preis Ende der 50er Jahre war freilich hoch. Trotz einer unbestreitbaren Erosion der alten Milieus, eines Verfalls der sozialdemokratischen Gegenkultur, wie sie in der Weimarer Republik zur Blüte gelangt war, zeigte sich die Basis von der klebrigen Frömmigkeit eines Erhard Eppler, der den schwäbischen Seher gab, zutiefst angewidert. Die Kirchturmsperspektive des Volksschullehrers, ewigen Wahlverlierers und demütig-arroganten Selbstüberschätzers war ihnen mental völlig fremd. Aus Abneigung wurde mehr. Dafür bürgen namhafte Zeugen, Sozialdemokraten von Annemarie Renger bis Helmut Schmidt. Dieser sprach von der „zerstörerischen Wirkung" Epplers. Die Vertraute Kurt Schumachers sah in Eppler einen selbsternannten „Hohenpriester", der mit anderen „innerhalb der Partei (...) einen geradezu missionarischen, etwas sektiererischen Eifer" entwickelt habe. Für Wehner war der Schwabe ein nützlicher „Pietkong", konterkarierte er doch die eigene Biographie, das stets kommunismusverdächtige Image der alten Arbeiterpartei. Um Wahlen zu gewinnen, galt es, dieses Bild loszuwerden. Aus der etwas altmodischen Tante SPD wurde die moderne, „evangelisch-soziale" Partei des fortschrittlichen protestantischen Bürgertums, 1969 gewissermaßen die parteipolitische Synthese aus dem konservativen Bürgertum und dessen revolutionierenden Söhnen. Dafür nahm man eine Heterogenisierung, Pluralisierung, und Fragmentierung in Kauf – wohl wissend, dass das eherne Gesetz der Solidarität die marginalisierten Flügel an der Rebellion hindern würde. Für eine Übergangsphase enthielt man sich aller „ideologischen Floskeln". Auf dem Parteitag 1964 sprach Willy Brandt die Delegierten mit „liebe Freunde" an. „Genossen" wurden sie erst wieder im Zuge der Re-Ideologisierung Ende der 60er Jahre.

Die CDU erlebte 1966 ihre erste wirkliche Schwächephase. Ausgerechnet unter ihrem Bundeskanzler Ludwig Erhard, dem Architekten der Sozialen Marktwirtschaft und des Wirtschaftswunders, schlitterte sie in eine ökonomische Rezession, die, gemessen an späteren Einbrüchen, diesen Namen eigentlich nicht verdiente. Aber die wenigen dunklen Wolken genügten der Bevölkerung schon, Weimar zu assoziieren. Der zum Mythos emporgewachsene wirtschaftspolitische Sachverstand der CDU schmolz in ihren Augen dahin. Was blieb, war das nicht realitätsbezogene

Bild innen- und außenpolitischer Stagnation. Nach dem Auseinanderbrechen der CDU/CSU-FDP-Koalition Ende Oktober 1966 wegen Meinungsverschiedenheiten, wie der Wirtschaftskrise zu begegnen sei, einigten sich CDU/CSU und SPD einen Monat später auf eine Große Koalition. Mehr geschoben als getrieben avancierte der Berliner Regierende Bürgermeister Willy Brandt zum Vizekanzler, Karl Schiller aber beerbte als Wirtschaftsminister den Mythos Erhard. Bereits ein Jahr nach seinem Amtsantritt hatte sich die Wirtschaft erholt. Kräftige Wachstumsraten fegten alle Vorbehalte gegen die vermeintliche ökonomische Inkompetenz der Sozialdemokraten hinweg.

Nachfolger Brandts als Regierender Bürgermeister von Berlin wurde Pastor Heinrich Albertz, der nach den Protesten und Zwischenfällen im Zusammenhang mit dem Schah-Besuch freilich schon ein halbes Jahr später sein Amt zur Verfügung stellte. Mit Bischof Scharfs Hilfe kehrte er in ein Pfarramt zurück.

„Hoffnungsträger" Willy Brandt

Brandt wirkte weltläufig, dynamisch, jung – ein Hoffnungsträger, „der erste Medienkanzlerkandidat". Mit seiner neuen Deutschland- und Ostpolitik schien er ein Thema gefunden zu haben, das die Leute mitriss. Rasch stieg er zur charismatischen Leitgestalt auf, glühend verehrt von seinen Anhängern, obwohl er im zwischenmenschlichen Umgang eher spröde wirkte. Nach zwanzig Jahren Bundesrepublik leisteten sich die Bundesbürger erstmals wieder die Gefühle begeisterter Verehrung für einen Politiker. Brandts Visionen deckten sich nicht nur mit den „friedenspolitischen Sehnsüchten der Parteibasis". Er sprach mit seinem politischen Perspektivwechsel auch dem Linksprotestantismus und Teilen der kulturellen Szene aus dem Herzen. Mitte Februar 1966 war sein langjähriger Freund Kurt Scharf aus dem zweiten Glied herausgetreten und hatte den konservativen Berliner Bischof Otto Dibelius abgelöst. Sehr schnell kam er in den Ruf, ein „linker Bischof" zu sein. Von der Hallstein-Doktrin hielt er nichts. Für Scharf war klar: „Die Volkskirche (trägt) Mitverantwortung für die innere und äußere Ordnung der gesellschaftlichen Verhältnisse in dem Volk, in dem sie existiert. (…) Verkündigung des Evangeliums lässt sich nicht trennen von seinen politischen Implikationen. Der Ruf zur Versöhnung (…) verlangt auch Handlungen auf das Ziel des Friedensstiftens hin." Hier wurde, nicht einmal so aufdringlich wie in anderen Theologenäußerungen jener Zeit, ein neuer Ton mit den typischen semantischen Unschärfen kirchlichen Redens deutlich. Fortan ging es nicht mehr nur um das Herstellen eines politischen modus vivendi, sondern um „Friedensstiftung" in höherem Auftrag. Zwar meinte Scharf, die Kirche müsse durch ihren „Partner Staat vor Klerikalismus geschützt werden", aber wer bewahrte den Staat vor Klerikalisierung? Brandt begriff augenblicklich, welchen Wert es hatte, wenn politische Projekte nicht allein als Anliegen eines Politikers oder einer Partei in Erscheinung traten. Vielmehr handelte er auf höhere Weisung, verfolgte eine Mission, für die er eigentlich nur in abgeleiteter Funktion, eben als Gesandter Gottes, verantwortlich war. Natürlich brachte das niemand so auf den Punkt. Eine solche Dekodierung hätte die Aura zerstört. Aber die Posen und der religiös gesättigte Sprachgebrauch ließen deutlich werden, dass man sich nicht mehr scheute, die Deutschen auch wieder mit messianischem Mummenschanz zu manipulieren. Die neuen Akteure konnten sich das leisten. Sie galten zu Recht als politisch absolut integer.

Kampagnen und Fälschungen

Das war im Falle des neuen Bundeskanzlers Kurt Georg Kiesinger, gegen den sich Brandt profilierte, völlig anders. Die
APO schoss sich auf ihn, der stellvertretender Abteilungs-
leiter im Propagandaministerium von Joseph Goebbels gewesen war, zunehmend heftiger ein. Aus dem Hintergrund
unterstützt wurde die Kampagne vom Ministerium für
Staatssicherheit der DDR. In deren Visier waren auch zwei
andere CDU-Spitzenpolitiker geraten: Bundespräsident
Heinrich Lübke und Bundestagspräsident Eugen Gerstenmaier. Mit Pamphleten und zweifelhaften „Dokumentatio-
nen" suchten sie zu erweisen, dass die höchsten Repräsentanten des erfolgreichen Gegenmodells Bundesrepublik
nichts weiter als Altnazis waren. Die APO nahm solche Pro-
paganda-Kampagnen auf und verstärkte sie, der Koalitionspartner sah die desaströse Demontage des CDU-Spitzenper-
sonals nicht ungern, ja beförderte sie zum Teil. Obwohl kein
bundesdeutscher Politiker jener Zeit geeigneter erschien,
durch seine Ungeschicklichkeit den Staat lächerlich zu machen als Heinrich Lübke, war 1964 aus taktischen Gründen
seine Wiederwahl mit den Stimmen der Sozialdemokraten
bestätigt worden. Aufgrund professioneller Fälschungen
aus der Werkstatt des Ministeriums für Staatssicherheit
warf der SED-Staat Lübke vor, als Architekt am Bau von
Konzentrationslagern beteiligt gewesen zu sein. Bundestagspräsident Eugen Gerstenmaier, ein Theologe, dessen
Distanz zur Kirche während seiner Zeit als Politiker ge-
wachsen war, hatte 1964 den Vorschlag Bischof Jänickes
(Magdeburg) schroff zurückgewiesen, Gespräche mit der
DDR aufzunehmen. Die SED-Kampagne sollte Gerstenmaier als „Denunzianten und nazistischen Gleichschalter"
diffamieren. 1965 wurde er im „Braunbuch" der DDR als
„Nazi-Propagandist in geheimer Mission" aufgeführt. Zu
Gerstenmaiers Rücktritt Ende Januar 1969 widmete ihm
das Neue Deutschland einen gehässigen Artikel.

Mythos Ostpolitik

Als Anfang März 1969 die Bundesversammlung den Justiz-
minister Gustav W. Heinemann (SPD) gegen den Kandidaten der CDU/CSU im Dritten Wahlgang mit relativer Mehrheit zum Bundespräsidenten wählte, war das Ende der
großen Koalition abzusehen. Heinemann selbst bezeichnete
seine Wahl als „ein Stück Machtwechsel". Nach den Bundestagswahlen Ende September 1969 wählte eine sozialliabe-
rale Koalition Willy Brandt zum Bundeskanzler. Mit Unterstützung des Gewählten entsteht die Fama, als habe erst mit
diesem „Machtwechsel" in Bonn Hitler endgültig den Krieg
verloren. In den USA hielt sich die Begeisterung für Brandt
freilich in Grenzen. Nixons Sicherheitsberater Henry Kissinger meinte nach Brandts Besuch Mitte Juni 1971: „Das
Hauptproblem ist, dass er nicht sehr helle ist. (...) Brandt
ist dumm und faul. (...) Und er trinkt." Aber den Deutschen
erschien Brandt als der erste deutsche Nachkriegspolitiker
von Weltformat – er war ihr John F. Kennedy.

Geschickt erweckte die sozialliberale Koalition den Eindruck, als habe es vor ihrer Zeit eine Ostpolitik nicht gegeben (s. *auch den Beitrag von Werner Link*). Demgegenüber
ist daran zu erinnern, dass die Bundesrepublik bereits 1963
Handelsabkommen bzw. Abkommen über den Wirt-
schaftsaustausch mit Polen, Rumänien, Ungarn und Bulga-
rien abgeschlossen hatte. 1966 hatte die Regierung Erhard
an fast alle Staaten, freilich mit Ausnahme der DDR, eine
„Note zur Abrüstung und Sicherung des Friedens" gerichtet. Der Eindruck, die CDU-geführten Bundesregierungen
hätten zumindest keine sachgemäße Ostpolitik betrieben,
konnte auch in der sog. Ostdenkschrift des Rates der EKD
vom 16. Oktober 1965 eine Bestätigung zu finden. Sie trug
den Titel „Die Lage der Vertriebenen und das Verhältnis
des deutschen Volkes zu seinen östlichen Nachbarn" und
kritisierte vor allem die völkerrechtlichen und ethischen
Grundlagen der bisherigen Ostpolitik.

Brandt verstand sehr wohl, wem er welche Unterstützung zu verdanken hatte. In seiner Autobiographie schreibt er: „(...) ich wusste mich in Bonn wie zuvor in Berlin ermutigend begleitet durch den Rat der Evangelischen Kirche in Deutschland." 1963 hatte die evangelische Akademie Tutzing seinem Berater Egon Bahr das Forum für „eine wichtige Etappe" auf dem Weg nach oben geboten. Hier, auf lutherischem Boden, formulierte er die legendäre Formel vom „Wandel durch Annäherung". In ihrer bemerkenswerten Unbestimmtheit passte sie in dieses flauschige Milieu wie die Faust aufs Auge. Das Angenehme an der protestantischen Unterstützung war, dass sie „ihren" Politikern jegliche Bekenntnisäußerung ersparte. Nicht einmal das Tischgebet oder die Morgenandacht mussten sein. Insofern fiel es kaum auf, dass Gastgeber wie Gast am liebsten im Ungefähren badeten – „lau" eben, wie ihr Mentor Brandt. Wer sollte sich annähern, wer sich wandeln lassen und zu welchem Ende? Die „neue Ostpolitik" nahm – ausgerechnet in Tutzing – ihren Anfang. Das Ergebnis dieser „Ostpolitik" war ein Vertrag, der implizit die Anerkennung der deutschen Zweistaatlichkeit enthielt und damit quer zu dem Weg lag, der 1989/90 zur deutschen Einheit führte. Es blieb den SPD-Protestanten Erhard Eppler und Jürgen Schmude in den 80er Jahren vorbehalten, die beiden anderen Barrieren aufzutürmen: Das gemeinsame „Ideologiepapier" von SPD und SPD und das öffentliche Liebäugeln mit einem bundesdeutschen Ja zur DDR-Staatbürgerschaft.

Im Namen des „Weltfriedens"

Die Anerkennung der deutschen Zweistaatlichkeit legte Egon Bahr schon im Januar 1970 dem sowjetischen Außenminister Andrej Gromyko zu Füßen – entgegen allen diplomatischen Gepflogenheiten als Morgengabe. Brandt hatte eine Schwäche für intelligente, selbstbewusste Dilettanten mit Missionseifer. Henry Kissinger beschreibt Bahr als Mann, „der selbst stark auf seine Fähigkeit vertraute, Formeln zu finden, um scheinbar ausweglose außenpolitische Situationen zu bewältigen (...) Seine Eitelkeit verführte ihn dazu, mit diesen (Ost)Kontakten zu protzen, und das wurde von Gesprächspartnern gelegentlich zweifellos ausgenutzt." Nicht zuletzt durch die Vermittlung Bahrs stieg am Horizont des neuen Götterhimmels das Bild eines Friedensfürsten auf, den sich Protestanten und Sozialdemokraten in den 80er Jahren zur Ikone der Abrüstung erkoren: Breschnew. In völliger Verkennung des sowjetischen Politikers schwärmte Bahr von seiner „russischen Seele" und attestierte ihm „große Emotionen". Noch 1997 behauptete er, Breschnew, habe die „jahrzehntelange Linie der sowjetischen Aufrüstung gebrochen und so den notwendigen Übergang zu Gorbatschow vollzogen. (...) Für den Weltfrieden war Breschnew ein Gewinn." Was für ein dramatische Fehleinschätzung des Würgers von Prag und Schlächters von Afghanistan! Dieser von Bahr eingeleitete Wandel durch Anbiederung vollzog sich in einer Atmosphäre religiöser Rituale. Er sanktionierte als erster Bonner Politiker den östlichen Personenkult im Medium dieser politischen Religion, wenn er – nach dem Bericht Semjonows – im Moskauer Mausoleum seinen Respekt „für unseren großen Lenin" bezeugte. Und all' das im Namen des „Weltfriedens" – ein Wort, das sich im diplomatischen Kalten Krieg als wirksamste Waffe gegen den Westen erwies.

Sakrale Symbolik und Bekenntnisfieber

Wie im Taumel folgten die bundesdeutschen Intellektuellen aus dem protestantischen Milieu den semantischen Schalmeien: Frieden, Versöhnung, Völkerverständigung, Abrüstung, Solidarität und eine neue Qualität von Demokratie. Und obwohl ihm dazu eigentlich das Mitreißende fehlte, fiel Brandt die Rolle des säkularisierten Heilands zu. Das Bild des Friedensfürsten und Völkerverbrüderers heftete sich an seine Fersen – nicht ohne sein Zutun. Zum sakralen Symbol schlechthin gedieh ihm der Kniefall von Warschau am 7. Dezember 1970. Diese um Verzeihung heischende Geste am Denkmal für die Toten des Ghettoaufstandes war die grandios inszenierte, profane Wiederholung des Messias-Motivs: Um unseretwillen, für sein schuldig gewordenes Volk, nahm der persönlich unschuldige Emigrant und selbst vom Nationalsozialismus Verfolgte stellvertretend den reinigenden Akt der Buße vor. Gewissermaßen vor der Welt beglaubigt wurde dieser sakrale Demutsakt ein knappes Jahr später, im Oktober 1971, als er den Friedensnobelpreis verliehen bekam. Nach dem falschen Propheten, der Deutschland ins Unheil geführt hatte, schien den Deutschen wieder ein wahrhafter Erlöser erstanden zu sein. Die strukturellen Parallelen, die zweifelsfrei bestanden und die den deutschen Intellektuellen kein gutes Zeugnis in Sachen Demokratie ausstellten, schienen gar nicht wahrgenommen worden zu sein.

Die Verehrung unter den jungen Intellektuellen kannte keine Grenzen mehr. Ähnlich wie es dem Dichter und ersten DDR-Kulturminister Johannes R. Becher in den frühen 50er Jahren gelungen war, Literaten zur Überhöhung des Unrechts-Regimes einzuspannen, fungierten auch in der Ära Brandt Schriftsteller als Priester und Exegeten der „neuen Zeit" – allen voran Günter Grass. Aber auch Publizisten wie Günter Gaus, Historiker wie Eberhard Jäckel, Politologen wie Kurt Sontheimer, auch Mitglied des Kirchentags-Präsidiums, Showmaster wie Kulenkampff und Frankenfeld, Schauspieler wie Horst Tappert und Inge Meysel riefen 1969 dazu auf, „Willy" und seine Partei zu wählen. Bis 1972 steigerte sich die Verehrung immer mehr, wurde gar zum Ausweis für „richtiges Denken". Kaum ein Intellektueller hatte mehr den Mut, sich als CDU-Anhänger zu outen.

Auswirkungen auf die Kirche

Während die evangelische Kirche unter ihren Mitgliedern besorgt Umfragen startete, weil sich die Austrittsraten erhöhten, konnte die SPD Rekordzuwächse verzeichnen: 1969 traten 100.000 neue Mitglieder ein, 1972 gewann sie sogar 150.000 hinzu. Die evangelische Kirche führte ihre Auszehrung aber nicht auf das politische Engagement zugunsten der SPD zurück, das ihre progressiven Zirkel jetzt immer nachdrücklicher an den Tag legten. Eher konservative Mitglieder innerhalb der Kirchenleitungen wie der West-Berliner Generalsuperintendent Hans Martin Helbich, erlebten eine „bedrückende Isolierung". Mobbing, der Begriff für die Sache, war noch unbekannt. Helmut Thielicke, der weltberühmte Hamburger Theologe, musste erleben wie seine Gottesdienste gestört wurden. Er sah darin einerseits „längst überwunden gewähnte Terrormethoden", andererseits war er besorgt über deren „schwammige(n) Tolerierung durch das ‚Establishment'". Anstatt nämlich Unterstützung von der Hamburger Synode und dem Bischof zu erhalten, beschlossen diese, ihn nicht mehr predigen zu lassen und „Diskussionsgottesdienste" anzuberaumen. Thielicke behauptete sich, die Mehrheit nicht. Eine Landeskirche nach der anderen rückte dem linken Spektrum näher – ein Politisierungs-Prozess, der 30 Jahre andauern sollte. Natürlich waren derlei Aktionen wie die des Sozialistischen Deutschen Studentenbundes (SDS) in der Hamburger Michaelis-Kirche nicht den Sozialdemokraten anzulasten. Diese profitierten lediglich von der Verschiebung des politischen Spektrums. Ein „merkwürdiges Bekenntnisfieber" trieb Hunderte von Künstlern, Sportlern, Wissenschaftlern, Kirchenmännern und zahllose Bürger dieser „neuen Mitte" um Brandt zu. Diese garantierte den modisch-schicken „Aufbruch" ohne eine hässliche Revolution. Wer sich zu diesem politischen Ort bekannte, musste den ubiquitären Verdacht, ein ewig Gestriger zu sein, nicht länger fürchten.

Ohne sich direkt den aufrührerischen Jungen anzuschlie-
ßen, hatte er maßvolles Verständnis für ihre Anliegen doku-
mentiert. Überdies fand die Mehrzahl der „68er" in den frühen 70er Jahren eine Heimat bei der SPD, andere gingen in
der ökologischen Bewegung auf. Der SDS löste sich Ende
März 1970 auf. Nur eine kleine sektiererische Minderheit
setzte den Kampf im Untergrund fort. Freilich erfreute sich
die Rote Armee Fraktion (RAF) eines weiten Sympathie-
umfeldes im linksbürgerlichen Intellektuellen-Milieu. Bischof Kurt Scharf, der Kirchen für Demonstrationen öffnete,
die Diskutanten von der Kanzel aus reden ließ, Fritz Teufel
einen festen Wohnsitz zur Verfügung stellen wollte und das
Ganze als sozialdiakonisches Handeln im Raum des Politischen begriff, ging noch weiter: Er besuchte unter anderen
Ulrike Meinhof im Gefängnis Moabit und stimmte der
Übernahme eines Pfarramtskandidaten zu, der Meinhof
Fluchthilfe geleistet hatte – ohne die Kirchenleitung im Einzelnen zu informieren. Von den Gefangenen geschriebene
Zettel wurden aus der Haftanstalt nach draußen genommen, ein Pfarrer parkte das Auto eines Häftlings unver-
schlossen mit Schlüssel vor dem Gefängnis. Angesichts dieser gehäuften Merkwürdigkeiten entstand der Eindruck, als
handele es sich bei der Berliner Kirche um ein Sammel-
becken linksradikaler Gruppen. Scharf, um dessen Person
sich alsbald ebenfalls ein eigenartiger Mythos rankte, wurde
zur Leitfigur einer „neuen Kirche". Seine Anhänger bereite-
ten ihm einen Geburtstagsfackelzug, Gustav Heinemann
reiste eigens an, um an einer Solidaritätskundgebung für
Scharf teilzunehmen. Unterstützung fand der Berliner Bischof auch bei den Theologen Helmut Gollwitzer und Heinrich Vogel. Dieser meinte: „Wir stehen zwischen Restauration und Reform; doch Restauration ist gefährlicher. (...)
allein mit dem Alten könnte die Kirche selbst Gottes Nähe
verlieren, der sich gerade für die Armen und Gefährdeten engagiert hat – Jesus hat es demonstriert." Die Kirche der Aktion hatte, wie es später heißen sollte, die „Äquidistanz" zu

den politischen Optionen aufgegeben und sah im Sozialismus die evangeliumsgemäßere Alternative. Dies wiederum kam den Sozialisten zugute, denn sie erfuhren für ihr Handeln „höheren" Beistand und kirchlichen Applaus. Im Nachhinein schien diese Entwicklung Brandt ein gewisses Unbehagen zu bereiten: „(...) nun erschien die deutsche Sozialdemokratie – auf ihren oberen Etagen sogar überzogen – als die überwiegend evangelische Partei. Ich konnte dagegen nichts haben; meine hansestädtische Herkunft und meine Berührung mit dem skandinavischen Luthertum hatten mich protestantisch geprägt, aber gegen jeden missionarischen Eifer gewappnet. Für die ,Fortsetzung von Kirchentagen mit anderen Mitteln' hatte und habe ich nichts übrig."

Brandts Sturz konnte seinem Mythos auf Dauer nichts anhaben, wohl aber seiner Partei. Sie und der analytische Helmut Schmidt vermochten die junge marxistisch-protestantische Linke nicht an sich zu binden. Dem neuen Bundeskanzler waren „Visionen und Utopien (...) zuwider". Auch die Sakralisierung der Politik. 1981 attestierte er den Kirchen, „die Demokratie (...) noch nicht in ihr Herz aufgenommen zu haben." „Das Ausmaß kirchlicher Einwirkung auf politische, staatliche Entscheidungen ist heute ein Vielfaches im Vergleich zu der staatlichen Einwirkung auf kirchliche Entscheidungen. (...) Die Kirchen mischen sich zum Teil mit ihrer Amts- und Lehrautorität ein. Ich glaube, dass dies auf die Dauer nicht so sein darf."

Anbiederung an die Diktatur und Anti-Amerikanismus

In der sog. NATO-Nachrüstungsdebatte, über die Schmidt gestürzt war, riefen Teile der evangelischen Kirche den status confessionis aus. Sie machten die „Friedensfrage" zu einer „Bekenntnisfrage" und wollten die diplomatischen Regeln zwischen Staaten außer Kraft setzen. „Es ist zynisch zu sagen, immerhin hätte die Aufrüstung uns in Europa

seit dem Ende des Zweiten Weltkriegs den Frieden be-
wahrt." Demgegenüber forderten sie „im Vertrauen auf ihn
(Gott ...) auch einseitige Schritte(n) der Abrüstung (...)."
Den sog. „Krefelder Appell" vom 16. November 1980, ein
Hauptinstrument der kommunistischen „Friedenspolitik",
unterzeichneten auch prominente Protestanten wie der pen-
sionierte Hessen-Nassauische Kirchenpräsident Martin
Niemöller. Da sie im Handeln der Kabinette Helmut
Schmidt und Helmut Kohl keine Verheißung sehen konnten, fiel ihr Blick immer häufiger auf den „real existierenden" Sozialismus. Die zahlreichen Äußerungen der Anbiederung an die Diktatur, der man unbedingt ein höheres
Maß an sozialer Gerechtigkeit und größere Friedfertigkeit
zusprechen wollte, füllen viele Aktenordner. Bei einem
Treffen der Präsidien der evangelischen Kirchentage West
und Ost in Eisenach 1984 wurde unter anderem „die gemeinsame Verantwortung der evangelischen Kirchen in beiden deutschen Staaten für den Frieden" erörtert. Dabei soll
sich der designierte Bundespräsident Richard von Weizsäcker in der von Stasi-Mitarbeitern durchsetzten Runde
höchst kritisch zur Politik der USA geäußert haben. Über
den regierenden Bundeskanzler Helmut Kohl ist folgende
Notiz festgehalten: „Die weitere Gestaltung konstruktiver
Beziehungen zwischen der BRD und der DDR sei ein echtes
Problem. Der einzig fähige Kopf sei Jenninger, dieser aber
habe Angst vor Kohl. Jenningers gute Ideen erhielten von
Kohl keine Deckung. Kohl sei zwar schnell euphorisch,
aber effektiv am Rande der Unfähigkeit. Er werde wohl alle
4 Wochen mit Kohl ‚in Klausur' gehen müssen. Kohl sei
zwar gutmütig, aber er leiste nicht genügend Führungs-
arbeit, sondern ‚Tänzelei'. Richard von Weizsäcker sei stark
am Besuch Erich Honeckers in der BRD interessiert. Auch
in diesem Zusammenhang belächle er Kohl, der vom Treffen eines Pfälzers mit einem Saarländer spreche. Weizsäcker
mache sich Sorgen über die Aktivitäten der Gegner dieses
Besuches. Er rechne mit Attacken der Springer-Presse. Es

komme jetzt darauf an, Gegenaktionen zu konzipieren und die Mittel abzuwägen." Während desselben Treffens berichtete Konrad Raiser, Theologieprofessor in Bochum und seit 1992 Generalsekretär des Ökumenischen Rates der Kirchen in Genf (ÖRK), „positiv über ein vertrauliches Gespräch mit Genossen Gysi (dem DDR-Staatssekretär für Kirchenfragen). Er teile dessen Auffassung von der derzeitigen letzten Chance, die mit dem altersbedingten Abtreten der Generation entstehe, die den Faschismus und den antifaschistischen Widerstandskampf unmittelbar erlebt habe. Dabei bezog sich Raiser auch auf den Bundeskanzler Kohl und dessen ungeschickter bzw. „unglaublicher" Äußerung beim Besuch in Israel, wonach das neue Deutschland überhaupt keine Schuldverpflichtungen mehr habe gegenüber dem, was während des Faschismus geschehen sei." Aus anderen Quellen wissen wir, dass die Sowjets Raiser schon in den 80ern gerne als Generalsekretär des ÖRK gesehen hätten. Schließlich soll Kirchentagspräsident Wolfgang Huber, heute Bischof der evangelischen Kirche von Berlin-Brandenburg, „intern" zum Besten gegeben haben, „dass er ein linker SPD-Mann (wie Eppler) sei. Beim Empfang des Staatsekretärs Gysi äußerte er sich anerkennend über den von ihm in Erfurt erlebten Kirchentag. Er hob hervor, dass die Christen in der DDR breite Betätigungsmöglichkeiten hätten und dass er gern in die DDR käme."

Drei Jahre später zog Huber für den heutigen Bundespräsidenten Johannes Rau in den Wahlkampf. In einem Aufruf des inzwischen eingestellten EKD-offiziösen Deutschen Allgemeinen Sonntagsblattes führte er aus: „Johannes Rau ist als Herausforderer dieser ‚Wende' von persönlicher Glaubwürdigkeit. Der Zusammenhang von Macht und Moral ist ihm wichtig. Ich kenne den brüderlichen Grundzug des Christen Rau und bin überzeugt von den Führungsfähigkeiten des Politikers Rau. Johannes Rau steht in der Tradition der Barmer Bekenntnissynode von 1934 und des Lebenswerks von Gustav Heinemann. Dies sind für viele

evangelische Christen Marksteine eines gemeinsamen Weges, der heute weitergegangen werden muss. Mit Johannes
Rau würde etwas vom Geist der Bergpredigt in die Politik
unseres Landes einziehen." Über das Kabinett Kohl urteilte
Huber, „die gegenwärtige Regierung hat sich darangemacht,
die Zuordnung von Macht und Moral aufzuheben". Neben
anderem fällt der heuchlerisch-fromme Ton auf, mit dem
sich die politische Brutalität tarnte – frei nach dem Motto
dieses Wahlkampfes: „Versöhnen statt spalten."

Ende desselben Jahres 1987 wurde in einem gemischt besetzten, kirchlichen Ost-West-Gremium über das sog.
„SED/SPD-Papier beraten. Schmude führte in das Dokument ein, Manfred Stolpe, von 1992 bis 2001 Ministerpräsident von Brandenburg und danach erster Bundesminister
mit Stasi-Vergangenheit, vertrat die Meinung, „dass man
an dem Text eine ‚Ethik des Miteinanderlebens'" fest-
machen könne. Er empfahl eine Weiterbeschäftigung mit
dem Dokument auf der Ebene evangelischer Akademien.
Das Protokoll dieser kirchlichen Konferenz liest sich auf
weiten Strecken wie das einer SPD-Parteiversammlung.
Das Papier, in dem vom gemeinsamen humanistischen
Erbe die Rede ist, stieß freilich bei konservativen Protestanten wie SPD-Mitgliedern auf scharfe Kritik. Helmut
Schmidt schrieb 1990: „(...) keinesfalls hätten wir uns mit
Vertretern einer kommunistischen Partei an einen Tisch gesetzt, um gemeinsame Dokumente über unsere politischen
und ‚ideologischen' Übereinstimmungen und Konflikte auszuarbeiten. (...) Die Kommission der SPD, die 1987 meinte,
ein solches Wagnis eingehen zu sollen, lief Gefahr, ihre eigene Ethik zu kompromittieren, (...) zumal jenes gemeinsame ‚Ideologiepapier' das Prinzip der Freiheit weit hinter
den Punkten Frieden und Ökologie einordnete."

Der vormalige Bundespräsident Roman Herzog nahm
den Festakt zum 50-jährigen Bestehen des Evangelischen
Arbeitskreises der CDU/CSU am 16. März 2002 zum Anlass, an den „Abwehrkampf gegen einen zeitweise doch

sehr aufdringlichen und penetranten Linksdrall in der
Evangelischen Kirche" der 70er und 80er Jahre zu erinnern.
Führende deutsche evangelische Theologen seien in die
Sowjetunion gereist und hätten nach ihrer Rückkehr kein
einziges negatives Wort über die schreckliche Diktatur ge-
sagt. Zur Semantik einer Sakralisierung der Politik führte
der Altbundespräsident aus: „Begriffe wie Barmherzigkeit,
Verzeihung, Brüderlichkeit und Versöhnung haben in der
Theologie eine ganz andere Bedeutung, eine ganz andere
Dimension als im menschlichen Leben, ja im politischen
Leben. (...) Sie erfahren bei der Übertragung aus der theologischen in die politische Szene Inhaltsveränderungen.
Denken Sie insbesondere an den Begriff der Versöhnung,
was hat das für eine geistige Verwirrung gegeben." Ob der
Altbundespräsident auch mit seiner Meinung im Recht
ist, dass sich die Atmosphäre zum Sachlichen hin verbessert habe, darf man freilich bezweifeln. Wenn man beispielsweise den Antiamerikanismus betrachtet, der sich
im Umfeld politisch-protestantischer Prediger beinahe
bruchlos von Lyndon B. Johnson bis George W. Bush durch-
gehalten hat und der geeignet erscheint, das deutsch-ame-
rikanische Verhältnis nachhaltig zu beeinträchtigen, dann
treten mentale Reserven vor Augen, die den Eindruck Lü-
gen strafen, das ideologisch-religiös aufgeladene Politisie-
ren gehöre der Vergangenheit an. So protestierte der Cott-
buser Generalsuperintendent Rolf Wischnath, schon
während „Friedensbewegung" Anfang der 80er Jahre mit
an vorderster Front dabei, Ende Mai 2002, anlässlich des
Besuchs des US-amerikanischen Präsidenten in Berlin,
„als Christ" gegen dessen „Kriegsrhetorik" im Zusammenhang mit dem Kampf gegen den Terrorismus. Schröders
ehemaliger Kulturstaatsminister, Michael Naumann,
wollte Anfang 2003 das politische Belastungspotenzial
„68" definitiv entsorgen, indem er behauptete, es handele
sich um eine Schimäre, „eine rhetorische Kunstfigur des
konservativen publizistischen Alltags".

Quellen- und Literaturhinweise

Ph. Gassert/P. A. Richter, 1968 in West Germany. A Guide to Sources and Literature of the Extra-Parliamentarian Opposition (1998) – H. Albertz, Nachträge (1983) – E. Bahr, Zu meiner Zeit (1996) – Das Bekenntnis zu Jesus Christus und die Friedensverantwortung der Kirche. Eine Erklärung des Moderamens des Reformierten Bundes (1982) – G. Besier, Der SED-Staat und die Kirche, 3 Bde. (1993/95) – W. Brandt, Erinnerungen (³1992) – J. Busche, Die 68er. Biographie einer Generation (2003) – A. Davis, Mein Herz wollte Freiheit – Eine Autobiographie (1975) – H. Diem, Ja oder Nein. 50 Jahre Theologie in Kirche und Staat (1974) – D. Diner, Feindbild Amerika. Über die Beständigkeit eines Ressentiments (2002) – W. J. Duiker, Ho Chi Minh (2000) – G. Dutschke, Wir hatten ein barbarisches, schönes Leben. Rudi Dutschke. Eine Biographie (1996) – R. Faber/E. Stölting (Hgg.): Die Phantasie an die Macht? 1968 – Versuch einer Bilanz (2002) – G. Fels, Der Aufruhr der 68er. Zu den geistigen Grundlagen der Studentenbewegung und der RAF (1998) – F. Fischer, „Im deutschen Interesse". Die Ostpolitik der SPD von 1969 bis 1989 (2001) – E. Hahn, SED und SPD. Ein Dialog (2002) – J. Jeziorowski, Studenten im Aufbruch. Motive, Methoden, Modelle (1968) – U. Kätzel, Die 68innen (2002) – H. Knabe, Die unterwanderte Republik. Stasi im Westen (1999) – D. Koch (Hg.), Gustav W. Heinemann, Glaubensfreiheit – Bürgerfreiheit. Reden und Aufsätze. Kirche-Staat-Gesellschaft 1945–1975 (1990) – G. Koenen, Das rote Jahrzehnt. Unsere kleine deutsche Kulturrevolution 1967–1977 (²2001) – W. Kraushaar, 1968 als Mythos, Chiffre und Zäsur (2000) – G. Langguth, Mythos '68. Die Gewaltphilosophie von Rudi Dutschke. Ursachen und Folgen der Studentenbewegung (2001) – P. Lösche/F. Walter, Die SPD. Klassenpartei – Volkspartei – Quotenpartei. Zur Entwicklung der Sozialdemokratie von Weimar bis zur deutschen Vereinigung (1992) – H. Lübbe, 1968. Zur Wirkungsgeschichte eines politromantischen Rückfalls, in: Ders., Politik nach der Aufklärung. Philosophische Aufsätze (2001), 129–149. – F. W. Marquardt, Studenten im Protest (1968) – J. Motschmann/H. Matthies (Hgg.), Rotbuch Kirche (²1976) – M. Naumann, Die Leichenschänder. Die 68er sind längst verschwunden. Es waren nur wenige. Doch in der konservativen Presse werden sie täglich wiederbelebt. Irgendeiner muss ja schuld sein an Deutschlands Misere, in: Die ZEIT Nr. 3 vom 9.1. 2003 – O. Negt, Achtundsechzig. Politische Intellektuelle und die Macht (2001) – L. E. von Padberg, 1968–1998: Bilanz nach 30 Jahren Emanzipation (http://www.bibelbund.christen.net/htm/99–1–052.htm) – A. Proll (Hg.), Hans und Grete – Die RAF 67–77 (1998) – R. Reißer, Dialog durch die Mauer. Die umstrittene Annäherung von SPD und SED (2002) – K.R. Röhl, Linke Lebenslügen. Eine überfällige Abrechnung (1994) – A. Renger, Ein politisches Leben. Erinnerungen (1993) – K. Ross, May '68 and its Afterlives (2002) – K. Scharf, Politiker und Christ, in: G. Jahn u. a. (Hgg.), Herbert Wehner. Beiträge zu einer Biographie (1976) 241–249 – A. Schildt u. a. (Hgg.), Dynamische Zeiten. Die 60er Jahre in den beiden deutschen Gesellschaften (2000) – H. Schmidt, Die Deutschen und ihre Nachbarn (1990) – Ders., Weggefährten. Erinnerungen und Reflexionen (1996) – J. Schuster, Heinrich Albertz – Der Mann, der mehrere Leben lebte. Eine Biographie (1997) – C. Stephan, Der Betroffenheitskult. Eine politische Sittengeschichte (1993) – H. Thielicke, Zu Gast auf einem schönen Stern. Erinnerungen (1984) – Ders., Kulturkritik der studentischen Rebellion (1969) – F. Walter, Die SPD. Vom Proletariat zur Neuen Mitte (2002) – U. Wesel, Die verspielte Revolution. 1968 und die Folgen (2002) – W.-D. Zimmermann, Kurt Scharf. Ein Leben zwischen Vision und Wirklichkeit (1992) – R. Zitelmann, Wohin treibt unsere Republik? (1994) – Themenheft: „1968 und die Mythen der Linken". Die Politische Meinung 378/2001.

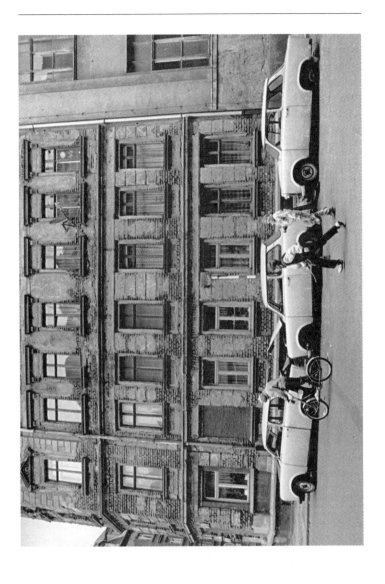

Impressionen aus der DDR

Es bleibt die ungelöste Aufgabe deutscher Politik, die überkommenen Ideen der Freiheit, Gleichheit und Solidarität konkret zu vermitteln. Während in der DDR um den Preis einer beträchtlichen Einschränkung der individuellen Freiheit ein relativ hohes Maß an sozialer Gleichheit erreicht worden ist, hat sich in der BRD das Prinzip der Freiheit in der gesellschaftlichen Realität zwar weithin etablieren können, doch besteht zugleich ein unübersehbares Defizit an gesellschaftlicher Gleichheit und Solidarität. So sollten sich beide deutsche Staaten in einem positiven Verständnis wechselseitig als Herausforderung begreifen. Wenn dabei Abgrenzung nicht als apriorisches Rechtfertigungsprinzip angesehen wird, sondern die Basis einer gesellschaftspolitischen Alternative bereitstellt, die sich gleichermaßen der kritischen Diskussion wie dem Test der politischen Praxis aussetzt, könnte sie zum Ausgangspunkt einer konstruktiven Verständigung zwischen beiden deutschen Staaten werden – nicht im Sinne einer vordergründigen Konvergenz, sondern im Rahmen produktiver Konkurrenz und nutzbringender Kooperation.

Rüdiger Thomas, Modell DDR (^{2}1977)

Wir müssen möglicherweise sogar darauf verzichten, den Begriff der Nation weiter zu verwenden, weil wir uns damit bereits in die Gefahr begeben, wieder Schattenboxen zu betreiben (...) Wir müssen unseren Dünkel gegenüber den DDR-Bemühungen ablegen, ihre – für uns nicht akzeptable – Definition von einer DDR-Nation zu entwickeln (...) Er verstellt uns den Blick darauf, daß auch unser Nation-Begriff historisch und bürgerlich-klassenmäßig entstanden ist. Wir sollten es uns – und der DDR – schwerer machen, indem wir nötigenfalls diese Fragen auf sich beruhen lassen und von den Fakten ausgehen.

Günter Gaus (1981)

DDR 1986. Es herrscht Bewegung statt Stagnation, die Zaghaftigkeit hat einer selbstbewussten Gelassenheit Platz gemacht, das Grau weicht überall freundlichen Farben, die niederdrückende Trübsal ist verflogen (...) vor allem wirkt das Land bunter, seine Menschen sind fröhlicher geworden (...) Und es ist ja drüben in der Tat ein soziales System entstanden, das unseres in mancher Hinsicht in den Schatten stellt (...) Leben unter Honecker: Die Bürger des anderen deutschen Staates bringen ihm fast so etwas wie stille Verehrung entgegen.

ZEIT-Chefredakteur Theo Sommer über die DDR (1986)

Ein Schreckensstaat, ein Wahngebilde zugleich
ZEIT-Redakteur Robert Leicht über die DDR (1990)

Nach dem Untergang der sich stets so zukunftsgewiss gebenden DDR-„Zielkultur" liegen jetzt die Verhältnisse offen, an denen der größere Teil der etablierten bundesdeutschen DDR-Forschung so zielgerichtet vorbeigeforscht hat. Nicht nur ihre Prognosekraft steht in einem schlechten Licht, auch die beanspruchte Vorurteilsfreiheit und der kritische Rationalismus erweisen sich angesichts der nun offenbarten Realität als leere methodische Hülsen.

Klaus Schroeder/Jochen Staadt,
Forschungsverbund SED-Staat an der FU Berlin (1992)

Wolfgang Schuller

Westdeutsche DDR-Bilder

„Die Zone"

Zuerst und auf lange Zeit nach ihrer Gründung gab es überhaupt keine DDR. Es gab die Ostzone, eine Idee vornehmer ausgedrückt die Sowjetzone, abgekürzt und wieder sehr viel unfreundlicher Zone. Niemand im Westen, außer dem kleinen Häufchen der westdeutschen Kommunisten, dachte auch nur entfernt daran, dem Staat, der sie zu sein beanspruchte, und seinen Herrschenden auch nur den Hauch einer Legitimität zuzubilligen. Zu deutlich war die Künstlichkeit dieses Pseudo-Staates, zu offensichtlich war die Tatsache, dass er sowohl seine Existenz als auch seinen inneren Aufbau der Sowjetunion zu verdanken hatte, zu abschreckend war das terroristische Regime einer sektenartigen Minderheit ihren Untertanen gegenüber. Das zeigte sich im äußeren Erscheinungsbild, das in vielem eine – ungeschickte – Kopie der sowjetischen Verhältnisse war, das zeigte sich im deutlichen Zurückbleiben der wirtschaftlichen Entwicklung hinter der aufblühenden Bundesrepublik, das zeigte sich in unzähligen Nachrichten, die, meist über Flüchtlinge, aber auch durch die offiziellen Verlautbarungen mit ihrer hölzernen und unaufrichtigen Sprache über die Zonen- und Sektorengrenze kamen.

Immer wieder neu bekräftigt wurde diese Haltung durch einzelne spektakuläre Ereignisse wie etwa die Entführung des in den Westen geflüchteten und für den Untersuchungsausschuß Freiheitlicher Juristen arbeitenden Dr. Walter Linse 1952, von dem man nie wieder etwas hörte. Erst nach den Revolutionen in der DDR und UdSSR 1989 und 1990 – gewiß Konterrevolutionen im Sinne der Kommunisten, aber geglückte – hat sich sein Schicksal geklärt, so schrecklich, wie es sich der enragierteste Antikommunist nicht hätte ausdenken können: Völlige Abgeschlossenheit von der Außenwelt, jahrelange Quälerei in MfS- und KGB-Gewahrsam, schließlich in Moskau erschossen, ohne Grabstätte. Den Höhepunkt der Ablehnung im Westen stellte zunächst der Aufstand des 17. Juni 1953 und seine Unterdrückung durch die Rote Armee dar. Hier wurde beides ad oculos demonstriert: Die Ablehnung der nie in freien Wahlen gewählten regierenden Gruppe – Partei und nominelle Regierung – durch die Bevölkerung und deren völlige Abhängigkeit von der Sowjetunion. Die Bundesrepublik erklärte diesen Tag unter allgemeiner Zustimmung zum Nationalfeiertag. Das war deshalb riskant, weil der Aufstand ja fehlgeschlagen war und das feierliche Begehen dieses Tages ja nur dann Sinn hatte, wenn man die Verwirklichung dessen, was 1953 gescheitert war, durch operative Politik angezielt hätte. Das war so nicht der Fall, sondern die westdeutsche Politik schlug – weiterhin – allenfalls den Umweg über eine immer stärkere Westintegration der Bundesrepublik ein, und das mußte Folgen auch für das DDR-Bild im Westen haben.

Zunächst freilich gab es nicht den geringsten Anlaß, das Bild von der Sowjetzone zu revidieren. Der Terror nach innen nahm teilweise sogar noch zu, wie gegen Ende dieser Periode die Zwangskollektivierung der Landwirtschaft 1960, die viele Bauern im schlimmsten Fall in den Selbstmord, nicht selten auch zur Flucht in den Westen trieb. Der Flüchtlingsstrom nahm immer mehr zu, so dass die Zone schon allein deshalb kurz vor dem Kollaps stand, und beides, die mit den Händen zu greifende Kombination von Terror und Unfähigkeit sowie das scheinbar baldige Ende des künstlichen Staates gaben keinerlei Veranlassung, das ausschließlich negative DDR-Bild im Westen zu revidieren. Man hätte sich ja sonst auf die Seite derer gestellt, die einen Volksteil so manifest unterdrückten, wie es sozusagen im antikommunistischen Bilderbuch stand.

Dann kam der 13. August 1961 mit der militärischen Abriegelung der eigenen Bevölkerung durch die Mauer und ein immer undurchlässiger werdendes Grenzregime. Dadurch aber veränderte sich zweierlei hinsichtlich des Bildes, das man sich im Westen von der DDR machen konnte und machte: Erstens gab es jetzt keinen Flüchtlingsstrom und damit keinen Nachrichtenstrom aus der DDR mehr in den Westen, und zweitens hatte sich gezeigt, wo die Macht lag. Das diktatorische und unfähige SED-Regime hatte nämlich eines gekonnt: Die eigene Bevölkerung einmauern, ohne dass etwas dagegen unternommen wurde. Beides wirkte sich auf die Vorstellung aus, die man sich im Westen von der DDR machte. Bevor das skizziert wird, muß aber noch einmal ein Blick zurück geworfen werden.

Die Ablehnung der Ostzone oder DDR war nämlich nicht so eindeutig geblieben, wie sie zu Anfang und dann nach dem 17. Juni 1953 gewesen war. Im allgemeinen blieb die Bevölkerung im Westen zwar dabei, es machten sich aber Strömungen bemerkbar, die Zukünftiges ahnen ließen. Zwei Beispiele. Angefeuert durch das, was am 17. Juni offenbar geworden war sowie in der eher unausgesprochenen Erwartung, dass der Tag der Wiedervereinigung nahe sei, bildete sich eine überparteiliche Bewegung, die sich mit nicht geringer Presseunterstützung „Volksbewegung ‚Unteilbares Deutschland'" nannte; ihr Symbol war eine kleine Anstecknadel in Form des Brandenburger Tores, und der Slogan, unter dem sie auftrat, hieß „Macht das Tor auf!" Nach einiger Zeit jedoch zeigte es sich, dass diese Bewegung doch eher eine von – höchst achtbaren – Publizisten und Politikern angestrebte und eben keine von unten heraufbrandende Bewegung wie etwa die Einheitsbewegung des 19. Jahrhunderts war. Schließlich blieb von der Volksbewegung nur ihr Kuratorium übrig, das die ausgebliebene Bewegung hätte kanalisieren sollen – das im übrigen als erstes gegründet worden war –, und das dann als „Kuratorium Unteilbares Deutschland" noch lange und die eigene Hilflosigkeit dokumentierend bestehenblieb.

Ausdifferenzierung der DDR-Bilder

Das andere Anzeichen dafür, dass sich die Dinge änderten, war, dass unter vielen westdeutschen Intellektuellen, Schriftstellern und Journalisten eine Art Unrast entstand. Man war mit den bestehenden Verhältnissen in Westdeutschland zunehmend unzufrieden, allerdings ohne genau zu wissen, was man eigentlich wollte, und erst recht ohne sich nun etwa denen in der DDR anzunähern. Ein symptomatisches Schlagwort war das vom „Unbehagen", das man in und an der Bundesrepublik empfand, jedoch war eine objektive Wirkung hinsichtlich der Einschätzung der DDR dabei weniger das Inhaltliche, sondern die Tatsache, dass man anfing, die DDR aus dem Auge zu verlieren. Zudem bewirkte die Ablehnung der DDR durch diejenigen Kreise in Westdeutschland, die man selber heftig ablehnte, dass man eigentlich ungern in deren Horn stoßen mochte und dass infolgedessen eine jedenfalls öffentliche Gegnerschaft zur DDR immer weniger sichtbar wurde.

Der Mauerbau nach dem 13. August 1961 hatte nun zunächst eine allseitige Welle der Empörung zur Folge, obwohl es auch damals schon Stimmen gab, die in einem seltsamen Kausalitätsbegriff meinten, der Westen habe die Mauer ja auch dadurch mitgebaut, dass er eine zu rigorose DDR-feindliche Politik betrieben habe. Im übrigen hielt die Empörung nicht lange vor, weil sie nicht von konkreter Politik begleitet war. Die westdeutschen DDR-Bilder begannen nun, sich unterschiedlich auszudifferenzieren. Zum einen blieb, der Sache nach, weiterhin zutreffend, dasjenige Bild bestehen, das in der DDR eine Parteidiktatur sah, die ihre Herrschaft, bei aller Modifikation und bei aller

Gewöhnung der Bevölkerung, letztendlich nur durch Gewalt aufrechterhielt. Das deutlichste Zeichen dafür war die Mauer und der immer dichtere Ausbau der Grenzanlagen – nicht Grenz*sicherungs*anlagen, denn die Grenze selber wurde nie in Frage gestellt. Die SED hätte diese tückischen und tödlichen Einrichtungen lieber heute als morgen abgebaut, denn sie zeigten für die, die sehen wollten, mehr als alles andere den Charakter des Regimes; dass sie bestehen blieb, zeigte zur Evidenz, dass der SED-Staat sich auf sie angewiesen glaubte.

Gleichgültigkeit und Desinteresse

Trotz der teilweise schrecklichen Nachrichten, die den Westen hinsichtlich gescheiterter oder nur mit schweren Körperverletzungen gelungenen Fluchtversuchen erreichten – oder solcher, die von besonders raffinierten Tricks bei gelungener Flucht zu berichten wußten –, wurden die Nachrichten über das Innenleben in der DDR immer spärlicher. Was nach außen drang, sprach eher von einer Art Normalisierung: Auch dort wurden Wohnblocks errichtet, auch dort hatte das Fernsehen seinen Siegeszug angetreten, auch dort nahm die Motorisierung zu, auch dort griff die Urlaubskultur immer weiter um sich. Dass der Urlaub nur im Ostblock und dazu noch in schlechteren Quartieren verbracht werden konnte oder dass die Autos es in keiner Weise mit den westlichen aufnehmen konnten, rief allenfalls Mitleid, wenn nicht gar das Gefühl der Überlegenheit bis hin zum Hochmut hervor – wenn ein in der Wolle gefärbter Westdeutscher überhaupt je in die Lage kam oder überhaupt nur willens war, einen Wartburg oder Trabi zu Gesicht zu bekommen oder am Schwarzen Meer Urlaub zu machen. Gleichgültigkeit und Desinteresse machten sich immer mehr breit, und auch nach der Revolution von 1989 hörte man noch lange die mit schamlos-dümmlichem

Stolz vorgebrachten Selbstbekenntnisse, man kenne sich besser in Italien aus als in Sachsen oder gar Mecklenburg.

Das – noch einmal: nicht unbedingt vorherrschende – Desinteresse zeigte sich am besten am Schicksal, das der Feiertag des 17. Juni erleben mußte. Er wurde immer mehr zu einem einfachen freien Tag, der als Urlaubstag verbracht wurde, und seine Abschaffung hatte er nur der Tatsache zu verdanken, dass die Gewerkschaften ihn als Besitzstand ansahen, der nicht angetastet werden dürfe. Eine eigene Untersuchung wert wäre die systematische Analyse der Reden, die in immer zwanghafterer Weise im Bundestag anläßlich dieses immer mehr als obsolet empfundenen Feiertages gehalten wurden und zunehmend von Peinlichkeit strotzten. Daher war die 17.-Juni-Rede 1987 von Fritz Stern (Bulletin des Presse- und Informationsamtes der Bundesregierung Nr. 62 vom 23. Juni 1987, 541–548), die den Deutschen die Wiedervereinigung ausreden wollte oder jedenfalls nur höchst mittelbar zur Sprache brachte, nur folgerichtig; nur sollte dieser Historiker nicht nach wie vor als bedeutender Denker gefeiert werden, denn die Entwicklung lief ja nun, ohne sein Zutun und ohne dass er das auch nur im geringsten geahnt hätte, ganz anders. Umgekehrt war ausgerechnet die Rede Erhard Epplers, desjenigen SPD-Politikers, der im SED-SPD-Papier die SED als gleichberechtigten Partner anerkannt hatte, mit ihrer klarsichtigen Analyse insbesondere gegen Ende der Rede ein doch wohl unbeabsichtigter Vorbote kommender Ereignisse (Bulletin des Presse- und Informationsamtes der Bundesregierung Nr. 64 vom 20. Juni 1989, 566–571).

Selbsttäuschung und Verzerrung

Das eben gefallene Stichwort Wiedervereinigung weist darauf hin, wie eng das Bild, das man sich von der DDR machte, mit der Deutschlandpolitik verknüpft war. Aus der Wertung des SED-Staates als reiner Satellit Moskaus, dessen Regime durch nichts legitimiert war, folgte fast zwangsläufig die rigorose Ablehnung, erst recht dann, wenn man glaubte, ihm werde kein langes Leben beschieden sein. Je länger er trotzdem existierte und sich scheinbar sogar festigte, umso ernsthafter mußte man überlegen, ob man nicht zu einem Modus vivendi gelangen könnte. Das setzte schon unter der Regierung Erhard ein, verstärkte sich während der großen Koalition 1966–1969 und wurde unmittelbare Politik der sozialliberalen Regierungen Brandt/Scheel und Schmidt/Genscher. Gewiß war ursprünglich die Intention die gewesen, durch kalkuliertes Entgegenkommen den Forderungen der DDR-Führung gegenüber die Verbindungen zwischen den beiden getrennten Volksteilen jedenfalls zu erhalten, auch die Existenz West-Berlins lebensfähig zu halten, ja, die Formel Egon Bahrs, des Verhandlungsführers mit der DDR, „Wandel durch Annäherung" zielte wohl sogar auf eine Veränderung der Situation, so ambivalent sie auch war.

Allerdings entwickelte diese Politik auch eine Eigendynamik in Richtung auf die allmähliche Veränderung des Bildes, das man, das heißt Parteien und Öffentlichkeit, sich von der DDR machte. Die anfänglich wohl rein taktisch gemeinte Akzeptanz der Realitäten in Richtung auf ihre Veränderung verwandelte sich in ernst gemeinte Hinnahme, wobei immer weniger an ihre Beseitigung gedacht wurde. Das ging einher nicht etwa mit der Billigung der SED-Diktatur und ihrer konkreten Erscheinungsformen, wohl aber mit der Tendenz, diese Seiten des kommunistischen Regimes immer weniger zur Kenntnis zu nehmen, vielleicht weil ihre vorurteilslose Wahrnehmung und Benennung denn doch die praktische Anerkennungspolitik gestört hätte, auch bei den Akteuren selber. Selbsttäuschung dürfte eine nicht geringe Rolle gespielt haben. Wie weit sie gehen konnte, zeigt das Buch „Wo Deutschland liegt" des seinerzeitigen Ständigen Vertreters der Bundesrepublik bei der DDR, Günter Gaus, in welchem er trotz eigener Anschauung ein grotesk verzerrtes Bild der Verhältnisse in der DDR zeichnete (Verf., Elbgrenze, nicht Mainlinie, Der Staat 24, 1985, 75–90, hier 79–81). Selbsttäuschung ging aber möglicherweise auch mit Täuschung anderer einher; so sollte unter diesem Gesichtspunkt die Politik der sozialliberalen Regierung hinsichtlich der Förderung der DDR-Forschung einmal untersucht werden. Daher nur ein persönliches Beispiel: Nach der Eingliederung des „Untersuchungsausschusses freiheitlicher Juristen" in das Bundesministerium für innerdeutsche Beziehungen klagte der dorthin übernommene Strafrechtler Horst Hildebrand mir gegenüber, jetzt hätte sich zwar die berufliche Sicherung – und die Höhe des Gehalts – erheblich verbessert, freilich unterstünden sie nun auch Weisungen, und eine Weisung habe darin bestanden, bei Anfragen von Zeitungen und elektronischen Medien hinsichtlich der Glaubwürdigkeit von Meldungen über negative Erscheinungen in der DDR keine Auskunft mehr zu erteilen. Die Wirkung war die, dass solche Nachrichten weniger publiziert wurden.

Bis zu einem gewissen Grade ist diese Politik dann unter der Regierung Kohl weitergeführt worden. Das zeigte sich etwa darin, dass sie von der SPD deshalb bis zur Peinlichkeit gelobt wurde, das zeigte sich in der von dem CSU-Vorsitzenden Strauß eingefädelten Bürgschaft für einen Milliardenkredit an die DDR – der die Lebensdauer der DDR womöglich verlängert hat –, das zeigte sich aber vor allen Dingen sehr konkret darin, dass nach dem Zusammenbruch der DDR der konkrete Vollzug der Wiedervereinigung improvisiert werden mußte und dass deshalb bekanntermaßen nicht wenige Fehler unterliefen. Niemand hatte sich nämlich bisher Gedanken darüber gemacht, weil inzwischen niemand mehr mit der Wiedervereinigung gerechnet hatte, denn jeder hatte die Teilung für dauerhaft gehalten.

Ein Zeichen dafür war die Gründung einer Bundeskunsthalle in Bonn, denn die – jetzt auf Dauer gedachte – Hauptstadt mußte ja ein Kunstmuseum haben, ein weiteres Zeichen war die Gründung des Museums für die Geschichte der Bundesrepublik ebendort, das unter der Präsidentschaft Hermann Schäfers zum besten Geschichtsmuseum geworden, das ich kenne und das ebenfalls durch ihn mit dem „Zeitgeschichtlichen Forum" in Leipzig unter Rainer Eckert eine vorzügliche Erweiterung auf die DDR-Geschichte erfahren hat. West-Berlin sollte hingegen ein historisches Museum für die Zeit bis 1945 bekommen, also für die immer irrelevanter werdende Vergangenheit. Wie weit diese Politik der Hinnahme und Befestigung der Teilung ging und mit dem allgemeinen Desinteresse an der DDR zusammenfiel, ist daran zu sehen, dass die letzte Bundestagswahl vor der Wiedervereinigung von der die Regierung tragenden CDU unter dem Slogan „Weiter so, Deutschland" geführt wurde und, vor allem, dass niemand sich darüber aufregte, dass damit nur Westdeutschland gemeint war. „Deutschland" war auch für die CDU und für die veröffentlichte Meinung auf Westdeutschland geschrumpft. Freilich gab es auch gegenläufige Zeichen und gegenläufiges Handeln, auf die weiter unten zurückgekommen werden wird.

Wandel in der DDR-Forschung ...

Zunächst einige weitere Symptome für den Wandel in der Einschätzung der DDR seit den späten sechziger Jahren. Mit der Deutschlandpolitik und dem DDR-Bild der sozialliberalen Koalition konvergierte ein Wandel in der DDR-Forschung. Während vorher vorwiegend die repressiven Seiten des Regimes thematisiert wurden, setzte sich nun, symbolisiert in der Gestalt von Peter Christian Ludz, ein anderer Ansatz durch. Er meinte, man solle den SED-Staat nicht an den Kriterien der freiheitlichen westlichen Demokratie messen, denn das seien fremde, dem Gegenstand nicht angemessene Kategorien. Methodisch richtiger sei es, die DDR nach ihren eigenen Kategorien zu betrachten. Für das Verständnis vieler Erscheinungen war das ein fruchtbarer Ansatz, weil sonst vieles einfach unerklärbar geblieben wäre, jedoch lief diese Methode Gefahr, als Selbstverständnis dasjenige zu verstehen, was die DDR aus propagandistischen Gründen als ihr Selbstverständnis lediglich ausgab, so dass etwa die Repression, die dem Regime nun gewiß bewußt gewesen war, die es aber doch lieber nicht so deutlich in den Vordergrund gestellt wissen wollte, Gefahr lief, auch von der westdeutschen Forschung aus dem Blick verloren zu werden. Weiter war es natürlich schwierig, wenn man den Marxismus-Leninismus nicht übernehmen wollte, der ja nun einmal das Selbstverständnis der DDR bestimmte, einen eigenen Weg zu finden. Schließlich mußte bei allem immanenten Verstehen doch auch bewertet werden, und wie sollte das geschehen, wenn nicht nach den Kriterien einer freiheitlichen Gesellschaft?

... und Geschichtsblindheit

So führte dieser Methodenwandel dazu – oder er selbst war die Folge einer solchen Sichtweise –, dass die DDR zunehmend wertfrei nur als etwas „anderes" begriffen wurde, zu dem man sozusagen inhaltlich keine Stellung mehr bezog. Ein äußeres Zeichen davon war weniger die, immerhin noch leicht eingeschränkte, offizielle Anerkennung der DDR, sondern die zunehmend um sich greifende Redeweise von den „beiden deutschen Staaten". Damit wurde nicht nur implizit ausgedrückt, dass es sich eben bloß um zwei Staaten wie jede beliebigen anderen auch handele, es klang damit auch an, dass das in der deutschen Geschichte ja nichts Besonderes sei. In der Tat wurde diese Ansicht von nicht wenigen Neuhistorikern in dem Sinne vertreten, dass die deutsche Teilung eigentlich etwas sei, was ohnehin in der deutschen Geschichte die Normalität gewesen sei. Die staatliche Einheit Deutschlands – in diesem Zusammenhang gerne als „bismarckisch" bezeichnet und mit Adolf Hitler in Verbindung gebracht – sei ja eigentlich die Ausnahme in der deutschen Geschichte gewesen, eine gefährliche außerdem. In merkwürdiger Geschichtsblindheit wurde übersehen, dass diese Teilung etwas ganz anderes war als die der deutschen Kleinstaaterei: Von außen aufgezwungen, durch mörderische Grenzanlagen gewaltsam aufrechterhalten und sogar die sonst bei aller Kleinstaaterei immer einheitlich gewesene deutsche Kultur künstlich und gewaltsam auseinanderreißend. Die Rechtfertigung der deutschen Spaltung durch westdeutsche Historiker, die jeglicher Kommunismus-Sympathie unverdächtig waren, wäre ein schon fast überfälliges Forschungsthema.

Zu erklären ist diese Geschichtsblindheit meist nicht durch irgendwelche Sympathien für den Kommunismus, sondern eher, möglichst neutral ausgedrückt, durch das Bestreben, in dem als unabänderlich angesehenen gegenwärtigen Zustand eine Art historische Richtigkeit zu entdecken. Nicht neutral gesagt heißt das: Man knickte wieder einmal und bei der nächsten sich bietenden Gelegenheit vor der Macht ein, oder, mit Ernst Bloch zu sprechen, man stellte sich auf den Boden der Tatsachen, gleich, wie er aussah. Fast schon amüsant war es, nach der Revolution in der DDR einen Ausläufer dieser unrichtigen Meinung von der inneren historischen Logik der deutschen Teilung darin geäußert zu hören, dass ostentativ nicht von „Wiedervereinigung" sondern nur von „Vereinigung" gesprochen wurde. Damit sollte ausgedrückt werden, dass die Wiedervereinigung etwas ganz Neues sei und nicht an eine sozusagen natürliche und nur vorübergehend verloren gegangene Einheit Deutschlands anknüpfe. Ebenfalls noch lange nach der Wiedervereinigung konnte man die besonders abstruse und gleichfalls nicht kommunistisch zu verstehende Meinung hören, die Teilung sei die Strafe für Hit-

lers Verbrechen gewesen: Dann wäre also die DDR als
Strafe aufzufassen gewesen – was gewiß die Kommunisten
nicht so hatten sehen können –, die dann allerdings bloß
die Menschen zwischen Elbe und Oder und nicht die in
Saus und Braus lebenden Westdeutschen getroffen hätte,
von den anderen osteuropäischen Völkern unter kommunistischer Herrschaft zu schweigen, die dann auch für
Hitler hätten büßen müssen.

Kommunismussympathien 68

Kommunismus-Sympathien spielten allerdings bei einer
anderen wichtigen Bewegung eine Rolle, die großen Einfluß auf das westdeutsche politische Klima und auf die Einschätzung der DDR hatte, nämlich bei der Studentenbewegung der Jahre 1967 und folgende. Sie fand schon bald nach
Beginn, nämlich schon 1967, entgegen der jetzigen herrschenden Ansicht weitaus weniger im Zeichen des Antiautoritären, sondern des Marxismus statt; das ergibt eine
von mir unternommene Analyse der von mir seinerzeit in
großem Umfang gesammelten Flugblätter an der FU Berlin,
bei der sich, zu meiner eigenen Überraschung, unter anderem herausstellte, dass schon damals die Studenten mit
„Genossen" angeredet wurden (Verf., Sprache und Inhalt
studentischer Flugblätter 1967–1969, Freiheit der Wissenschaft 1997, Nr. 4). Im übrigen muß die marxistische oder
marxisierende Komponente dieser Bewegung nicht weiter
ausgeführt werden. Für das DDR-Bild, das dort bestand,
hatte das nicht unerhebliche Konsequenzen. Im allgemeinen ist es wohl immer noch richtig, dass die Bewegung
trotz geheimer Unterstützung durch die DDR-Staatssicherheit weder von der DDR inspiriert oder ernsthaft gesteuert
wurde. Ihr Vorbild hatte und sah sie selber ja in dem, was
vorher in der amerikanischen Bürgerrechtsbewegung und
an amerikanischen Universitäten geschehen war mit der

Bewegung „Students for a Democratic Society", abgekürzt SDS wie der „Sozialistische Deutsche Studentenbund", und mit den äußeren Erscheinungsformen, die, etwa in der Gestalt der „Sit-ins", in Westdeutschland nachgemacht und ihre amerikanischen Bezeichnungen behalten hatten.

Richtig ist auch, dass das, was in großenteils unausgegorener Weise von ihr gewollt worden war, nicht etwa darin bestand, die Verhältnisse in der DDR auch im Westen herbeizuführen. Diese allgemeine Aussage muß allerdings stark relativiert und aufgefächert werden. Der Hauptgegner der Bewegung war die westliche demokratische Gesellschaft, die marxisierend analysiert wurde, und schon deshalb waren die kommunistischen Staaten, die im großen und ganzen dasselbe wollten und taten, die natürlichen Bundesgenossen; das erste äußere Anzeichen dafür war schon 1967 die Tatsache, dass die West-Berliner Studenten, die den Leichnam Benno Ohnesorgs in einem spektakulären Trauerzug über die Interzonenautobahn nach Hannover überführten, sich nicht scheuten, diesen Konvoi von dramatisch aufgezogenen FDJ-Einheiten begleiten zu lassen. Selbst wenn schließlich durchaus keine Sympathie mit der DDR da war, war zumindest der analytische Blick auf sie durch die Gegnerschaft zum Westen relativiert und abgelenkt; das traf sich mit der zunehmenden Verharmlosung oder Nichtwahrnehmung in der westdeutschen Öffentlichkeit. Der Begriff „Antikommunismus" wurde verteufelt und kam oft nur noch im Zusammenhang mit dem Adjektiv „primitiv" vor, womit nicht etwa ein solcher von einem nicht primitiven abgehoben werden sollte, sondern womit der Antikommunismus überhaupt gemeint war.

Hinzu kommt die Verflechtung der Bewegung mit ähnlichen Erscheinungsformen in den wichtigsten anderen westlichen Ländern. Auf den US-amerikanischen Ursprung war schon hingewiesen worden. Dem wäre noch das hinzuzufügen, was als Protest gegen den Vietnamkrieg bezeichnet wurde und wird, was aber in Wahrheit kein Protest gegen den Krieg selber war, sondern nur ein Protest gegen die amerikanische Beteiligung, während die kommunistische Seite unterstützt wurde, ohne man dass die Kriegführung des Vietcong konkret betrachtete – alles das geschah an den westdeutschen Universitäten genauso wie in den USA. In Großbritannien spielte sich ähnliches ab, in Skandinavien ebenfalls. Besonders wichtig, weil wohl schließlich namengebend, waren die Ereignisse in Frankreich, die im Mai 1968 zu einer Staatskrise führten und die durch den Protest gegen die französische Kolonialpolitik noch zusätzlich angefeuert wurden (auch hier handelt es sich um ein riesiges zeitgeschichtliches Forschungsfeld, das meines Wissens nicht im entferntesten in Angriff genommen worden ist – warum nicht?). In Deutschland kam spezifisch die NS-Vergangenheit hinzu, die von den rebellierenden Studenten – d. h. nicht von allen, sondern von den Studenten, die rebellierten! – als angeblich unbewältigt entdeckt und zu einem zusätzlichen Angriffspunkt gegen die eigene Gesellschaft verwendet wurde. All das waren Gegenstände, die auch von den Kommunisten bekämpft wurden, so dass sich auch deshalb eine Konvergenz zwischen ihnen und der Studentenbewegung ergab.

Das führte in Deutschland notwendigerweise dazu, dass der kommunistische deutsche Staat, die DDR, bei den meisten zwar nicht unmittelbar als Vorbild galt, auch in seiner konkreten Ausformung eher abgelehnt wurde, aber doch in einem allgemeinen Sinn entweder mit Sympathie betrachtet oder doch jedenfalls unkritisch hingenommen wurde. Wie stark das bei einigen der Fall war, enthüllte sich nach der Wiedervereinigung, als sich zur Überraschung fast aller herausstellte, dass sich ehemalige Mitglieder des terroristischen Flügels der Bewegung, der Rote Armee Fraktion (RAF), mit Unterstützung der DDR-Staatssicherheit in die DDR geflüchtet hatten und dort mit dem kümmerlich-grauen Dasein schlichter DDR-Bürger anscheinend zufrieden waren.

Bald aber setzte eine paradoxe – meinetwegen dialektische – Entwicklung ein. Das verharmlosende oder jedenfalls willentlich wegsehende DDR-Bild bei der westdeutschen Studentenbewegung und in ihrer Nachfolge bei den Grünen hatte auf die innere Entwicklung in der DDR systemsprengende Wirkung (Verf., Sprengstoff wider Willen. Die Revolutionen 1967ff und 1989, in: K. Strobel/G. Schmirber [Hgg.], Drei Jahrzehnte Umbruch der deutschen Universität [1996] 103–113). Aus der Sicht der offiziellen DDR war die Bewegung insofern positiv zu bewerten, als sie die Bundesrepublik destabilisieren konnte. Daher wurde sie nach Kräften unterstützt, und daher bildeten sich im Zuge ihrer Ausdifferenzierung ausdrücklich DDR-freundliche Gruppen heraus, vor allem der Marxistische Studentenbund Spartakus (MSB) mit seinem West-Berliner Ableger Aktionsgemeinschaft von Demokraten und Sozialisten (ADS). Das aber war schon ein Zeichen dafür, dass man nicht die ganze, ehemals diffus kommunismusfreundliche Bewegung für sich einspannen konnte, die sich teils in die SPD begab, teils in liberale Kulturinstitutionen ging, teils ihre marxisierende Vergangenheit überhaupt hinter sich ließ.

Naivität der Grünen

Die genuine Nachfolgerin der Studentenbewegung aber war die Partei der Grünen, die alles in allem eine links von der SPD stehende zum Teil immer noch marxisierende Partei mit nicht geringen DDR-Sympathien wurde. Diese Sympathien zeigten sich in vielerlei; es seien hier zur Illustration nur erwähnt zum einen die innig-vertrauten Briefe, die die spätere Bundestagsvizepräsidentin Antje Vollmer an Erich Honecker schrieb, in denen sie sich negativ über eine angebliche westdeutsche „Kommunistenhatz" äußerte (M. Deutz-Schroeder/J. Staadt [Hgg.], Teurer Genosse! Briefe an Erich Honecker [1994] 115) und zum anderen die Tatsache, dass die Bundestagsfraktion der Grünen stumm sitzen blieb, als am Abend des 9.November 1989 die Nachricht vom Mauerfall in den Bundestag gelangte und die anderen Fraktionen nun wirklich einmal spontan aufstanden und die dritte Strophe des Deutschlandliedes sangen – einer der viel zu wenig gewürdigten bewegenden Momente der jüngsten deutschen Zeitgeschichte. Demgemäß hatten die Grünen bei ihrer verharmlosend-sympathisierenden Sicht der DDR in einer Art Naivität keine Probleme, mit den obersten Repräsentanten von Partei und Staat Verbindung aufzunehmen und sie sozusagen so zu behandeln, als seien sie eben wirklich bloß Vertreter eines schlicht „anderen" Staates.

Das hatte, und das ist das Paradoxe, zur Folge, dass gerade sie für die SED-Diktatur gefährlich wurden. Einerseits wurden sie von der DDR als nützliche I-, nun, Instrumente für die Destabilisierung der Bundesrepublik angesehen. Deshalb wurde vielen ihrer Aktionen eine nicht geringe Publizität in der DDR zuteil, einschließlich publikumswirksamer Auftritte zusammen mit dem Generalsekretär Honecker. Unvergeßlich das verlegene Lächeln des Staatsratsvorsitzenden, mit dem er Petra Kelly begegnet, die ihm ein T-Shirt mit dem Symbol „Schwerter zu Pflugscharen" überreicht, einem Symbol, das in der DDR verboten war und das die Grünen-Politikerin nicht ohne List bisher verborgen gehalten hatte. Auch sonst wurde ausgiebig über deren Demonstrationen und andere Aktionen berichtet, in denen sie, wie in der Frage der Nachrüstung, objektiv die Politik des sich selbst so nennenden Weltfriedenslagers zu unterstützen schienen. Andererseits hatte all das aber noch eine andere Dimension.

SED in der Zwickmühle

Schon von Anfang an befand sich die SED in einer Zwickmühle. Zwar war die Studentenbewegung und alles, was in deren Umkreis einzuordnen ist, wegen ihrer marxisierenden DDR-Sympathien und wegen ihrer Auswirkungen im Westen positiv zu beurteilen und sollte in diesem Sinne nach Kräften ausgenutzt werden. Andererseits war zu befürchten, dass die, kommunistisch gesprochen, Undiszipliniertheit der gesamten Bewegung, die von der Herkunft und vom Habitus her ein vollständig westliches Produkt war, auf die DDR überspringen konnte. Möglicherweise ist die 3. Hochschulreform der DDR von 1968 auch unter diesem Gesichtspunkt zu verstehen. Auf die Dauer aber scheiterten diese Bemühungen. Die Anziehungskraft schon allein des Habitus dieser westlichen Protestbewegung und deren Protestmethoden wirkten ungeheuer, ein Blick auf die äußere Erscheinung von DDR-Dissidenten zeigt das zur Genüge, und ebenfalls ist unverkennbar, dass die Methoden des Friedlichen bei der friedlichen Revolution in der DDR – Sit-ins, Sitzblockaden, Kerzen, „keine Gewalt" – von der westlichen, ja amerikanisch inspirierten Protestbewegung übernommen waren.

Auch inhaltlich ist die unabhängige DDR-Friedensbewegung, die zur systemsprengenden Bewegung für Menschenrechte wurde, westlicher Herkunft. Die westdeutsche Friedensbewegung, die sich gegen amerikanische Raketen und den Nachrüstungsbeschluß wandte und die deshalb von der offiziellen DDR gern gesehen und verdeckt und heimlich, aber auch publikumswirksam gefördert wurde, wurde von den DDR-Bürgerrechtlern sozusagen eins zu eins übernommen. Weder im Westen noch im Osten halfen schließlich die Bemühungen der SED, klarzumachen, dass amerikanische Raketen eine größere Bedrohung für das Überleben des Planeten seien als die sowjetischen. Der Bumerang des Symbols „Schwerter zu Pflugscharen" wurde schon erwähnt. Alles das waren Bewegungen, die in der aus der marxisierenden Studentenbewegung mit ihren DDR-Sympathien oder ihrer DDR-Indifferenz hervorgegangen waren und die gerade wegen ihres manchmal naivharmlosen DDR-Bildes fast mehr zum Sturz des SED-Re-

gimes beigetragen haben als vieles andere. Zum Schluß
hatte die DDR das auch gemerkt. Während CDU- und SPD-
Bundestagsabgeordnete nach Ost-Berlin einreisen konn-
ten – beide wegen Ungefährlichkeit, die SPD wegen ihres
Vermeidens des Umgangs mit DDR-Dissidenten, die CDU
wegen angeblich zu großer ideologischer Ferne –, wurde
Grünen die Einreise verboten. Sie waren, gerade wegen der
Wirkung ihres diffusen DDR-Bildes, am gefährlichsten.

Es gab aber noch eine andere Entwicklung, diesmal auf
hoher politischer Ebene. Oben wurde festgehalten, dass
auch in der Regierung Kohl/Genscher die deutsche Spaltung immer mehr als ein nicht zu beseitigendes Faktum
hingenommen wurde und dass das auch konkrete, die Spaltung vertiefende Konsequenzen hatte. Das war aber keine
einheitliche Politik. Es gab andere Verhaltensweisen und
andere Akzente, die in der Tat von einem anderen DDR-
Bild hervorgerufen waren. Zum einen war es der Ton öffentlicher und anscheinend auch anderer Verlautbarungen,
ein Sachverhalt, der zum einen in einer durch Medien ver-
mittelten Politik nicht als „bloße Rhetorik" abgetan werden kann, der aber zumindest auf das dahinterstehende
Bild der DDR schließen läßt. Es sei nur die Tischrede des
Bundeskanzlers Kohl beim Besuch Erich Honeckers in
Bonn erwähnt, in der in schon lange vergessen geglaubter
Deutlichkeit das einheitliche Deutschland und damit das
Ende des auf Gewalt beruhenden DDR-Regimes beschwo-
ren wurde. Natürlich enthält die Rede auch praktisch-poli-
tische und relativierende Passagen, wie es nicht anders
denkbar ist; aber die Formulierungen waren doch von einer
Unverblümtheit, wie sie aus westdeutschem Politiker-
mund schon lange nicht mehr gehört worden waren. Daher
lohnt sich, wörtlich daraus zu zitieren:

„... Auf Ihren Besuch in der Bundesrepublik Deutschland
und auf unsere Begegnung richten sich die Blicke von Millionen Deutschen zwischen Stralsund und Konstanz, zwischen
Flensburg und Dresden (...) Das Bewußtsein für die Einheit

der Nation ist wach wie eh und je, und ungebrochen ist der Wille, sie zu bewahren (...) Die Präambel unseres Grundgesetzes steht nicht zur Disposition (...) sie fordert das gesamte deutsche Volk auf, in freier Selbstbestimmung die Einheit und Freiheit Deutschlands zu vollenden (...) die Teilung wollen wir überwinden (...) Die Menschen in Deutschland leiden unter der Trennung. Sie leiden an einer Mauer, die ihnen buchstäblich im Wege steht und die sie abstößt ..."

Überhaupt hatte dieser Besuch durchaus dialektischen Charakter. Während er nach außen hin die Besiegelung der Spaltung Deutschlands darzustellen schien, waren seine Begleitumstände ganz anderer Art. Einige Beispiele: Die Tischrede wurde im „Neuen Deutschland" wörtlich abgedruckt; der Bundeskanzler redete Honecker nie mit seinem staatlichen, sondern nur mit seinem Parteititel „Generalsekretär"; Honecker wurde „als Deutscher unter Deutschen" behandelt, wie es der Bundespräsident Weizsäcker ausdrückte. So konnte ich in einem Artikel damals meinen, dass dieser Besuch einen durchaus doppelbödigen Charakter habe. Die – nie euphorischen, sondern immer ruhig-bewegten – Freudengefühle auf westdeutscher Seite bei dem Zusammenbruch der DDR zeigten dann, dass jenseits der veröffentlichten Meinung immer noch eine Grundstimmung in der westdeutschen Bevölkerung über die DDR herrschte, die dieser Atmosphäre entsprach.

Aber auch die praktische Politik kannte andere Verhaltensweisen als „bloße" Rhetorik. Die DDR wurde nicht müde, Forderungen auf vollständige Anerkennung einschließlich ihrer Staatsbürgerschaft zu erheben – die „Geraer Forderungen" Honeckers –, die von der Regierung beharrlich abgelehnt wurden, während die westdeutsche SPD-Opposition deren Anerkennung forderte. Auch hatten die SPD-regierten Länder die Finanzierung der „Erfassungsstelle Salzgitter" eingestellt, während die CDU-Länder sie weiter unterhielten. Abgesehen von der nach der Wiedervereinigung äußerst hilfreichen Rolle, die diese Stelle bei der Verfolgung der SED-Kriminalität spielte, kommt es hier auf das Bild von der DDR an, das hinter beidem stand: Bei der SPD – es tut mir leid, immer diese demokratische Partei tadeln zu müssen, aber Sachverhalte sind Sachverhalte, und es kommt gleich im nächsten Absatz auch noch anderes zur Sprache – bei der SPD also hatte sich anscheinend das Bild von der DDR als eines bloß „anderen" und nur „zweiten" deutschen Staates durchgesetzt, während sich bei (Teilen) der CDU und der von ihr geführten Regierungen immer noch das zutreffende Bild eines Staates erhalten hatte, dessen Tätigkeit zu einem nicht geringen Teil nur mit den Kategorien des Strafrechts angemessen zu beurteilen war.

In den letzten Zeit der DDR änderte sich bereits manches. Die Politik der sozialliberalen und dann der konservativ-liberalen Koalition hatte doch zu einer anderen Dimension der gegenseitigen Kenntnis voneinander geführt. Das kann nun endlich als Positivum berichtet werden. Zum einen gab es jetzt westdeutsche Korrespondenten in der DDR, die von dort berichteten, so dass die westdeutschen Zeitungsleser und Fernsehzuschauer doch mehr und Zutreffenderes als bisher ihren Medien entnehmen konnten und das auch taten. Diese Berichte waren durchaus auch kritisch, gleichwohl herrschte eine gewisse Vorsicht ob, zumal es auch Behinderungen gab: Der Fernsehkorrespondent Lothar Loewe, der ständig großartig gewagte Reportagen machte, wurde schließlich ausgewiesen, als er davon sprach, dass Menschen an der Grenze „wie die Hasen" abgeschossen würden. Auch machten die Behinderungen der DDR-Opposition, die es jetzt gab, viele Westdeutsche endlich wieder auf den wirklichen Charakter des SED-Staates aufmerksam, obwohl das Echo auf ihre Berichte, wenn sie ausgewiesen worden waren, immer noch unverhältnismäßig zurückhaltend war.

Zum anderen, und weitaus wichtiger, wurde den DDR-Bewohnern immer mehr Westreisen bewilligt, in der letzten

Zeit sogar in, nach SED-Maßstäben, lächerlichen Fällen, in denen die entfernteste Bekanntschaft als enge Verwandtschaft anerkannt wurde (auf einer Tagung in Tutzing fragte ich das ehemalige Politbüro Günter Schabowski, ob diese Praxis der Ausreisegewährung deshalb eingeführt worden sei, weil man sich sicher gefühlt habe, oder weil man einem Druck nachgegeben habe; ich bekam keine konkrete Antwort). Das bewirkte einen gewaltigen Schub konkreter Erfahrung von DDR-Bürgern mit Westdeutschland, zum Teil durchaus in schockartiger Weise, und das trug nicht wesentlich zum Sturz des Regimes bei – zumal die Absurdität bestand, dass ausgerechnet zahlreiche Funktionäre ihrer Wichtigkeit wegen nicht in den Westen reisen durften und also weitaus weniger informiert waren als die gewöhnliche Bevölkerung.

Als die DDR zusammenbrach, änderte sich schlagartig das westdeutsche Bild von ihr, oder jedenfalls das, das durch die Medien vermittelt wurde. In der Bevölkerung selber dürfte sich, wie oben angemerkt, immer ein zutreffendes, wenn auch kaum noch laut artikuliertes Bild erhalten haben, das durch die vielen Besuche hüben und drüben neue Nahrung erhalten hatte. Was die Medien und vor allem die Fernsehprogramme betrifft, so hatten sie, so ist mein persönlicher Eindruck, bisher trotz durchaus kritischer Berichte doch ein eher gemäßigt-positiv-positivistisches Bild gezeichnet und überproportional erfreuliche Seiten geschildert. Aber jetzt kamen mit einem Schlag Sendungen, die die DDR nur noch als Schreckensort darstellten, was sie ja nun auch nicht war.

Es gab weitere Verzerrungen, von denen hier nur eine genannt sei: Völlig überdimensional häufig gab es über Jahre hinweg Berichte über die Staatssicherheit und über die IM, wobei erstens vergessen wurde, dass die allermeisten DDR-Bewohner keine IM waren und zweitens, dass das MfS Instrument der Partei war, die eigentlich verantwortlich war, und sie war kaum ein Thema. In der DDR-Forschung hat sich sehr vieles zum Positiven geändert; ich erinnere mich noch gut an mein inneres Schmunzeln, wie ich einen Historikerkollegen, der die DDR bisher eher im Sinne von „anderer" Staat beurteilt hatte, plötzlich wie selbstverständlich von der „SED-Diktatur" sprechen hörte. Inzwischen gibt es ein neues, aktuelles und wichtiges Thema, nämlich dieses, wie die jetzigen Ost- und Westdeutschen voneinander denken. Das gehört nicht mehr zum hier zu behandelnden Gegenstand.

Zum Schluß soll aber eine bisher nicht ausgewertete Quelle zu dem besonderen Unterthema vorgeführt werden, wie ein linkssozialistischer westdeutscher Intellektueller die DDR im Augenblick ihres Zusammenbruchs gesehen hat. Die Revolution in der DDR hatte bei vielen bisherigen offenen oder heimlichen DDR-Sympathisanten zu einem solchen Schock geführt, dass zahlreiche selbstkritische Äußerungen getan wurden, die nicht gesammelt zu haben ich mir immer noch vorwerfe. In der Zwischenzeit hat sich das in dem Sinne gelegt, dass die meisten ihr Gleichgewicht wieder gefunden haben und zu ihrer alten Einschätzung zurückgekehrt sind; bezeichnende, gut und rational begründete und ihrerseits anrührende und bewegende Ausnahmen bestätigen die Regel. Wichtig wäre es, authentisch zu erfahren, was bei diesen meist klaren Köpfen zu ihrer früheren Fehleinschätzung geführt hatte.

Es gibt eine Ausnahme. Peter Rühmkorf, ein angesehener und von vielen als sprachgewaltig empfundener Schriftsteller und Dichter, hatte seinerzeit nicht nur sein DDR-freundliches Weltbild nicht, wenn auch nur kurzzeitig, revidiert, sondern er bekräftigte es noch, gewiß auch aus Trotz. Dankenswerterweise hat er das publiziert, in seinem auch als Taschenbuch herausgekommenen Tagebuch aus dieser Zeit (Tabu I. Tagebücher 1989–1991, Reinbek 1997). Es bietet lehrreiche Beispiele dafür, wie diese Sympathie aussah und aus welchen Quellen sie gespeist wurde. Die folgende Zusammenstellung diene als Abschluß des Beitrags.

Die DDR war für ihn zunächst einmal eine selbstverständliche Gegebenheit –*„ich kann mir anderes als das Vorhandene schlechterdings gar nicht vorstellen"* (S. 120) –, und ihr Untergang war etwas, was nicht in seinem Horizont lag: *„Es bereitet sich etwas vor, was sich mit meinen Wahrnehmungsmitteln nicht mehr abschätzen läßt"* (S. 95), *„unsereins weiß immer noch nicht, was er konkret davon halten soll"* (S. 134). Diese Orientierungslosigkeit hatte einen ganz einfachen Grund: Ohne Kommunist zu sein (S. 141) – höchstens in Anwandlungen von Trotz (S. 14 f) gegenüber der Entwicklung: Er habe *„eine wütige Restlust, mich antizyklisch gegen den Trend voranzubewegen. Z. B. in die SED eintreten, um den Siegern zu zeigen, dass man nicht von ihrer Truppe ist"* (S. 185) oder *„Habe mich noch nie so Kommunist im Kopf gefühlt wie in den laufenden Wendezeiten"* (S. 459) –, er fühlt sich als Sozialdemokrat, hegte er starke Sympathien für die DDR.

Er habe, dieses eher nur hinsichtlich des Maoismus, *„Hoffnungen seinerzeit noch auf das pädagogische Experiment"* gehabt (S. 52); die DDR sei ein *„humanistisch gedachter Staat"* gewesen (S. 174); *„Irgendetwas muss doch drangewesen sein an diesem Land! Irgendetwas seine nur noch verlachten 40 Jahre rechtfertigen können und als sozialistisches oder sonstwie hausgemachtes Erbe in die fremde, neue, schnelle Zeit hinüberzuretten sein."* (S. 389); und allgemeiner: *„hoffen wir mal, dass der Sozialismus auch nur ein Unkraut unter anderen ist, das immer wieder durchkommt, ob sie wollen oder nicht."* (S. 159). Man fragt sich, welche konkreten Vorstellungen Rühmkorf mit all dem verbindet. Inhaltlich sind keine zu entdecken – im Gegenteil wird das äußere Bild der DDR durchaus als schäbig und verkommen charakterisiert (S. 87, 300, 302, 337f, 417, 436, 517f, 534) –, nur hinsichtlich der Methoden, mit denen der Sozialismus herrschte, entfahren ihm – so muß man das wohl nennen – Bemerkungen, die zeigen, dass er nicht ganz kenntnislos war.

Die chinesische Demokratiebewegung ist ihm nicht geheuer, daher billigt er das Geschehen auf dem Tienanmen-Platz: *„blutige Hände sind zwar weiß Gott kein Schmuck der Menschheit, aber was, wenn die bedingungslos in Freiheit gesetzten Völker und Völkerschaften ...“* (Pünktchen im Original, W. Sch.) (S. 52); und hinsichtlich der Auflösung Jugoslawiens meint er: *„Aufgeklärter Despotismus ist nicht das schlimmste aller Wörter – marodierende Stammeskrieger das übelste Übel der Welt.“* (S. 510). Dass es auch in der DDR Repression gab, wird hinsichtlich der nach innen waffenstarrenden Grenze wohl irgendwie wahrgenommen, jedoch ausgesprochen niedlich bezeichnet als *„Grenzübertritt ... mühselig unter dem Stacheldraht durch“*, und die erlaubten Übersiedlungsfälle werden gönnerhaft-gewährend (und sich nur auf die Prominenz beziehend) als *„mit behördlicher Billigung und dann auch gleich mit Sack und Pack und Katz und Kegel“* geschehen gekennzeichnet (S. 429).

Ein längeres Zitat wert ist schließlich, wie er die mangelnde Gegenwehr des SED-Regimes kennzeichnet und, ja doch wohl, tadelt: Wie *„verwurmt innerhalb seiner eisern gehüteten Grenzen“* sei der Staat wohl schon gewesen, *„wie schwammig der Arm hinterm Schild und wie flackrig die Hand am Schwert, dass sie in der Stunde der Entscheidung gar keinen Gebrauch mehr von sich zu machen wagten.“* (S. 151) – da ist nichts mehr von rühmkorfscher lockerer Ironie zu spüren, da wird er markig-martialisch: Eisern gehütet! Hand am Schwert! Stunde der Entscheidung! Hätte sich der DDR-Sozialismus im rühmkorfschen Sinne verhalten, nämlich weder verwurmt noch schwammig noch flackrig, der 9. Oktober 1989 in Leipzig wäre anders ausgegangen.

Demgemäß hat er eine starke Abneigung gegen diejenigen, die gegen den Kommunismus und besonders gegen die DDR opponierten. Flüchtlingen wird implizit unterstellt, dass sie keinen Grund zur Flucht gehabt hätten, indem sie als „*wohlgenährte, sonnengebräunte und gut angezogene Abenteuerurlauber*" (S. 92) bezeichnet werden: das scheint überhaupt für ihn ein entscheidendes Kriterium zu sein, weil später DDR-Kunden in einem ALDI-Laden (in dem er ja übrigens selber gerade einkaufte) „*vergleichsweise* (? W.Sch.) *sonnengebräunte und wohlgenährte*" Menschen heißen (S. 344). Es verwundert daher nicht, dass für ihn die Flucht bzw. die Revolution vorwiegend aus – scil. niedrigen – wirtschaftlichen Beweggründen erfolgte: Flüchtlinge über die ungarische Grenze haben „*nun endlich unsere rettenden Bananenstände erreicht*" (S. 92), freie Wahlen nennt er „*Abstimmung an der ALDI-Kasse*" (S. 138) – er muß es wissen, siehe soeben zu S. 344.

Besonders erbittern ihn DDR-Bürgerrechtler. Haßerfüllt, natürlich auch mit einer erheblichen Portion Kollegenneid, äußert er sich zu Wolf Biermann, der ja nun erstens leider wirklich eine größere Begabung ist und der zweitens politisch Recht bekommen hat; aus Barmherzigkeit seien hier nur die Stellen genannt: S. 74, 132, 133, 222, 239, 582f, 583. Kollegenneid spielt auch gegenüber anderen eine nicht geringe Rolle. Hatte er schon bei Biermann „*literarische Falschmünzerei und ewige DDR-Rabatte*" angeprangert (S. 132, denn doch wörtlich zitiert), so hat der DDR-Zusammenbruch für ihn immerhin das Gute, dass nicht mehr „*Jeder Schriftsteller, jede Dichterin, die ein paar Manuskriptseiten in den Westen hinübergerettet hatten*", „*mit Sonderapplaus bedacht*" würden, „*der nicht zunächst der literarischen Leistung, sondern der ideologischen Abweichung galt*", und das sei deshalb „*schlimm gewesen*", weil „*gleichrangige BRD-Kollegen*" „*das finanzielle oder ideelle Nachsehen gehabt*" hätten (S. 429). Es gibt kräftige Worte: Jürgen Fuchs heißt „*Honorar-Dissident*" (S. 158), es gebe „*flatternde Feigenblätter vom ,Neuen Forum'*" (S. 167), und er entdeckt als „*unerquicklichste Spezies, die hierzulande jemals Szene gebildet hat*" die „*Dissidenten a.D.*", die zudem noch die Frechheit hätten, „*Clique und Klüngel*" zu bilden und „*unsere traditionellen berufsständischen Corporationen*" – also gewiss weder Clique noch Klüngel, oder wie? – „*zu zerstören*" (S. 451).

Seine negative Haltung gegenüber der Revolution drückt sich konkreter dergestalt aus, dass er „*zunehmende Kriminalität in der DDR*" (S. 216) teils fürchtet, teils wohl auch grimmig als Bestätigung seiner Ablehnung zur Kenntnis nimmt. Vor allem aber sind es Haßausbrüche nicht gegenüber der terroristischen Diktatur DDR, sondern gegen Rühmkorfs eigene innere Gegner in Westdeutschland. Er sieht darin einen „*Triumph unserer Feinde*" (S. 213), er empfindet „*Ekel an dem neuen Deutschland*" (S. 282), „*BILD, Butter und Kreditbriefe wandeln in den Landesfarben*" (S. 137), und: „*Dieses Menschenbild, das wir gehaßt haben, seit wir unsere ersten literarischen Schriftzüge taten – und das nun seinen Einzug auch in die neuen Ostprovinzen hält*" (S. 334). Wer das Ende des Kommunismus begrüßt, muß noch froh sein, nur als „*deutschnational*" (S. 147) bezeichnet zu werden oder als jemand, der seine baltischen Güter wiederhaben möchte (S. 458). Meist wird nämlich die Faschismuskeule geschwungen: „*Führer befiehl!*" fällt ihm ein (S. 74, 567), ebenso das Horst-Wessel-Lied (S. 137), und die „*menschenverachtende Herrenrasse*" (S. 146).

Außer diesen sozusagen anthropologischen und sozialrassistischen Feindbildern – es gibt übrigens auch regulär rassistische: „*Haufen qualmender Türkenmädels*" (S. 350) und „*Türkenbuben mit riesigen Rettichnasen und verwilderten Schöpfen*" (S. 439) – hat es ihm ein spezieller Begriff besonders angetan: Haßkübel leert er über die „Freiheit" aus, wobei er sich durchaus auf ein entsprechendes Hohngedicht von Bertolt Brecht stützen und es zitieren kann: „*Freedom and Democracy*" (S. 240, 312), „*Freiheit, dein Name ist Tohuwabohu*" (S. 55), „*Immer lustig auf Pump in den großen Freiheits-Rodeo*" (S. 334), „*die neue Freiheits-Freizeit-Kultur. Sogenanntes … VOLKSFEST mit Westbierzelt und Westzigarettenbuden*" (S. 351), „*der uns alle überwölbende Werbehimmel aus Freiheit, Einheit, Mahlzeit, rülps"* (S. 616). Er entwirft Neujahrsgrüße für das Jahr 1990 und erweist sich dabei der Sache nach glücklicherweise im Recht; freilich ist seine Ausdrucksweise rühmkorf - linkssozialistisch - elitär - DDRliebend - volkhassend - freiheitverachtend - spezifisch: *„zwei nackte Scheißer von hinten: ‚Wir kneifen zusammen, was zusammengehört.'"* (S. 161).

Das wäre dann ein guter Abschluss meines Beitrages. So wenig repräsentativ die eben referierte Meinung natürlich für das gesamte westdeutsche DDR-Bild ist, so ist sie es doch für einen einflußreichen Teil der westdeutschen Öffentlichkeit, und man muß Rühmkorf für seine bei anderen selten anzutreffende Aufrichtigkeit dankbar sein, die darin besteht, dass er das, wahrlich ungeschminkt, veröffentlicht hat. Amüsant ist es hoffentlich jedenfalls, auch wegen Rühmkorfs Ausdrucksfähigkeit, wenn auch wohl zum Teil gegen die Absicht des Autors. Diese Haltung erklärt manches aus der Zeit vor und nach 1989.

Quellen- und Literaturhinweise

W. von Bredow, Perzeptionsprobleme. Das schiefe DDR-Bild und warum es bis zum Schluß so blieb, in: Deutschland-Archiv 24/1991,147–154 – G. Buchstab (Hg.), Geschichte der DDR und deutsche Einheit: Analyse von Lehrplänen und Unterrichtswerken für Geschichte und Sozialkunde (1999) – O. Cless, Sozialismusforschung in der BRD. Das herrschende DDR-Bild und seine Dogmen (1978) – J. Hacker, Deutsche Irrtümer. Schönfärber und Helfershelfer der SED-Diktatur im Westen (1992) – J. Hacker/H. M. Kepplinger/A. Czaplicki, „Das DDR-Bild". Einschätzungen und Wahrnehmungen in Politik und Medien. Interne Studien der KAS 103/1995 – W. Haumann, Wiedervereinigt, aber noch nicht einig (Manuskript) – R. Köcher, Schatten über Deutschland. Ostdeutschland glaubt nicht an die eigene Zukunft, FAZ vom 15. August 2001 – Dies., Gelungenes Zusammenwachsen? Eine Bestandsaufnahme, in: Stiftung Haus der Geschichte der Bundesrepublik Deutschland (Hg.), Zehn Jahre deutsche Einheit (2001) 73–83 – K. Löw, ... bis zum Verrat der Freiheit. Die Gesellschaft der Bundesrepublik und die „DDR" (1993) – Ch. Mahrad, Zum DDR-Bild bundesdeutscher Jugendlicher, in: Politik und Kultur 13/1985, 43–49 – E. Noelle-Neumann, Demoskopische Geschichtsstunde. Vom Wartesaal der Geschichte zur Deutschen Einheit (1991) – Dies., Eine Nation zu werden ist schwer. Ostdeutsche Sozialisation und westdeutsche Naivität, FAZ vom 10. August 1994 – Dies., Der geteilte Himmel. Geschichtsbewußtsein in West- und Ostdeutschland, FAZ vom 3. Mai 1995 – Dies., Was die Deutschen zusammenhält, FAZ vom 15. September 1999 – Dies., Die SED-Diktatur: Vergessen – Verdrängt – Verklärt? Eröffnungsvortrag zur Veranstaltung „Erinnerung als Auftrag. Die Aufarbeitung der SED-Diktatur: Rückblick und Perspektiven" der Stiftung zur Aufarbeitung der SED-Diktatur, 12. März 2002 im Abgeordnetenhaus Berlin (Manuskript) – J.-P. Picaper u. a., DDR-Bild im Wandel (1982) – W. Schuller, Walter Linse, in: K. W. Fricke/P. Steinbach/J. Tuchel (Hgg.), Opposition und Widerstand in der DDR – Politische Lebensbilder (2002) 289–294.

Symbol totalitärer Systeme: Buchenwald

Hingegen kann ich viele Politiker (...) nicht von der Verantwortung freispre-
chen, es zugelassen zu haben, dass im Verlauf der letzten zehn bis fünfzehn
Jahre so gut wie keinerlei Aufklärung über die Wurzeln und Herrschaftsmetho-
den des totalitären Sowjetkommunismus mehr stattgefunden hat. Seit Beginn
der sogenannten „neuen Ostpolitik" spricht man weder auf Regierungsebene
noch in der überwiegenden Mehrzahl der Massenmedien von kommunisti-
schen Diktaturen, sondern von „sozialistischen Ländern"; das Netz der Kon-
zentrationslager in Sowjetrussland, der „Archipel GULAG", wird schönfärbe-
risch mit der Bezeichnung „Arbeitslager" umschrieben – sofern man sich
diesem Thema überhaupt noch zuwendet; und der Bürgerrechtsbewegung in
der UdSSR und anderen kommunistischen Ländern wird immer weniger Be-
achtung geschenkt. So ist es nur folgerichtig, wenn sich in der politischen Vor-
stellungswelt der jungen Generation Westdeutschlands der Unterschied zwi-
schen zwei verschiedenen Wirtschaftssystemen reduziert hat.

Wolfgang Leonhard (o.J.)

Die Weisen aller Zeiten lehrten: Die Grundlage des Friedens ist die Gerechtigkeit,
die Grundlage der Gerechtigkeit ist die Wahrheit, und zu ihr gehören die Klärung
moralischer Begriffe und wahrheitsgemäße Information über alle relevanten
Sachverhalte. Seit der Mitte der 70er Jahre soll das nicht mehr gelten. An die Stelle
der Klärung des Rechtsbegriffs tritt die Relativität zwischen Recht und Willkür,
zwischen demokratischem Verfassungsstaat und Parteidiktatur, zwischen West
und Ost, die als prinzipiell gleichwertig gelten sollten."   Martin Kriele (1987)

Seit 65 Jahren ist der Kommunismus auf seinem Triumphzug durch die Welt. Und
es gibt offenbar keine einzige Nation in Europa, die nicht bereit wäre, dem Kom-
munismus im Ernstfall die notwendige Anzahl von Henkern zur Verfügung zu
stellen und sich anschließend selbst zu unterwerfen. Nehmen wir doch einmal
als Beispiel die heutige Bundesrepublik Deutschland (...) Sie kriecht vor dem
Kommunismus auf dem Bauch, und dazu braucht sie noch nicht einmal die Hilfe
etwaiger aus Ostdeutschland eingeschleuster Agenten.

Alexander Solschenizyn (1982)

Die in den 30er Jahren einsetzende Totalitarismus-Forschung arbeitete die –
trotz aller gravierenden Unterschiede – verblüffenden Gemeinsamkeiten der
ideologischen Antagonisten heraus. Während Autoren wie Hannah Arendt
und Martin Draht die Rolle der Ideologie bei der Entfaltung totalitärer Bewe-
gungen hervorhoben, arbeiteten andere – im Anschluß an Carl J. Friedrich und
Zbigniew Brzezinski – die Parallelen in der Herrschaftsstruktur totalitärer Re-
gime (wie offizielle Ideologie, Machtmonopol, Nachrichtenmonopol, Repressi-
onsapparat) heraus. Nach einer vor allem ideologisch motivierten „Tabuisie-
rung des Totalitarismus-Begriffs" (Karl Dietrich Bracher) in den 70er Jahren
erlebte die Totalitarismus-Forschung angesichts des Zusammenbruchs des
„real existierenden Sozialismus" eine Renaissance.
Antifaschismus und Antikommunismus verbanden sich zu einem antitotalitä-
ren Konsens, der die 2. Demokratiegründung in Deutschland bestimmte. Die
vom christlichen Menschenbild ausgehenden Parteien übten dabei prägenden
Einfluß aus. Der antitotalitäre Konsens fand in der Äquidistanz gegenüber
links- und rechtsextremistischen Bestrebungen seine Fortsetzung.

Uwe Backes (2002)

Eckhard Jesse

Die Tabuisierung des Totalitarismus- und Extremismusbegriffs

Was meint „Totalitarismus"?

Eine lange Zeit war der Totalitarismusbegriff tabuisiert. Der Terminus „Totalitarismus" ist das erste Mal im Jahre 1923 verwendet worden. Der liberale Politiker Giovanni Amendola prägte diesen Begriff mit Blick auf den italienischen Faschismus von Benito Mussolini. Bald erfolgte die Ausweitung des Begriffs „totalitär" auf das Dritte Reich Hitlers und die Sowjetunion Stalins. Diese drei Regime wurden aufgrund ihres umfassenden Herrschaftsanspruchs als totalitär bezeichnet. Der Terminus war neu, wie man auch die mit ihm umschriebene Erscheinung als neuartig empfand.

Unter den Oberbegriff des Totalitarismus fielen also Staatssysteme mit völlig unterschiedlicher ideologischer Ausrichtung. Totalitarismus-Konzeptionen erhoben mit spezifischen Gewichtungen den Anspruch, verschiedene und gegensätzliche politische Ordnungsformen speziell unter dem Aspekt der Herrschaftstechnik als totalitär zu klassifizieren. Totalitäre Staaten zeichneten sich durch die Negierung des Pluralismus aus, die Fixierung auf eine utopische Ideologie sowie durch die Mobilisierung der Massen.

Dem Kommunismus wie dem Nationalsozialismus waren – vorübergehend – vielfältige Integrationsmechanismen eigen. Der Enthusiasmus der Massen wurzelte in dem Glauben an eine historische Mission, die eine große Zukunft verhieß, in einer Ideologie, die universelle Welterklärung versprach. Die Pseudolegitimierung vollzog sich in Form von Massenaufmärschen, Vertrauensbekundungen und 100-Prozent-Akklamationen.

Stadien der Totalitarismusforschung

Die Geschichte der Totalitarismustheorien ist eine Geschichte wechselvoller Wandlungen. Die verschiedenartigen Stadien der Totalitarismusforschung gehen zum einen auf die Veränderungen der als totalitär klassifizierten Herrschaftsordnungen zurück, zum andern spiegeln sie Verschiebungen im politischen Koordinatensystem westlicher Demokratien wider. Die Politik blieb nicht ohne Einfluss auf die Geltungskraft von Theorien zum Totalitarismus.

In den zwanziger und dreißiger Jahren war die vergleichende Totalitarismuskonzeption noch nicht voll entfaltet, von einzelnen Ansätzen abgesehen. Das erste wissenschaftliche Symposium über den „totalitären Staat" vom November 1939 – also zu einer Zeit, als die Sowjetunion und das Dritte Reich einen „Teufelspakt" (Sebastian Haffner) geschlossen hatten – bezog sich auf diese beiden Staaten gleichermaßen. Zuvor war bereits die Begriffsbildung „totalitär" für das Herrschaftssystem in Deutschland und der Sowjetunion geläufig geworden. Nach dem Überfall Deutschlands auf die Sowjetunion wurde die Totalitarismuskonzeption in ihrer komparativen Perspektive weithin ad acta gelegt und nur noch auf den Nationalsozialismus angewandt.

Als das Zweckbündnis zwischen der Sowjetunion auf der einen und den westlichen Demokratien auf der anderen Seite zur Niederschlagung des Dritten Reiches jedoch an sein Ende kam, trat eine erneute Zäsur ein. In der Zeit des Kalten Krieges erlebte die Totalitarismuskonzeption ihre Blüte. Für die Verfechter der Totalitarismuskonzeption, die zu einem beträchtlichen Teil aus dem Dritten Reich emigriert waren (u. a. Hannah Arendt, Franz Borkenau, Ernst Fraenkel, Gerhard Leibholz, Richard Löwenthal, Franz Neumann, Sigmund Neumann), bildete es eine Selbstverständlichkeit, dass man nicht glaubwürdig antifaschistisch sein konnte, ohne zugleich antikommunistisch zu sein.

„totalitär": ein Anachronismus?

In dem Maße, wie sich die Beziehungen zwischen den Großmächten entspannten, verlor der Totalitarismusbegriff in
den sechziger und vor allem in den siebziger Jahren zur
Kennzeichnung kommunistischer Systeme an Bedeutung.
Er galt vielfach als anachronistisch – als Gefährdung der
Entspannungspolitik. Als diese Ende der sechziger Jahre zu
wirken begann und die kulturrevolutionäre Bewegung der
Studentenbewegung einerseits Liberalität entfaltete, andererseits Liberalität indirekt unterhöhlte, gerieten die so bit-
teren wie hautnahen Erfahrungen eines Arthur Koestler
oder eines Manès Sperber vielfach in Vergessenheit.

Der Friede wurde gleichsam als alleiniger Wert angesehen, ohne hinreichend nach seinen Kosten zu fragen, gerade auch für die Bürger osteuropäischer Diktaturen. Mussten die aufbegehrenden Menschen in Osteuropa in ihrem
Kampf mit den totalitären Mächten nicht manchmal an
den „Realpolitikern" des Westens und ihrer publizistischen „Lobby" aus allen Richtungen verzweifeln?

Von der Tabuisierung des Totalitarismusbegriffs ...

Zudem hatten sich die kommunistischen Staaten gegenüber der Zeit Stalins gewandelt: „Blutsäuberungen" (Richard Löwenthal) gehörten der Vergangenheit an, die ideologische Ausrichtung ließ angesichts der Notwendigkeit zu
ökonomischer Effizienz und Modernisierung nach. Allerdings konnte von einer Konvergenz der Systeme niemals
die Rede sein. Aufgrund der 68er-Bewegung geriet ein anti-
totalitäres Demokratieverständnis gegenüber einem antifaschistischen immer mehr ins Hintertreffen. In Teilen des
intellektuellen Milieus setzte eine „Tabuisierung des Totalitarismusbegriffs" (Karl Dietrich Bracher) ein. Viele sahen
den Gegner der Demokratie nur noch auf der rechten Seite;

wenige hielten am Konzept des Totalitarismus fest und verglichen die rechte mit der linken Variante. Die folgende Aussage von Matthias Vetter ist zwar scharf formuliert, aber nicht ohne Erkenntniswert: „Tatsächlich war das Ansehen dieses Konzepts gerade unter den westlichen Intellektuellen denkbar gering. Im Rückblick ist kaum von der Hand zu weisen, dass dies mit einer gewissen geistigen Hegemonie der Sympathisanten des sogenannten ‚realen Sozialismus' gerade im Lager der bundesdeutschen Intelligenz zu tun hatte. Nur so ist wohl zu erklären, dass in den siebziger Jahren die Behauptung diskussionswürdig – und einem ‚bürgerlichen' Verlag druckbar – erschien, die Totalitarismus-Theorie sei nichts als ein Instrument der ‚durch ihr Bündnis mit dem Faschismus diskreditierten ökonomisch herrschenden Klasse' zur Abwehr drohender Sozialisierungen im Nachkriegsdeutschland."

… zur Renaissance des Begriffs

Doch änderte sich – jedenfalls teilweise – noch vor dem Zusammenbruch des Kommunismus die Einschätzung des Totalitarismuskonzepts in den westlichen Ländern. Es erlebte in den achtziger Jahren aufgrund verschiedener Faktoren (z. B. einer neuen „Eiszeit" zwischen den Großmächten) eine Renaissance – nicht zuletzt auch durch Dissidenten aus dem Ostblock. Die mangelnde Reformfähigkeit marxistisch-leninistischer Systeme war ebenso offenkundig geworden wie ihre Krisenanfälligkeit. Der plötzliche Zusammenbruch des sogenannten real-existierenden Sozialismus hat beachtliche Auswirkungen auf die Totalitarismusforschung gezeitigt. Die einstige Tabuisierung dieses Begriffs ist mittlerweile verschwunden.

Heutzutage wird die Totalitarismusforschung auch von den meisten derjenigen nicht in Frage gestellt, die sie vor dem Schlüsseljahr 1989 als überholt oder gar als Ausfluss des Kalten Krieges angesehen haben. Seit dem nahezu weltweiten Ende des Kommunismus sind zahlreiche Studien zum Totalitarismus und zur Totalitarismusforschung wie Pilze aus dem Erdboden geschossen. Der Totalitarismusansatz wird weitaus besser eingeschätzt als in den siebziger und achtziger Jahren. Das gilt für die Forschung wie für die öffentliche Meinung. Damit ist selbstverständlich noch nichts über seine wissenschaftliche Leistungsfähigkeit ausgesagt. Das von Stéphane Courtois herausgegebene „Schwarzbuch des Kommunismus" löste in der zweiten Hälfte der neunziger Jahre eine heftige öffentliche Auseinandersetzung über dessen Einschätzung aus. War er von Anfang an eine auf Unterdrückung angelegte Ideologie? Wie stark fiel sein Utopiegehalt aus? Inwiefern hat er den Massenterror begünstigt?

Differenzierung nach Ländern

Diese eben vorgenommene Charakterisierung der Konjunkturzyklen hat einen wichtigen Punkt vernachlässigt: die Differenzierung zwischen einzelnen Ländern. So ist in Frankreich in den ersten Jahrzehnten nach 1945 die Akzeptanz der Totalitarismuskonzeption nicht annähernd so stark gewesen wie in Deutschland: Die im intellektuellen Milieu breit vertretene kommunistische Position konnte dies – wie auch in Italien – verhindern. Hingegen wurde in Frankreich in den siebziger Jahren dem GULAG auf Grund einer intensiveren Rezeption von Solschenizyn größere Aufmerksamkeit gewidmet als in Deutschland.

Obwohl sich, wie gezeigt, die Perspektive vieler Forscher geändert hat, gibt es nach wie vor genügend wissenschaftliche Kritiker, die dem Totalitarismusbegriff nicht sonderlich viel abgewinnen können. Doch wird die Diskussion mittlerweile sachlicher geführt. Anhänger dieser Konzeption stehen nicht mehr im Verdacht, den „Kalten Krieg" befördern zu wollen. Totalitarismusdebatten können viele Erkenntnisse über die totalitären Herrschaftssysteme vermitteln (zumal dann, wenn diese untergegangen sind und das bisherige „arcanum imperii" enthüllt ist).

Nationalsozialismus – Kommunismus

Der Bonus, den der Kommunismus gegenüber dem Nationalsozialismus immer noch genießt, beruht wohl nicht zuletzt darauf, dass er sich wie der demokratische Verfassungsstaat, jedenfalls theoretisch, zu universalistischen Prinzipien bekennt. Gerade dadurch hat das kommunistische „Experiment" – dieser Terminus, der niemals für den Nationalsozialismus gebraucht wird, suggeriert Wiederholbarkeit unter besseren Bedingungen – das Schlimmste guten Gewissens möglich gemacht. Beim Kommunismus konnte man von „Deformationen" in der Praxis reden, während beim Nationalsozialismus schon die Idee als „Deformation" galt.

Die verbreitete Verwendung der Begriffe „Stalinismus" und „Nazismus" illustriert den nach wie vor unterschiedlichen Umgang mit den beiden Großtotalitarismen. Der kompromisslose Revolutionär Lenin, nicht Stalin, hat den Aufbau eines gigantischen Unterdrückungssystems begonnen, das auf dem Opferwillen vieler basierte. Umgekehrt unterschlägt die aus dem antifaschistischen Jargon stammende Wendung „Nazismus" die Anziehungskraft des Dritten Reiches, die auch in der tatsächlichen oder vermeintlichen „sozialistischen" Komponente der NS-Ideologie bestand. Es war nicht der Rassismus, der faszinierte und Leidenschaften entfesselte, wohl aber der Glaube an die Gemeinschaft, an die Größe der deutschen Nation, an soziale Gleichheit.

Manche These zur Wechselwirkung der beiden Großtotalitarismen löste heftige Reaktionen aus. Dass der Bol-

schewismus keine Reaktion auf die Bewegung des Nationalsozialismus gewesen ist, liegt angesichts der Chronolo-
gie auf der Hand. Aber wie ist es mit dem von Ernst Nolte
vielbeschworenen „kausalen Nexus" zwischen dem Kommunismus und dem Aufstieg des Nationalsozialismus be-
stellt? War dieser eine Reaktion auf jenen? Diese Frage hat
den deutschen „Historikerstreit" bestimmt. Dabei wurde
ein in erster Linie wissenschaftliches Problem vielfach nur
in zweiter Linie wissenschaftlich abgehandelt. Gesetzt den
Fall, die These Noltes wäre stimmig: Inwiefern würde dies
auf eine Exkulpation des Nationalsozialismus hinauslau-
fen, wie vielfach behauptet? Denn ein verbrecherisches System ist doch nicht deshalb weniger schlimm, wenn die Untaten die Reaktion auf andere Untaten darstellen sollten.
Für die moralische Bewertung des NS-Systems spielt es
keine Rolle, ob es in erster Linie von antisemitischen oder
antikommunistischen Affekten getragen war.

Gleichwohl ist die folgende Frage nicht rhetorischer Na-
tur: Wieso halten manche dem Kommunismus vielfach
seinen Antifaschismus zugute, wo er doch nicht nur den
Faschismus in den verschiedenen Varianten bekämpfte,
sondern auch den demokratischen Verfassungsstaat? Zum
Erhalt seines Herrschaftsmonopols blieb ihm gar nichts anderes übrig. Wer wird dem Nationalsozialismus seine vehement antikommunistische Haltung ernsthaft als Verdienst
anrechnen?

Tabuisierung des Extremismusbegriffs

Teile zumal der linken Intellektuellen in der Bundesrepublik wollten lange den Rechtstotalitarismus nicht mit dem
Linkstotalitarismus in einem Atemzug nennen. Der Soup-
çon gegenüber dieser Position war unübersehbar. Man
schien offenbar von den – tatsächlich oder vorgeblich huma-
nen – Zielen des einen Systems weniger abgestoßen zu sein

als von der Rassenideologie des NS-Regimes. Die Frage, ob die Motivation der Unterdrückung für den Aspekt der Herrschaftstechnik eine hinlänglich wichtige Rolle spielt, wurde kaum aufgeworfen. Das Opfer totalitärer Mechanismen muss eine solche Differenzierung – Kommunismus als Deformation einer an sich guten Idee – als sophistisch, wenn nicht zynisch empfinden, ganz abgesehen davon, dass Ziele und Mittel vielfach ineinander übergehen.

Ähnlich – und doch anders – ist die Geschichte des Extremismusbegriffs verlaufen. Unter diesem Terminus werden antidemokratische Strömungen verstanden, die innerhalb des demokratischen Verfassungsstaates wirken. Der französische Rechtswissenschaftler Maxime Leroy war wohl der erste, der – im Jahre 1921 – den Begriff „Extremismus" umfassend beleuchtet und auf beide Seite des politischen Spektrums bezogen hat. Allerdings setzte sich der Begriff zunächst kaum durch. Vielfach wurde von „Radikalismus" gesprochen. In der Bundesrepublik Deutschland dauerte es bis zum Anfang der siebziger Jahre, als „Extremismus" den weniger pejorativ besetzten Begriff des „Radikalismus" ablöste (z. B. bei der Charakterisierung verfassungsfeindlicher Bestrebungen in den Verfassungsschutzberichten).

Bis weit in die sechziger Jahre herrschte Äquidistanz gegenüber beiden Seiten des politischen Extremismus vor, bedingt durch die doppelte Last mit einer Diktatur – zunächst der NS-, dann der SED-Diktatur. Die Prinzipien der streitbaren Demokratie, die das Grundgesetz verankert hat (z. B. mit der Möglichkeit der Vereinigungs- und Parteienverbots), wurden gegenüber dem Extremismus von links und dem von rechts in gleicher Weise angewandt. So kam es im Jahre 1952 zum Verbot der rechtsextremistischen Sozialistischen Reichspartei und im Jahre 1956 zum Verbot der Kommunistischen Partei Deutschlands. Der Antiextremismus war scharf und zum Teil überzogen (z. B. im politischen Strafrecht).

Durch die Studentenbewegung in der zweiten Hälfte der sechziger Jahre löste sich der antiextremistische Konsens allmählich auf, jedenfalls in Teilen der öffentlichen Meinung, aber auch in der Politik. Seit Ende der sechziger Jahre ist keine deutsche linksextremistische Vereinigung mehr verboten worden, aber eine Vielzahl rechtsextremistischer. Die Geschichte des Extremistenbeschlusses von 1972 zur Fernhaltung verfassungsfeindlicher Kräfte aus dem öffentlichen Dienst erwies sich als die Geschichte seiner Rücknahme. In vielen Bereichen wurde die Bastion des Antiextremismus geschleift.

Das Ende der DDR beförderte diese Entwicklung weiter. Nach dem nahezu weltweiten Zusammenbruch des Kommunismus im allgemeinen und der DDR-Diktatur im besonderen äußerte Jürgen Habermas folgende These: „Heute kann sich zum ersten Mal ein antitotalitärer Konsens bilden, der diesen Namen verdient, weil er nicht selektiv ist." Ein solcher Konsens ist beherzigenswert. Nur: Wieso konnte er sich erst nach dem Untergang der DDR bilden? Und: Wieso heißt dieser Konsens „antitotalitär" und nicht antiextremistisch? Handelt es sich doch um einen Konsens gegen antidemokratische Bestrebungen innerhalb der Demokratie.

In anderen demokratischen Verfassungsstaaten gab es diesen antiextremistischen Konsens kaum. Kommunisten, die eine große Rolle im Kampf gegen den Faschismus gespielt hatten, saßen zum Teil in der Regierung. Es konnte nicht davon die Rede sein, kommunistische Parteien als linksextremistisch zu bezeichnen. Auch nach dem Schlüsseljahr 1989, das auf vielen Gebieten eine Zäsur bedeutete, trat keine grundlegende Änderung ein. Immerhin wandelten sich die meisten kommunistischen Parteien und benannten sich teilweise sogar um. Die normative Kraft des Faktischen war einfach zu stark.

Vereinfacht gesagt: Wurde vor 1989 der Totalitarismusbegriff weitgehend tabuisiert, so gilt dies heute für den Extremismusbegriff. Wer einen Vergleich zwischen der DDR und dem Dritten Reich vornimmt, stößt auf weniger Vorbehalte als derjenige, der Parallelen zwischen der „Partei des Demokratischen Sozialismus (PDS)" und den „Republikanern" herauszuarbeiten sucht – mit Blick auf Vorbehalte gegenüber demokratischen Prinzipien. Die SPD bildete aus machtpolitischen Überlegungen auf Landesebene Koalitionen mit der PDS. Wäre der Union Gleiches gegenüber den „Republikanern" eingefallen, so hätte die öffentliche Meinung gegen einen solchen Schritt heftig Stellung bezogen. Die PDS wird in den meisten Verfassungsschutzberichten der Länder milder beurteilt als die Partei der „Republikaner". Viele Politiker nennen Rechts- und Linksextremismus nicht mehr im gleichen Atemzug. Manche sprechen vage vom „Extremismus" – und unterschlagen dabei bewusst, dass es nicht nur einen Rechts-, sondern auch einen Linksextremismus gibt. Die Zahl der „Bündnisse gegen rechts" ist Legion, ohne dass sich einer darum schert, ob diese von linksextremistischen Gruppierungen mitgetragen werden.

Tabuisierung des Islamismusbegriffs?

Was sind die Gründe für diese merkwürdige Wandlung? Die Tabuisierung des Totalitarismusbegriffs hat nachgelassen, weil der Zusammenbruch solcher Systeme wie der DDR dazu führt, dass auch jene auf Distanz zu ihnen gehen, die sie zuvor in der einen oder anderen Weise in Schutz genommen haben. Zugleich wehren sie sich vehement dagegen, die linke Spielart des Extremismus mit der rechten zu vergleichen oder gar moralisch auf eine Stufe zu stellen. Sie leugnen den Sinn eines solchen Vergleichs. Offenkundig ist der Maßstab des Vergleichs nicht die freiheitliche demokratische Grundordnung, kommen doch durch die Hintertür antifaschistische Prinzipien zur Geltung. Insofern ist die Akzeptanz des Totalitarismusbegriffs in der politischen Kultur Deutschlands wahrlich nicht fest verankert und der Wandel keineswegs tiefgehend.

Was in der Vergangenheit für den Totalitarismusbegriff galt und gegenwärtig für den Extremismusbegriff stimmig ist, dürfte künftig vielleicht für den Islamismusbegriff zutreffen: seine Tabuisierung. Mit dem auf der Rechts-Links-Achse nur schwer einzuordnenden Islamismus – nicht mit dem Islam an sich – ist eine Form des Fundamentalismus gemeint, die mit dem modernen, dem weltanschaulich neutralen Staat auf Kriegsfuß steht und die Trennung zwischen weltlicher und geistlicher Herrschaft (Modell der theokratischen Herrschaft) verwirft. Der Islamismus orientiert sich am Koran und der islamischen Rechtsordnung, der Scharia, die den Frauen mindere Rechte zubilligt. Religiöse „Gotteskrieger" predigen den „heiligen Krieg" (Dschihad) und beschwören eine islamistische Weltherrschaft, ihren „Gottesstaat".

Aber bereits jetzt gibt es genügend Warner vor der Verwendung des Begriffs „Islamismus", obwohl existenzielle Gefahren auf der Hand liegen. Damit werde, heißt es, der Islam generell diffamiert. Jedoch ist die Universalität der Menschenrechte ein höherer Wert als kulturrelativistisch geprägte Toleranz gegenüber allen (auch intoleranten) Formen fremder Kulturen. Dem Totalitarismus- wie dem Extremismuskonzept sind also durch die Übertragung auf ferne Kulturkreise keine Grenzen gesetzt. Islamistische Strömungen in einer Demokratie können als extremistisch bezeichnet werden. Sind sie an der Macht, trifft das Verdikt totalitär zu.

Quellen- und Literaturhinweise

U. Backes/S. Courbois (Hgg.), „Ein Gespenst geht um in Europa". Das Erbe kommunistischer Ideologien (2002; Schriften des Hannah-Arendt-Instituts für Totalitarismusforschung 20) – U. Backes/E. Jesse, Totalitarismus, Extremismus, Terrorismus. Ein Literaturführer und Wegweiser im Lichte deutscher Erfahrung ([2]1985) – Dies., Politischer Extremismus in der Bundesrepublik Deutschland ([4]1996; Schriftenreihe der Bundeszentrale für politische Bildung 272) – Dies. (Hgg.), Jahrbuch Extremismus & Demokratie (E&D), zuletzt 14/2002 – K.D. Bracher, Schlüsselwörter in der Geschichte. Mit einer Betrachtung zum Totalitarismusproblem (1978) – Ders., Zeitgeschichtliche Kontroversen um Faschismus, Totalitarismus, Demokratie ([5]1984) – W.-U. Friedrich (Hg.), Die totalitäre Herrschaft der SED. Wirklichkeit und Nachwirkungen (1998; Perspektiven und Orientierungen 18) – M. Funke (Hg.), Totalitarismus. Ein Studien-Reader zur Herrschaftsanalyse moderner Diktaturen (1978) – F. Furet, Das Ende der Illusion. Der Kommunismus im 20. Jahrhundert (1996) – E. Hobsbawm, Das Zeitalter der Extreme. Weltgeschichte des 20. Jahrhunderts (1995) – S. P. Huntington, Kampf der Kulturen. Die Neugestaltung der Weltpolitik im 21. Jahrhundert (1996) – E. Jesse/S. Kailitz (Hgg.), Prägekräfte des 20. Jahrhunderts. Demokratie, Extremismus, Totalitarismus (1997) – E. Jesse (Hg.), Totalitarismus im 20. Jahrhundert. Eine Bilanz der internationalen Forschung ([2]1999; Schriftenreihe der Bundeszentrale für politische Bildung 336) – H. Lübbe (Hg.), Heilserwartung und Terror. Politische Religionen des 20. Jahrhunderts (1995; Schriften der Kath. Akademie in Bayern 152) – H. Maier, Politische Religionen. Die totalitären Regime und das Christentum (1995) – Ders. (Hg.), „Totalitarismus" und „Politische Religionen". Konzepte des Diktaturvergleichs, Bde. I/II (1996/1997) – A. Siegel (Hg.), Totalitarismustheorien nach dem Ende des Kommunismus (1998; Schriften des Hannah-Arendt-Instituts für Totalitarismusforschung 7) – A. Söllner/R. Walkenhaus/K. Wieland (Hg.), Totalitarismus. Eine Ideengeschichte des 20. Jahrhunderts (1997) – H.W. Vahlefeld, Deutschlands totalitäre Tradition. Nationalsozialismus und SED-Sozialismus als politische Religionen (2002) – M. Vetter (Hg.), Terroristische Diktaturen im 20. Jahrhundert. Strukturelemente der nationalsozialistischen und stalinistischen Herrschaft (1996).

Kiel
Schleswig-Holstein
Mecklenburg- Vorpommern
Hamburg
•Schwerin
Bremen
Brandenburg
Niedersachsen
Sachsen-Anhalt
Berlin
Hannover
•Potsdam
Magdeburg
Nordrhein-Westfalen
Düsseldorf
Dresden
Erfurt
Sachsen
Thüringen
Hessen
Rheinland-Pfalz
Wiesbaden
Mainz
Saarland
Saarbrücken
Stuttgart
Bayern
Baden-Würtenberg
München

Das wiedervereinte Deutschland 1990

Vollends durch den Kalten Krieg und seine Nachwirkungen gefördert, wurde die Hoffnung auf Wiedervereinigung geradezu zur Lebenslüge der zweiten Deutschen Republik.

Willy Brandt („Frankfurter Rundschau", 15. September 1988)

Nach 40 Jahren Bundesrepublik sollte man eine neue Generation in Deutschland nicht über die Chancen einer Wiedervereinigung belügen. Es gibt sie nicht.

Gerhard Schröder („Bild", 12. Juni 1989)

Das Wiedervereinigungsgebot im Grundgesetz wäre in seiner Konsequenz ein Unglück für das deutsche Volk.

Joschka Fischer („Bunte", 27. Juli 1989)

(...) reaktionär und hochgradig gefährlich.

Gerhard Schröder
(„Hannoversche Allgemeine Zeitung", 27. September 1989)

Das tritt nach meiner Kenntnis (...) ist das sofort. Unverzüglich

Der Ost-Berliner SED-Chef Günter Schabowski
am Abend des 9. November 1989

(...) vereintes Deutschland – ja, aber in der NATO! Welch ein historischer Schwachsinn!

Oskar Lafontaine, SPD-Programm-Parteitag, 19. Dezember 1989)

Kohl ist das Prädikat „Vereinigungskanzler" sicher (...) Den Staatsmann Kohl wird man nicht mehr von der Landkarte tilgen können. Glückwunsch, Kanzler!

Rudolf Augstein („Der Spiegel", 30/1990)

Da er (sc. Helmut Kohl) zu jenen Riesen gehört, die auf dem einmal für richtig gehaltenen Weg bedenkenlos voranstampfen, gehört die blitzschnelle, tiefgreifende Kurskorrektur seiner Deutschlandpolitik im Spätherbst 1989 zu den erstaunlichen Ausnahmen im Verhaltensstil dieses Bundeskanzlers. Er verstieß damit gegen sein ruhiges Naturell, dem phantasievolle Bewegungspolitik oder Volten, wie sie für Bismarck gang und gäbe waren, eigentlich zuwider sind. Doch eben mit diesem einmaligen Vorstoß hat er Weltgeschichte gemacht (...) Die Vereinigung des geteilten Deutschlands ist in der europäischen Geschichte des 20. Jahrhunderts ein einzigartiger Vorgang: Wiederherstellung des Nationalstaats einer zum zweiten Mal verspäteten Nation mit Billigung, wenngleich nicht zum Wohlgefallen aller Beteiligten. Helmut Kohl hat bei dieser Gelegenheit das spärlich noch verbliebene Brennholz des deutschen Patriotismus zeitweilig angefacht, den großen Waldbrand aber umsichtig verhindert.

Hans-Peter Schwarz (1999)

Jürgen Aretz
Die Wiedervereinigung Deutschlands: Vorbedingungen und Gestaltung

Dem Vergessen entgegentreten

Mehr als ein Jahrzehnt ist vergangen, seit die Wiederherstellung der staatlichen Einheit Deutschlands Wirklichkeit wurde. Mittlerweile sind viele Menschen in unserem Land an den politischen Entscheidungsprozessen beteiligt, die kaum mehr eine konkrete Erinnerung an die Zeit vor 1989/90 haben; manche Erstwähler der Bundestagswahlen 2002 gingen im Herbst 1989 gerade zur Schule.

Genauere Kenntnisse um den Prozess der deutschen Einheit und seine Vorbedingungen gehören ganz generell nicht zum Allgemeinwissen in Deutschland. Das politische Alltagsleben hat diese Fragen längst überlagert. In Ost wie West gibt es aber auch Kräfte, die an der Verbreitung dieses Wissens nicht sonderlich interessiert sind – die einen, weil sie zu der kleinen Minderheit gehörten, die das politische System der DDR aktiv und verantwortlich getragen, die anderen in Westdeutschland, weil sie die Idee der Freiheit für einen Teil Deutschlands aufgegeben hatten und in ihren politischen Analysen wie Strategien einem schlimmen historischen und moralischen Irrtum unterlegen waren.

Es mag sein, dass das kurze Gedächtnis der Menschen eine der wenigen Konstanten deutscher Politik ist – dem Vergessen der deutschen Teilung gilt es in Ost wie West aber schon deswegen gleichermaßen entgegenzutreten, weil dies Teil der Aufgabe ist, nach der staatlichen Einheit auch das Ziel zu verwirklichen, das schon fast etwas hilflos die „innere Einheit" genannt wird.

Grundsatzfragen und historische Voraussetzungen der deutschen Einheit

Im Juni 1987 besuchte der amerikanische Präsident Ronald Reagan die Bundesrepublik Deutschland. Bei einem Berlin-Besuch appellierte er an die sowjetische Führung, die Mauer niederzureißen – und erntete dafür in wichtigen Teilen der Medien und der politischen Klasse Westdeutschlands Kritik und Unverständnis. Vor dem Hintergrund der Entspannungspolitik hatten sich seit den 70er Jahren viele Westdeutsche an den Status quo gewöhnt, manche ihn gar für sakrosankt erklärt. Es schien einer historischen „Gesetzmäßigkeit" zu entsprechen, dass – fern der beschworenen Ideale von Menschenrechten und Demokratie – in Berlin, Deutschland und Europa zwei Welten existierten: eine der Freiheit und der Demokratie, verbunden mit materiellen Chancen, und eine der Unfreiheit, der Diktatur und des zentral verwalteten Mangels.

In der Logik dieser Politik lag die Forderung, das Wiedervereinigungsgebot aus der Präambel des Grundgesetzes zu streichen. Egon Bahr, der „Architekt" der Ostpolitik Willy Brandts, formulierte dazu 1988, „auch am Ende dieser Prozesse" werde es „die beiden (sc. deutschen) Staaten geben, also so weit wir nach vorn sehen können. Das muss man nicht nur wissen, sondern man muss es auch sagen und sogar wollen." Die Deutschen hätten „Wichtigeres zu tun" als „die deutschen Staaten zusammenzuführen". (E. Bahr, Rede über das eigene Land: Deutschland, in: Sicherheit für und vor Deutschland [1991] hier S. 141)

Maßgebliche SPD-Politiker hatten zu diesem Zeitpunkt die „Geraer Forderungen" des SED-Generalsekretärs Honecker von 1980 akzeptiert. Sie schlossen die Auflösung der zentralen Erfassungsstelle Salzgitter und damit der einzigen Stelle ein, die für Häftlinge in DDR-Zuchthäusern Hoffnung und wenigstens einen relativen Schutz vor Misshandlungen bot, vor allem aber liefen sie mit der Akzeptierung einer eigenen DDR-Staatsbürgerschaft auf die Zementierung der deutschen Teilung hinaus. In diesen Kontext gehört die gemeinsame Unterzeichnung eines offiziellen Papiers, in dem sich SPD und SED – bei Unterschieden im politischen Detail – im August 1987 faktisch die historisch-moralische Ebenbürtigkeit attestierten.

War die Deutschlandpolitik der SPD seit den 70er Jahren immer stärker an DDR-Positionen orientiert, so konnte andererseits der Eindruck aufkommen, dass die Deutschlandpolitik im Lager von Union und FDP zunehmend auf Desinteresse und Mutlosigkeit traf. In dieser politischen Stimmungslage kam Erich Honecker im September 1987 zu einem Besuch in die Bundeshauptstadt Bonn. Nach jahrelangen Auseinandersetzungen, die bis in die Kanzlerschaft von Helmut Schmidt (SPD) zurückreichten, schien ausgerechnet Bundeskanzler Helmut Kohl einen politischen Lebenstraum Honeckers zu verwirklichen: den Empfang in der Bundesrepublik als Staats- und Parteichef der DDR.

Keine Rede war vor den Kulissen von den Zugeständnissen, die Honecker im Vorfeld hatte machen müssen. So stieg u. a. die Zahl der Reisegenehmigungen „in dringenden Familienangelegenheiten" zwischen 1982, dem Jahr, in dem Kohl am 1. Oktober die Kanzlerschaft antrat, von etwa 40 000 auf 1,2 Mio. im Jahr 1987. Konkret bedeutete dies: Etwa jeder Zehnte im aktiven Berufsleben stehende Deutsche in der DDR hatte die Bundesrepublik besuchen und sich ein authentisches Bild von den Lebensbedingungen in beiden Staaten in Deutschland machen können.

Schließlich konfrontierte Kohl seinen Gast anlässlich einer auch vom DDR-Fernsehen direkt übertragenen Tischrede mit den Grundpositionen seiner Deutschland-Politik, die unmittelbar abgeleitet waren von dem Wiedervereinigungsgebot des Grundgesetzes – eine mehr als unangenehme Überraschung für Honecker, der sich auf dem protokollarischen Höhepunkt seiner politischen Karriere wähnte, eine scharfe Abgrenzung von sozialdemokratischen Positionen und ein Hoffnungssignal für viele Deutsche in der DDR, denen dieser Bundeskanzler die Botschaft vermittelte, weder abgeschrieben noch vergessen zu sein.

Kohls von vielen nicht wahrgenommener oder unterschätzter deutschlandpolitischer Ansatz entsprach sicher traditionellen Vorstellungen von CDU und CSU – aber er beschränkte sich nicht auf programmatische, selbst bei manchen Parteifreunden in das Rituelle abgeglittene Festlegungen. Im Unterschied zur Opposition und Vertretern der eigenen Partei, denen besonders CDU-ferne Medien „fortschrittliche" Positionen attestierten, hatte Kohl aus der Entwicklung der vorangegangenen Jahre ähnliche Schlüsse gezogen wie Politiker im westlichen Ausland: Das sowjetische Lager befand sich in einem Prozess tiefgreifender Veränderungen, die neuen außenpolitischen Spielraum ermöglichen konnten.

Eine zentrale Rolle spielte dabei für die Sowjetunion das fehlgeschlagene militärische Abenteuer in Afghanistan. Zum ersten Mal erlitt die Rote Armee eine Niederlage, Zehntausende junger Soldaten waren gefallen oder in Gefangenschaft geraten. Westliche Politiker und Journalisten sprachen von einem „russischen Vietnam-Trauma". Hinzu kam, dass die Aufwendungen für dieses militärische Abenteuer die dringend notwendige Verbesserung der Lebensbedingungen verhinderten.

Mit der Papstwahl von Karol Wojtyla, der den Namen Johannes Paul II. annahm, ergab sich ein neues, unerwartetes Konfliktfeld. Das aus dem kommunistischen Polen stammende und durchaus politisch agierende Oberhaupt der katholischen Weltkirche wurde zu einem entscheidenden Helfer der Gewerkschaft „Solidarität" in Polen, dem Ausgangspunkt einer umfassenden Bürgerrechtsbewegung. Letztlich wurde sie durch die Verhängung des Kriegsrechtes eher gestärkt als zurückgedrängt.

Schließlich unterlag die sowjetische Führung einer weiteren, wahrscheinlich zentralen Fehleinschätzung. Der

Hochrüstung, mit der die Sowjetunion den Entspannungsprozess der 70er Jahre begleitete, hatte die NATO auf Initiative von Bundeskanzler Helmut Schmidt ihren Nachrüstungsbeschluss entgegengesetzt. Schmidt verlor, von den eigenen sozialdemokratischen Parteifreunden im Stich gelassen, in der Folge sein Amt an Helmut Kohl. Trotz massiven öffentlichen Drucks, nicht zuletzt durch die Friedensbewegung, verband Kohl bei den Bundestagswahlen 1983 sehr bewusst seine eigene politische Zukunft de facto mit einer Abstimmung über den NATO-Doppelbeschluss. Kohls Erfolg und die vergleichbare Haltung der Staats- bzw. Regierungschefs in Washington, Paris und London zerstörten im Kreml die Erwartung, die NATO könnte an ihrem Nachrüstungsbeschluss zerbrechen. Statt dessen sah sich die sowjetische Führung vor einer weiteren, von ihr selbst ausgelösten Stufe des Rüstungs- und Technologiewettlaufs, den sie aus ökonomischen Gründen nicht mehr bestehen konnte.

Der Macht- und Klärungsprozess führte dazu, dass neue Ideen und neue Personen eine Chance erhielten. Michail Gorbatschow trat an die Spitze der KPdSU. Mit seiner Politik, für die die Begriffe „Glasnost" (Offenheit) und „Perestroika" (Umbau) standen, suchte Gorbatschow die Sowjetunion zu modernisieren, ohne das System grundsätzlich in Frage zu stellen. Die Rezeption dieser Politik war eher unkritisch: in der Bundesrepublik entstand – bis in die Junge Union hinein – eine wahre „Gorbimanie".

Der DDR-Führung gingen Gorbatschows Vorstellungen entschieden zu weit. Statt auf „Glasnost" setzte die SED im Zweifelsfalle auf Repression. Als im Juni 1987 auf der Straße „Unter den Linden" in Berlin (Ost) mehrere tausend Menschen Gorbatschow-Rufe skandierten und den Abriss der Mauer forderten, gab es zahlreiche Verhaftungen. Im Januar 1988 wurden Dutzende Bürgerrechtler sowie Mitglieder von Friedens- und Umweltgruppen festgenommen, die die offizielle Demonstration zum Todestag von Rosa Luxemburg und Karl Liebknecht mit einer Gegendemonstration begleiteten. Wegen „Zusammenrottung" erhielten sie in Schnellverfahren Haftstrafen bis zu einem Jahr. Am 25. Januar wurden mehrere Oppositionelle, darunter die Regisseurin Freya Klier, unter dem Vorwurf „landesverräterischer Beziehungen" inhaftiert. Vor die Alternative einer mehrjährigen Haftstrafe oder Ausreise gestellt, entschieden sich Freya Klier, ihr Mann Stefan Krawczyk und eine Reihe anderer Intellektueller dafür, die DDR zu verlassen.

Parallel zu diesen Ereignissen nahm die Fluchtbewegung zu. Immer wieder versuchten Deutsche aus der DDR in die Ständige Vertretung der Bundesrepublik in Berlin (Ost) zu gelangen und so ihre Ausreise nach Westdeutschland durchzusetzen. Anfang 1989 kam es zu ersten Demonstrationen von Ausreisewilligen in Leipzig; zu dieser Zeit lagen, wie man in Bonn wusste, der DDR-Regierung Ausreiseanträge von mehreren hunderttausend Menschen vor.

Bürgerprotest und Wende in der DDR

Nach den DDR-Kommunalwahlen von Mai 1989 prangerten kirchlich orientierte und andere Oppositionsgruppen massive Wahlfälschungen an, die man durch eigens entwickelte Kontrollsysteme nachweisen konnte. Obwohl Wahlfälschungen auch nach DDR-Recht formal strafbar waren, reagierte das Regime gegen die Bürgerrechtler und ließ eine Strafverfolgung der Wahlfälscher nicht zu.

Als wenig später die chinesische Demokratiebewegung auf dem „Platz des himmlischen Friedens" in Peking blutig niedergeschlagen wurde, fand dieser Umgang mit Oppositionellen die uneingeschränkte Zustimmung der SED-Führung. Umso irritierender wirkte auf sie die Entwicklung im eigenen Bündnis: Am 27. Juli 1989 zerschnitt der ungarische Außenminister Horn mit seinem österreichischen Amtskollegen Mock den Stacheldraht an der gemeinsamen Staatsgrenze bei Sopron (Ödenburg); anschließend reiste

Horn nicht etwa in eine der Hauptstädte des Warschauer Paktes, um den symbolischen Akt zu erläutern, sondern zu Besprechungen nach Bonn.

In den folgenden Wochen nutzten die ersten Deutschen aus der DDR die entstandenen Lücken des Eisernen Vorhanges, zunächst noch mit dem Risiko, von ungarischen Grenzpatrouillen festgenommen zu werden. Am 11. September 1989 schließlich öffnete die Volksrepublik Ungarn unter Bruch verbindlicher Abmachungen mit ihren sozialistischen Vertragspartnern die Grenze zu Österreich für DDR-Ausreisende. Sofort wurde diese Grenze Ziel mehrerer tausend DDR-Flüchtlinge. Auf der ungarischen Seite ließen sie ihre Habe zurück, selbst ihre Fahrzeuge, auf deren Erwerb sie in der DDR mehr als zehn Jahre hatten warten müssen: Die Chance, endlich in den Westen zu gelangen, ließ andere Überlegungen zurücktreten.

Parallel zu diesen Ereignissen flohen Tausende in Botschaften der Bundesrepublik in osteuropäischen Staaten und in die Ständige Vertretung in Berlin (Ost). Noch im September 1989 suchten 6000 Menschen aus der DDR Zuflucht auf dem Gelände der Botschaft der Bundesrepublik in Prag. Die Zustände auf dem Botschaftsgelände waren chaotisch. Schließlich konnten die Flüchtlinge am 30. September in Sonderzügen der DDR-Reichsbahn nach Westdeutschland ausreisen. Die DDR-Führung hatte als Folge ihres geradezu skurril anmutenden Souveränitätsverständnisses darauf bestanden, dass die Fahrt über das Gebiet der DDR führen müsse. Auf der Strecke kam es immer wieder zu Versuchen, auf die Züge aufzuspringen. Bei einer weiteren Massenausreise von Prager Botschaftsbesetzern am 4. Oktober – dieses Mal mit 7600 Flüchtlingen – waren die Zugtüren abgeschlossen, um weiteres Aufspringen zu verhindern.

Die Ausreise der „Botschaftsflüchtlinge" zeigte exemplarisch, dass die Aufrechterhaltung der traditionellen deutschlandpolitischen Positionen durch die Regierung Kohl Voraussetzung für eine menschlich vertretbare Lösung des

Problems und vor allem für eine weitere positive Entwicklung war. Es gab auch andere Positionen. Der damalige niedersächsische Oppositionsführer Gerhard Schröder (SPD) bezeichnete die Deutschlandpolitik Kohls und der Union angesichts des Prager Botschaftsdramas im September 1989 als „reaktionär und hochgradig gefährlich" (Hannoversche Allgemeine Zeitung, 27.9.1989). Unbestreitbar hätte die Anerkennung einer „DDR-Staatsbürgerschaft" – wie früher von Schröder gefordert – im Herbst 1989 die fatale Folge gehabt, dass die in die Botschaften der Bundesrepublik Deutschland Geflohenen Staatsangehörige eines Drittlandes gewesen wären. Entsprechend völkerrechtlichen Verpflichtungen und angesichts des internationalen politischen Klimas hätte die Bundesregierung die Botschaftsflüchtlinge in Prag und anderen Hauptstädten nicht vertreten können und sie ausliefern müssen.

Mit der Öffnung des Eisernen Vorhanges durch die ungarische Regierung und den Botschaftsdramen erreichte die Welle der Übersiedlungen aus der DDR in die Bundesrepublik Deutschland ein nicht vorhersehbares Ausmaß. Bis 1983 hatte die Zahl bei jährlich ca. 14 600 gelegen, war dann kontinuierlich gestiegen und erreichte 1984 und 1988 mit jeweils ca. 40 000 erste Höhepunkte. Im Jahre 1989 sollten 344 000 Menschen den Weg in den Westen suchen – mehr als zwei Prozent der gesamten DDR-Bevölkerung, vor allem Angehörige der aktiven und produktiven Altersstufen. In der DDR kursierten bittere politische Witze, wer als letzter im Land das Licht aus machen müsse.

Gleichwohl dachte die große Mehrheit der Menschen nicht daran, ihre Heimat zu verlassen. Private Bindungen und die Hoffnung auf eine Wende zum Besseren hielten sie in der DDR. Je länger aber Reformen durch die Regierung ausblieben, desto mehr wuchs die Verbitterung angesichts der Unterdrückung von Freiheitsbestrebungen, der Versorgungsengpässe und der Verweigerung von Reisemöglichkeiten. Eine große Zahl jener, die als Folge der Politik

Kohls zu Besuch in den Westen hatten fahren können, stellten angesichts vergleichbarer Berufsqualifikation und höherer Wochenarbeitszeit die Frage, warum es den Kollegen im Westen materiell so signifikant besser ging als ihnen – von der Lebensqualität ganz abgesehen. Die so viel schlechteren Chancen, im DDR-System ein selbstbestimmtes Leben zu führen, wurde zur Schlüsselfrage auch für viele, die sich im Prinzip „eingerichtet" hatten.

Dagegen dachten Menschenrechts-, Friedens- und Umweltgruppen, die zum Teil kirchlich motiviert waren oder unter dem Dach der Kirchen eine Heimstatt gefunden hatten, sehr viel grundsätzlicher. Ihren Vertretern war bewusst, dass der bedenkenlose Umgang der DDR-Führung mit den natürlichen Ressourcen die Lebensgrundlagen nachhaltig beschädigte oder gar zerstörte. Luft- und Wasserqualität waren in der DDR längst auf ein gesundheitsgefährdendes Niveau gesunken.

Die Oppositionellen äußerten sich mit großem Mut bis hin zu dem Vorwurf, die DDR enthalte ihren Bürgern Grundrechte vor, die sie durch die Unterzeichnung internationaler Konventionen zugestanden hatte. Die Risiken waren ihnen angesichts eines umfassenden Kontrollsystems, das von dem „Ministerium für Staatssicherheit" (Stasi) errichtet worden war, durchaus bewusst. Im Jahre 1989 umfasste die Stasi 91 000 hauptamtliche und 174 000 inoffizielle Mitarbeiter (IM). Rechtliche Grenzen für ihre gegen die eigene Bevölkerung gerichtete Tätigkeit hatte die Stasi faktisch nicht. Die Oppositionellen suchten den Spielraum für ihre Kritik vor diesem Hintergrund auszudehnen, vermieden es aber, den grundsätzlichen Unrechtscharakter des Regimes öffentlich zu thematisieren. Das Todesregiment an der Mauer, die Folter in den Haftanstalten oder ideologisch motivierte Zwangsadoptionen waren keine Themen des öffentlichen Protestes.

Nach zahlenmäßig kleineren Demonstrationen kam es seit September 1989 zu einer regelrechten Demonstrationsbewegung. In Leipzig demonstrierten am 2. Oktober 1989 erstmals mehr als 20 000 Menschen für eine demokratische Erneuerung der DDR; eine Woche später waren es bereits 70 000. Auf den folgenden, ständig stärker werdenden „Montags-Demonstrationen", die auch auf andere Städte übergriffen, skandierten die Teilnehmer einen systemkritischen Satz, der die Menschenferne des Regimes auf einen kurzen Nenner brachte und in die Geschichte einging: „Wir sind das Volk!".

Während andere sozialistische Staaten den Spielraum nutzten, den ihnen der Moskauer Reformkurs bot – in Polen war im August 1989 mit Tadeusz Mazowiezki der erste nichtkommunistische Regierungschef eines Warschauer Pakt-Mitglieds gewählt worden – verweigerte das DDR-Regime auch den kleinsten Reformansatz. Am Vortag des 40. Jahrestages der DDR-Gründung bramarbasierte ein realitätsentrückter Honecker, die DDR werde die Schwelle zum Jahre 2000 mit der Gewissheit überschreiten, dass „dem Sozialismus die Zukunft gehört".

Vergeblich hatte Michail Gorbatschow, der zu diesem letztmals mit allem sozialistischen Pomp gefeierten Ereignis angereist war, Reformen angemahnt und gewarnt: „Wer zu spät kommt, den bestraft das Leben." Zwischen dem 18. und 24. Oktober 1989 verlor Erich Honecker alle Ämter; ihm folgte als neuer Generalsekretär der SED das Politbüro-Mitglied Egon Krenz.

Das politische Ziel des früheren Führers der DDR-Staatsjugend FDJ war freilich nicht die notwendige und auf den Straßen geforderte fundamentale Erneuerung, sondern eine Reform und damit die Konservierung des herrschenden Systems. Der Zerfallsprozess des SED-Regimes schritt fort, und die DDR, von ihrer Führung bei den 40-Jahr-Feiern noch als „Vorposten des Friedens und des Sozialismus in Europa" gepriesen, erwies sich endgültig als das, was sie während ihrer gesamten Existenz gewesen war: Ein Staatswesen, das sich auf Unfreiheit und Unrecht gründete, abgelehnt von der großen Mehrheit seiner Bevölkerung, existenzfähig nur mit einem nach innen gerichteten Gewaltregime an der Grenze, mit totalitärer Steuerung und Kontrolle aller Lebensbereiche.

Den letzten Stoß zum Zusammenbruch des Regimes gab eine Demonstration am 4. November 1989 in Berlin (Ost), an der nahezu eine Million Menschen teilnahm. Bei dem Versuch, mit einem neuen Reisegesetz ein Ventil für die extrem gespannte Lage zu schaffen, zerbrach die Regierung, und am 8. November wurde das eigentliche Herrschaftszentrum, das Politbüro der SED, neu gebildet. Die anhaltenden internen Auseinandersetzungen um das neue Reisegesetz hatten am 9. November eine in dieser Form nicht erwartete und wohl auch nicht beabsichtigte Folge: Die Mauer wurde geöffnet.

Mauerfall und Demokratisierung der DDR

Während Bundeskanzler Helmut Kohl die Bedeutung dieses historischen Ereignisses sofort erkannte, seinen Staatsbesuch in Polen unterbrach und nach Berlin reiste, blieb dessen Regierender Bürgermeister Walter Momper (SPD) seiner Linie verhaftet: Es gehe um das Wiedersehen und nicht um die Wiedervereinigung. Größeren Weitblick bewies Willy Brandt. Hatte er noch im Jahr zuvor von der Wiedervereinigung als der „Lebenslüge" der Bundesrepublik gesprochen, so vollzog er jetzt eine abrupte Kehrtwende und formulierte unter Aufnahme eines älteren Wortes: „Jetzt wächst zusammen, was zusammengehört."

Die Fernsehbilder, die um die Welt gingen, gehören zu den berührendsten zeitgeschichtlichen Dokumenten der letzten Jahrzehnte. Überhaupt spielte das Fernsehen bei der politischen Entwicklung gerade vor dem Mauerfall eine bis heute unterbewertete Rolle. Die Bilder von den Massendemonstrationen wurden oft „illegal", das heißt ohne Wissen der DDR-Behörden und zum Teil von Dissidenten aufgenommen, von westdeutschen Sendern ausgestrahlt und in der DDR als authentische Unterrichtung über die innenpolitische Entwicklung von Millionen gesehen – und trugen so zum Anwachsen der Demonstrationsbewegung bei.

In der ersten Woche nach der Maueröffnung reisten etwa 9 Millionen Menschen – also weit mehr als die Hälfte der Bevölkerung – aus der DDR in den Westen, von ihren Landsleuten begeistert empfangen. Das von der Bundesregierung eingerichtete „Begrüßungsgeld" erleichterte den Aufenthalt und den Einkauf kleinerer Dinge, die in der DDR nicht allgemein verfügbar waren.

Die Regierungskrise in der DDR fand mit der Wahl von Hans Modrow zum Vorsitzenden des Ministerrates am 13. November 1989 ihr vorläufiges Ende. Modrow galt im Westen weithin als Reformer; erst später stellte sich heraus, dass auch er an den massiven Fälschungen der Kommunalwahlen vom Mai aktiv beteiligt gewesen war. Über eine demokratische Legitimation verfügte die Regierung Modrow ebenso wenig wie ihre Vorgängerinnen. Auch sie war nicht aus freien Wahlen hervorgegangen.

Im „innenpolitischen" Teil seiner Regierungserklärung kündigte Modrow Maßnahmen zur Bewältigung der Wirtschaftskrise und demokratische Reformen an. Zu diesem Zeitpunkt lag der DDR-Führung erstmals seit mehr als einundeinhalb Jahrzehnten eine realistische Bestandsaufnahme der wirtschaftlichen Lage vor. Seit langem hatte die Bevölkerung am Arbeitsplatz wie im Alltagsleben das Gefühl einer umfassenden Krise. Die Produktivität der DDR-Wirtschaft war niedrig; im Bundesministerium für innerdeutsche Beziehungen schätzte man sie auf maximal 30 Prozent des westdeutschen Niveaus. Genaue Daten aber gab es nicht, weil das DDR-Regime nach der Feststellung ungünstiger Zahlen in den frühen 70er Jahren die Erhebung weiterer, von ideologischen Vorgaben freien Daten untersagt hatte.

Erst Egon Krenz gab in seiner kurzen Regierungszeit eine entsprechende Untersuchung in Auftrag. Gerhard Schürer, Vorsitzender der Staatlichen Plankommission, legte eine als „streng geheim" klassifizierte „Analyse der ökonomischen Lage der DDR mit Schlussfolgerungen" vor, deren niederschmetterndes Ergebnis in der Feststellung kulminierte, „allein ein Stoppen der (sc. Staats-)Verschuldung würde im Jahre 1990 eine Senkung des Lebensstandards um 25 bis 30 Prozent erfordern und die DDR unregierbar machen". Die DDR war im Herbst 1989 politisch und ökonomisch am Ende.

In Kenntnis dieser Lage offerierte Modrow der Bundesregierung eine umfassende „Vertragsgemeinschaft". Den Menschen in der DDR war das zu diesem Zeitpunkt längst zu wenig. Die Demonstrationen hielten an, die Transparente „Wir sind das Volk!" traten in den Hintergrund. Die Losung hieß jetzt, in einer Aufnahme des in der DDR längst unterdrückten Textes der eigenen „Nationalhymne", „Deutschland einig Vaterland".

Eine weitere Zuspitzung der innenpolitischen Lage zeichnete sich ab und damit auch das erhöhte Risiko einer Destabilisierung. Für einige Beobachter schien eine „chinesische Lösung" nicht ausgeschlossen – unabhängig davon, dass alle Demonstrationen völlig friedlich verliefen.

In dieser Situation ergriff Helmut Kohl die Initiative. Am 28. November 1989 legte er im Deutschen Bundestag ein 10-Punkte-Programm zur Deutschlandpolitik vor. Eingebettet in eine gesamteuropäische Entwicklung sei die „Wiedergewinnung der staatlichen Einheit Deutschlands" das politische Ziel seiner Regierung.

Kohl hatte mit diesem für deutsche wie internationale Beobachter überraschenden Vorstoß das Gesetz des Handelns an sich gezogen und die Wiedervereinigung auf den Weg gebracht, auch wenn die in seinem Plan vorgesehenen Stationen im Einzelnen nicht Wirklichkeit wurden. Die Ereignisse der nächsten Monate überschlugen sich.

Kanzleramtsminister Rudolf Seiters erreichte in Berlin (Ost) die Wiederherstellung der völligen Reisefreiheit in Deutschland, die seit dem 2. Weltkrieg nicht mehr bestand, und als Kohl am 19. und 20. Dezember Dresden besuchte, wurde er von Zehntausenden vor der Ruine der Frauenkirche begeistert gefeiert. Er vermittelte den Menschen seine feste Entschlossenheit, die Teilung Deutschlands zu beenden. Genau dies entsprach den Hoffnungen und Erwartungen der Menschen in der DDR.

Der SED-Staat hatte längst seine Autorität verloren; mit Modrow ging die Macht von der Partei- auf die Staatsebene über. Die SED benannte sich im Dezember 1989 in „Partei des demokratischen Sozialismus" (PDS) um, ohne überzeugende programmatische oder personelle Veränderungen vorzunehmen. Selbst von einer Auflösung des Staatssicherheits-Apparates, der über Jahrzehnte die Macht der SED gewährleistet hatte, war keine Rede.

Die ehemals in der „Nationalen Front der DDR" zusammengeschlossenen, durch kommunistischen Zwang in der Nachkriegszeit gleichgeschalteten Parteien bemühten sich darum, ein eigenständiges programmatisches und personelles Profil zu entwickeln und eine Alternative zur bisherigen Staatspartei SED/PDS zu bieten. Wichtiger aber noch wurden für den Umbruch neue politische Gruppierungen wie das „Neue Forum" oder der „Demokratische Aufbruch", deren Mitglieder meist aus DDR-Oppositionsgruppen kamen. Ihre Aktionsebene wurde der „Runde Tisch", an dem auf kommunaler wie auf gesamtstaatlicher Ebene viele praktische Probleme gelöst und Programme für die Zukunft entworfen wurden. Auch die Kirchen beteiligten sich daran. Sie hatten, beginnend mit Friedensgebeten, die bereits Jahre zuvor stattfanden, wichtige Grundlagen für den Wandel gelegt und auch kirchenfernen Dissidenten Platz geboten. Viele Geistliche beider christlicher Konfessionen gehörten zu den aktiven Gestaltern des Umwandlungsprozesses in der DDR.

Mit der Aufnahme oppositioneller Vertreter und der Bildung einer „Regierung der nationalen Verantwortung" trat Modrow am 5. Februar 1990 die Flucht nach vorn an. In Moskau suchte er Unterstützung für den Plan einer deutschen Konföderation.

Als Helmut Kohl am 10./11. Februar in Begleitung von Außenminister Hans-Dietrich Genscher Moskau besuchte, deutete sich an, dass die sowjetische Führung Modrow und die DDR aufgegeben hatte. Kohl reiste mit dem Einverständnis der sowjetischen Führung ab, dass die Deutschen selbst über die Frage der staatlichen Einheit und ihren Weg entscheiden sollten. Vor diesem Hintergrund fiel es Kohl um so leichter, Modrow zurückzuweisen, der am 13./14. Februar nach Bonn kam, einen wirtschaftspolitisch nicht ernsthaft untersetzten Plan präsentierte und eine 15-Milliarden-Hilfe der Bundesregierung erwartete.

Am 18. März 1990 fanden in der DDR die ersten – und zugleich letzten – freien Volkskammerwahlen statt. Zwei Generationen lang hatten in diesem Teil Deutschlands keine uneingeschränkt freien und demokratischen Wahlen stattgefunden. Bei einer Wahlbeteiligung von 93 Prozent siegte die „Allianz für Deutschland", der die CDU, die Deutsche Soziale Union (DSU) und der Demokratische Aufbruch (DA) angehörten, mit fast 48 Prozent. Die SPD kam auf 21,8 Prozent, die PDS erreichte 16,3 Prozent, der Bund Freier Demokraten 5,3 Prozent und Bündnis 90 2,9 Prozent. Ohne Frage war der Sieg der „Allianz für Deutschland" ein Votum für Helmut Kohl, obwohl der Bundeskanzler gar nicht zur Wahl stand. Von seiner Politik aber erwarteten die Menschen die entscheidende Wende zum Besseren. Die politischen Kräfte der alten DDR hatten eine systemstabilisierende Wende gewollt, die Menschen machten daraus eine friedliche Revolution.

Der Einigungs-Prozess

Neuer Ministerpräsident der DDR wurde der CDU-Vorsitzende Lothar de Maizière, der eine große Koalition mit der SPD und den Liberalen bildete. Zentrales Ziel der Koalitionsvereinbarung vom 12. April 1990 war es, „die Einheit Deutschlands nach Verhandlungen mit der Bundesrepublik auf der Grundlage des Artikels 23 des Grundgesetzes zügig und verantwortungsvoll für die gesamte DDR gleichzeitig zu verwirklichen". Damit war auch den Überlegungen verschiedener „Runder Tische" eine Absage erteilt, die an einen „dritten Weg" und eine erneuerte DDR glaubten und entsprechende Entwürfe entwickelt hatten.

Die Zahl der Übersiedler ging nach der Regierungserklärung de Maizières schlagartig zurück. Meldeten sich im Februar noch 59 000 Menschen in den Aufnahmeeinrichtungen der Bundesrepublik, so waren es in der Woche nach der Volkskammerwahl lediglich 5000.

Die Regierungen de Maizière und Kohl nahmen unverzüglich intensive Verhandlungen auf. Bereits am 24. April wurde ein Vertrag über eine Wirtschafts-, Währungs- und Sozialunion zwischen beiden Staaten mit Wirkung zum 1. Juli 1990 verabredet, den dann Bundesfinanzminister Theo Waigel und sein DDR-Kollege Walter Romberg unterzeichneten. In der Präambel hieß es, diese Union stelle „einen ersten bedeutsamen Schritt in Richtung auf die Herstellung der staatlichen Einheit nach Artikel 23 des Grundgesetzes" dar. Damit war die Vorentscheidung über das weitere Verfahren gefallen.

Für die Menschen in der DDR bedeutete die Einführung der Sozialen Marktwirtschaft die Chance, ihre Lebensbedingungen grundlegend zu verbessern. Zugleich suchte die Bundesregierung mit den Umtauschsätzen, zu denen die D-Mark eingeführt wurde, ein Zeichen der Solidarität zu setzen und den schwierigen Start in das neue soziale und wirtschaftliche System zu erleichtern.

Obwohl die Wirtschafts-, Währungs- und Sozialunion in West und Ost auf breite Zustimmung stieß, war sie keineswegs unumstritten. Bei der Ratifizierung im Bundesrat stimmten die Ministerpräsidenten von Niedersachsen und dem Saarland, Schröder und Lafontaine, gegen den Vertrag. Schröder hatte bereits angesichts des Übersiedlerstroms aus der DDR in vermeintlicher Rücksicht auf seine Wähler in Niedersachsen gewarnt: „Wer später kommt, muss sich hinten anstellen." (Hannoversche Allgemeine Zeitung, 8. November 1989)

Unmittelbar nach Inkrafttreten der Union begannen am 4. Juli 1990 in Berlin (Ost) die Verhandlungen über den Einigungsvertrag. Das in mehreren Runden in Berlin und Bonn ausgehandelte, in der Verfassungsgeschichte beispiellose Vertragswerk regelt auf mehr als tausend Seiten und in einer Reihe von Anlagen die mit dem Beitritt der DDR zur Bundesrepublik Deutschland verbundenen Fragen.

Zwischen den beiden ersten Verhandlungsrunden wurden auf Beschluss der Volkskammer am 22. Juli 1990 die 1952 von der SED aufgelösten Länder Mecklenburg-Vorpommern, Brandenburg, Sachsen-Anhalt, Thüringen und Sachsen wiedererrichtet. Am 23. August schließlich folgte die historische Entscheidung: Die Volkskammer beschloss „den Beitritt der Deutschen Demokratischen Republik zum Geltungsbereich des Grundgesetzes der Bundesrepublik Deutschland gemäß Artikel 23 des Grundgesetzes mit Wirkung vom 3. Oktober 1990". Als der PDS-Abgeordnete Gregor Gysi nach der Abstimmung, sichtlich um Fassung ringend, der Volkskammer vorhielt, sie habe soeben nichts weniger als den Untergang der DDR beschlossen, erhielt er lang anhaltenden Beifall aus dem Lager der Koalitionsparteien.

Mit dem raschen Beitritt zur Bundesrepublik reagierte die Volkskammer auf die drängenden Erwartungen der Bevölkerung. Angesichts des fortschreitenden Verfalls der wirtschaftlichen und sozialen Strukturen der DDR wäre ein Hinauszögern der Entscheidung mit unkalkulierbaren

Risiken verbunden und damit politisch nicht vertretbar gewesen.

Am 31. August wurde das Vertragswerk von den Verhandlungsführern, Bundesinnenminister Wolfgang Schäuble und DDR-Staatssekretär Günther Krause, in Berlin paraphiert. Die Volkskammer ratifizierte den Vertrag am 20. September 1990. Da Kohl und Schäuble von Anfang an Oppositionsvertreter umfassend in die Verhandlungen einbezogen hatten, wurden die für die Ratifizierung notwendigen Mehrheiten im Bundestag und im Bundesrat ohne Auseinandersetzungen erreicht.

Die außenpolitischen Rahmenbedingungen

Beiden Vertragspartnern war klar, dass die Wiederherstellung der staatlichen Einheit Deutschlands nur in Übereinstimmung mit den Siegermächten des 2. Weltkrieges und der Zustimmung der europäischen Nachbarn gelingen konnte. Dabei stand die Wiedervereinigung unter einer absoluten Vorbedingung: Die sowjetische Führung musste überzeugt werden, dass ein wiedervereinigtes Deutschland ihren Interessen nicht entgegenstand.

In den Gesprächen mit den westlichen Siegermächten konnte die Bundesregierung – von der moralischen Verpflichtung abgesehen – auf einen Rechtstitel verweisen. Der erste Kanzler der Bundesrepublik Deutschland, Konrad Adenauer, hatte seine Wiedervereinigungs-Strategie unter anderem darauf angelegt, dass eine in den demokratischen Westen integrierte, wirtschaftlich und sozial erfolgreiche Bundesrepublik Vorbildwirkung auf die Menschen in der „Sowjetzone" haben würde; den Westalliierten rang er im Deutschlandvertrag von 1952 die verbindliche Zusicherung ab, ihren Beitrag zur Wiederherstellung der Einheit Deutschlands in Freiheit zu leisten.

Der Prozess, den Helmut Kohl mit seinem 10-Punkte-Programm vor dem Bundestag eingeleitet hatte, zeigte aber, dass es Vermittlungsprobleme mit europäischen Nachbarn gab, im Besonderen mit der britischen Premierministerin Margret Thatcher. Um so entscheidender war es, dass der amerikanische Präsident George Bush die deutschen Bemühungen konsequent und ohne Zögern unterstützte.

Auf Konferenzen und in einer Vielzahl von persönlichen Gesprächen suchte Kohl die westlichen Partner für seine Politik zu gewinnen und Vorbehalte auch bei den östlichen Nachbarn abzubauen. Die substantiellen Fortschritte, die Kohl und Genscher im Februar 1990 in Moskau erzielten, fanden unmittelbar anschließend ihre Bestätigung auf einer Konferenz der Außenminister von NATO und Warschauer Pakt in Ottawa („Offener Himmel"). Die Außenminister der beiden deutschen Staaten und die vier Siegermächte vereinbarten „Zwei-Plus-Vier-Gespräche" über die äußeren Aspekte der Einheit.

Als Helmut Kohl kaum zwei Wochen später mit dem amerikanischen Präsidenten in Washington zusammentraf, ließ Bush nicht den geringsten Zweifel an der amerikanischen Position: „Wir begrüßen die deutsche Einheit." Für manche deutschen Diplomaten kaum nachvollziehbar fügte er hinzu, das vereinte Deutschland solle Voll-Mitglied des Atlantischen Bündnisses sein.

Das Bündnis verabschiedete auf einem Gipfel Anfang Juli in London seine Erklärung „über eine gewandelte NATO". Der Kalte Krieg ging auch für die letzten Zweifler sichtbar dem Ende zu: War die Teilung Deutschlands aus dem Zerwürfnis der Siegermächte des 2. Weltkrieges entstanden, so bedurfte ihre Überwindung auch eines verbesserten Vertrauensverhältnisses dieser Mächte.

Damit war eine zentrale Voraussetzung für den Erfolg der Mission gegeben, die Kohl, Genscher und Waigel Mitte Juli nach Moskau und in den Kaukasus führte. In Gesprächen mit Gorbatschow und dem sowjetischen Außenminister Schewardnadse konnte die Zusage erreicht werden, dass die Sowjetunion die Souveränität des vereinten Deutschland uneingeschränkt akzeptieren würde – einschließlich der Bündnisfrage. Kohl hatte keine Zweifel daran gelassen, dass nach Auffassung der Bundesregierung das wiedervereinte Deutschland Mitglied der NATO sein werde.

Nach dem in Moskau und im Kaukasus erzielten Durchbruch konnten die außenpolitischen Aspekte der Wiedervereinigung abschließend geregelt werden. Mit dem „Zwei-plus-Vier-Vertrag", den die Außenminister der beiden deutschen Staaten und der vier Siegermächte am 12. September 1990 in Moskau unterzeichneten, gewann Deutschland seine volle Souveränität wieder. Der Vertrag bestätigte – trotz der Besorgnisse und Vorbehalte der Vertriebenen – die 1945 in Potsdam gezogenen deutschen Grenzen und sah vor, die sowjetischen Streitkräfte bis Ende 1994 vom deutschen Territorium abzuziehen. In einer späteren Übereinkunft zwischen Bundeskanzler Kohl und Gorbatschows Nachfolger Jelzin wurde dieser Termin um vier Monate vorverlegt. Schließlich kam es im September 1990 zur Paraphierung eines zwischen Kohl und Gorbatschow verabredeten „großen Vertrages" über eine umfassende bilaterale Zusammenarbeit sowie den Verzicht auf Gewalt und Gebietsansprüche.

Eine Gewaltverzichtserklärung von Mitgliedsstaaten der NATO und Warschauer Pakt beendete im November endgültig den Kalten Krieg zwischen Ost und West, der 45 Jahre Europa geteilt hatte. Darüber hinaus unterzeichneten die 34 Staats- und Regierungschefs der KSZE-Staaten eine „Charta von Paris für ein neues Europa". Sie enthielt das Bekenntnis zu Menschenrechten, Demokratie und Rechtsstaatlichkeit. Von früheren Dokumenten unterschied sie sich essentiell: Erstmals erfuhren diese Begriffe eine übereinstimmende Interpretation. Die Nachkriegsgeschichte war zu Ende.

Anmerkungen zum 3. Oktober 1990

Wie von der Volkskammer beschlossen, wurde der Beitritt der DDR zum Geltungsbereich des Grundgesetzes am 3. Oktober 1990 wirksam. Feiern in ganz Deutschland begleiteten diesen historischen Moment; in Berlin wurde vor dem Reichstagsgebäude in einer festlichen Zeremonie die schwarz-rot-goldene Fahne aufgezogen. Im „Grundgesetz für die Bundesrepublik Deutschland" war „das gesamte deutsche Volk" aufgefordert, „in freier Selbstbestimmung die Einheit und Freiheit Deutschlands zu vollenden". Staatsrechtlich war die Einheit am 3. Oktober 1990 vollendet. Die Überwindung der Teilungsfolgen wurde zur andauernden Herausforderung für das wiedervereinigte Deutschland.

Die Nichterhebung oder systematische Verfälschung wichtiger Daten durch die DDR-Führung führte zu einer nachwirkenden Unterschätzung der materiellen Probleme in den Bereichen Ökonomie und Ökologie. Die Situation wurde im Westen dadurch erschwert, dass das Thema Wiedervereinigung in den meisten Bundesministerien vor 1990 keine zentrale Rolle gespielt hatte. Vielen Fachbeamten fiel der Zugang zu der neuen Aufgabe durch mangelnde Kenntnisse der DDR-Besonderheiten schwer bis hin zu der Tatsache, dass identische Begriffe diesseits und jenseits der ehemaligen innerdeutschen Grenze durchaus sehr Unterschiedliches zum Inhalt haben konnten. Ähnliches muss angesichts bestimmter Gerichts-Urteile für Teile der Justiz angenommen werden. Offensichtlich ist der westdeutsche Lernprozess nicht immer rechtzeitig zu einem notwendigen Ergebnis gekommen.

Die Fehleinschätzungen erreichten groteske Dimensionen – noch im Bundestagswahlkampf 1990 wurden die Folgekosten der Teilung auf Oppositionsseite dadurch schöngerechnet, dass man alte Propagandazahlen der DDR für bare Münze nahm. In westdeutschen Magazinen wurde die DDR unter die zehn stärksten Industrienationen gerechnet. Tatsächlich ging es in den neuen Ländern seit dem ersten Tag der Wiedervereinigung um nicht weniger als einen umfassenden Wiederaufbau in nahezu allen Bereichen von Wirtschaft, Umwelt und Infrastruktur.

Die zahlreichen Opfer des SED-Regimes ließen sich am 3. Oktober 1990 in keiner Kategorie eines Wiederaufbauprogramms subsumieren. Christen, die wegen ihres Bekenntnisses von Bildungschancen ausgeschlossen waren, konnten die verloren gegangenen Jahre nicht aufholen, politische Gefangene ihre schlimmen Erfahrungen in DDR-Haftanstalten nicht ausblenden, Mütter von zwangsadoptierten Kindern ihren Verlust nicht vergessen. Etwa 900 Menschen haben zwischen dem Mauerbau am 13. August 1961 und dem Jahr 1989 ihr Leben bei dem Versuch verloren, die DDR zu verlassen.

Für das politische und moralische Versagen des SED-Staates tragen diejenigen Verantwortung, die vor 1990 tatsächlich die Macht besaßen. Die große Zahl der Menschen in der DDR hat ein ebenso wenig angreifbares Leben geführt wie ihre Landsleute im Westen. Ihnen hat das ideologisch bestimmte System im Unterschied zur alten Bundesrepublik die materiellen Lebensmöglichkeiten verweigert, die ihrer Qualifikation und Leistung entsprochen hätten. Auch das gehört zur Bilanz der DDR.

Dem Theologen Richard Schröder (SPD) ist zuzustimmen, wenn er heute von „Erinnerungslegenden" spricht, so der „Legende von der harmlosen DDR" oder der Legende vom „Kolonialismus", mit dem die angebliche Inbesitznahme der neuen durch die alten Länder unterstellt wird. (Richard Schröder, Einigungsgeschichten – Einigungslegenden, SFB-Vortrag, 3.10.2001)

Allen Herausforderungen und Problemen zum Trotz: Menschenrechte, Demokratie, die Chance auf bessere Lebensbedingungen für alle Deutschen, die Sicherung des Friedens und gute Beziehungen zu allen Nachbarvölkern –

aus der historischen Distanz wird sich der 3. Oktober 1990 als der glücklichste Tag in der deutschen Geschichte des 20. Jahrhunderts erweisen können. Weithin gilt aber auch Richard Schröders Satz: „Die Wiederentdeckung unserer gemeinsamen Geschichte liegt noch vor uns."

Quellen- und Literaturhinweise

H.J. Küsters/D. Hofmann (Bearb.), Deutsche Einheit: Sonderedition aus den Akten des Bundeskanzleramtes 1989/90 (1998) – V. Gransow/K.H. Jarausch (Hgg.), Die deutsche Vereinigung: Dokumente zu Bürgerbewegung, Annäherung und Beitritt (1991) – Deutscher Bundestag (Hg.), Materialien der Enquete-Kommission „Aufarbeitung von Geschichte und Folgen der SED-Diktatur in Deutschland" (12. Wahlperiode des Deutschen Bundestages); neun Bde. in 18 Teilbnd. (1995) – Ders. (Hg.), Materialien der Enquete-Kommission „Überwindung der Folgen der SED-Diktatur" (13. Wahlperiode des Deutschen Bundestages); acht Bde. in 14 TeilBnd. (1999) – Presse- und Informationsamt der Bundesregierung (Hg.), Die Vereinigung Deutschlands im Jahr 1990: eine Dokumentation (1991) – E. Elitz, Sie waren dabei: ostdeutsche Profile von Bärbel Bohley zu Lothar de Maizière (1991) – D. Herbst (Hg.), R. Eppelmann, Wendewege: Briefe an die Familie (1992) – Geschichte der deutschen Einheit: in vier Bänden: Bd. 1:K.-R. Korte, Deutschlandpolitik in Helmut Kohls Kanzlerschaft: Regierungsstil und Entscheidungen 1982 – 1989 (1998); Bd. 2: D. Grosser, Das Wagnis der Währungs-, Wirtschafts- und Sozialunion: politische Zwänge im Konflikt mit ökonomischen Regeln (1998); Bd. 3: W. Jäger, Die Überwindung der Teilung: der innerdeutsche Prozess der Vereinigung 1989/90(1998); Bd.4: W. Weidenfeld, Außenpolitik für die deutsche Einheit: die Entscheidungsjahre 1989/90; mit P. M. Wagner/E. Bruck (1998) – W. Herles, Nationalrausch: Szenen aus dem gesamtdeutschen Machtkampf (1990) – E. Jesse/A. Mitter (Hgg.), Die Gestaltung der deutschen Einheit: Geschichte, Politik, Gesellschaft (1992) – H. Kohl, Die deutsche Einheit: Reden und Gespräche; mit einem Vorw. von M. Gorbatschow (1992) – Ders., „Ich wollte Deutschlands Einheit"; dargest. von K. Diekmann/R.G. Reuth; mit einem aktuellen Vorw. von H. Kohl (2000) – D. Koch/K. Wirtgen (Hgg.), W. Schäuble, Der Vertrag: wie ich über die deutsche Einheit verhandelte; aktualisierte TB-Ausg.; mit einem Vorw. zur TB-Ausg. von W. Schäuble (1993) – L. Kühnhardt, Revolutionszeiten: das Umbruchjahr 1989 im geschichtlichen Zusammenhang (1994) – A. Merkel (Hg.), Europa und die deutsche Einheit. Zehn Jahre Wiedervereinigung: Bilanz und Ausblick (2000) – E. Noelle-Neumann, Demoskopische Geschichtsstunde: vom Wartesaal der Geschichte zur deutschen Einheit (1991) – H. Teltschik, 329 Tage: Innenansichten der Einigung (1991) – W. Weidenfeld/K.-R. Korte (Hgg.), Handbuch zur deutschen Einheit: 1949–1989 – 1999 (1999) – Weitere und Spezialliteratur www.kas.de (Homepage) unter: Archiv, Bibliothek, Service, Auswahlbibliographien.

Bundeskanzler Helmut Kohl (1982–1998)

Auf seinem Blatt in der Geschichte wird unter anderem hervorgehoben sein: Alle Kanzler des Kaiserreiches nach Bismarck, der Weimarer Republik und der Bundesrepublik Deutschland bis einschließlich Helmut Schmidt haben den jeweiligen Status quo staatlich begrenzter deutscher Territorien politisch-statisch verwaltet. Nur auf Bismarck und Kohl gehen Entscheidungen und Entwicklungen zurück, die der von ihnen gravierend beeinflußten Geschichte weit über den nationalen Rahmen hinausgehende Impulse gegeben haben. Und auch dies wird dort stehen: Kohl, mit dessen Namen spätestens seit 1990 für alle Deutschen der Begriff der Freiheit ebenso verbunden ist wie die Postulierung ihrer prinzipiellen Friedfertigkeit gegenüber ihren Nachbarn, hat – im Gegensatz zum „Eisernen Kanzler" – zur Erreichung seiner Ziele keine Kriege gebraucht. Er hat auf die historische Stunde zu warten gewußt und sie für Deutschland zu nutzen verstanden. Daß er, anders als Otto von Bismarck, nicht nur ein geeintes Deutschland, sondern darüber hinaus stets auch ein in Frieden und Freiheit geeintes Europa angestrebt und mitbewirkt hat, ist ein weiterer Aspekt, den die Geschichte dereinst als Identifizierungssignet mit ihm verbinden wird.
Nur wenigen Menschen gönnt die Geschichte, zu ihren Lebzeiten den Platz zu sehen, den sie für sie reserviert hat. Helmut Kohl ist einer von ihnen.

Werner Maser (1990)

Die jetzige Regierung in Bonn bietet die Gewähr, daß die permanente deutsche Verlockung eines mitteleuropäisch verbrämten Neutralismus nicht Fuß fassen kann. Diese Gewißheit, daß der westdeutsche Verbündete keine Sekunde an ein halsbrecherisches und am Ende für alle Europäer verderbliches Schaukelspiel zwischen Ost und West denkt, ist sicherlich der entscheidende Grund dafür, daß der jetzige deutsche Regierungschef der Masse der Franzosen wenn nicht Begeisterung, so doch tiefes Zutrauen einflößt. Zudem hat Helmut Kohl bewiesen, daß er in der Lage ist, seine Grundoptionen mit Hilfe der eigenen Partei nachhaltig durchzusetzen.

Peter Scholl-Latour (1987)

Indem er gegen beträchtliche Vorbehalte im Lager der SPD und bei den Grünen die Vereinigung durch Beitritt zum Verfassungs-, Wirtschafts- und Sozialsystem der „alten" Bundesrepublik erst durchsetzte, wurde er zum Gründungskanzler des wiedervereinigten Deutschland, dessen innere und internationale Verwestlichung er mit nimmermüdem, oft auch sorgenvollem Eifer zu betreiben entschlossen war (...) Unzweifelhaft ist jedoch eines: Dieser auf seine Weise einzigartige Bundeskanzler hat die Einigung Europas in den 16 Jahren seiner Kanzlerschaft auf einen bemerkenswerten Gipfel geführt. Wie immer es mit der EU künftig weitergehen wird, auch dies spricht jedenfalls dafür, den gesamten Zeitraum von 1982 bis 1998 als Einheit zu begreifen. Nicht zuletzt beim Blick auf Kohls Europapolitik wird daher selbst dem kritischen Betrachter nur ein einziger Epochenbegriff einfallen: die „Ära Kohl".

Hans-Peter Schwarz (2002)

Horst Möller
Die Ära Kohl – Versuch einer politischen Bilanz

Umstrittene Einschätzung

Welche Bedeutung für die deutsche Geschichte hat die Regierungszeit Helmut Kohls? Was fällt dem heutigen Betrachter ein? Ist ein abschließendes oder wenigstens ein vorläufiges Urteil möglich? Er ist der „Kanzler der Einheit" und der „Ehrenbürger Europas" – so müßte die knappste Antwort lauten, auch wenn sie plakativ, ja propagandistisch klingt. So unbestreitbar diese Antwort auch ist, so unbestreitbar die Fakten, so wenig allgemeingültig ist diese Einschätzung der politischen Leistung der Regierung Kohl. Die jüngste Geschichte wird immer durch die Brille der Gegenwart gesehen, der aktuelle politische Meinungsstreit prägt die Auffassung der unmittelbar vorausgehenden Ära. So erstaunt immer wieder, dass sogar bei Feiern zur deutschen Einheit Reden gehalten und Artikel geschrieben werden, in denen der Name Helmut Kohl gar nicht oder nur am Rande vorkommt. Die Frage stellt sich: Sind die Redner 1989/90 Zeuge des gleichen Ereignisses gewesen, haben sie die gleiche Sachkenntnis? Und schließlich: Es ist nicht bedeutungslos für die Beurteilung der Regierung Kohl, zu welchem Zeitpunkt die Bewertung erfolgt.

Bis 1998 sind die Wahlen ein eindeutiger Indikator: Bis 1994 hat Helmut Kohl trotz oft negativer Prognosen immer wieder Wahlen gewonnen Und selbst die Wahl von 1976, die er als Kanzlerkandidat gegen den sozialdemokratischen Bundeskanzler Helmut Schmidt verloren hatte, war bei Licht besehen ein Wahlsieg der Unionsparteien und ihres erst 46-jährigen Kanzlerkandidaten Helmut Kohl, lag doch die CDU/CSU mit 48,6 Prozent weit vor der SPD, die trotz

„Kanzlerbonus" nur auf 42,8 Prozent kam. Obwohl die Union die absolute Mehrheit nur knapp verfehlt hatte, entschied die dritte Fraktion im Bundestag, die FDP (7,9 Prozent), durch ihre Koalitionsentscheidung zugunsten der SPD, wer Kanzler wurde.

Was also ist entscheidend für das Bild Kohls in der Geschichte, die vielen Wahlsiege bis 1994 oder die schwere Niederlage von 1998? Und bietet dieses Resultat eindeutig ein Negativbild? Das Wahre ist das Ganze, bemerkte einst der große Philosoph Hegel. Selbst aus der Niederlage von 1998 folgt nicht zwangsläufig eine kritische Gesamtbewertung, zumal wir aus vielen Beispielen wissen, dass in Demokratien nach einer gewissen Regierungsdauer sich die Meinung verstärkt, nun sei es genug: So haben beispielsweise die Briten 1945 Winston Churchill, einem der größten Staatsmänner des 20. Jahrhunderts, eine schwere Wahlniederlage bereitet, obwohl gerade er maßgeblich dazu beigetragen hatte, die freie Welt vor Hitler zu retten: Niemand bestritt damals Churchills hohen Rang, nach einigen Jahren wurde er sogar wieder zum Premierminister gewählt. Und doch meinte 1945 die Mehrheit der Wähler, nun habe er lange genug regiert.

Und ähnlich flüchtig sind die unmittelbar folgenden Beurteilungen Kohls: Stieg zunächst seine Popularität (und die der CDU) nach der souverän gemeisterten Wahlniederlage wieder an, sank sie plötzlich nach dem Bekanntwerden der Parteispendenaffäre – die aber nur zum Teil eine direkt Kohl betreffende Affäre war – stark ab. Einige Jahre danach war klar: Die Versuche der neuen Regierungsmehrheit, Kohl der politischen Korruption zu bezichtigen, besaßen keinerlei sachliche Grundlage, sondern entsprangen parteitaktischem Kalkül der neuen Regierungsparteien, die nach dem Wahlsieg von 1998 in der öffentlichen Meinung rapide an Ansehen verloren hatten. Helmut Kohl hatte zwar gegen das Parteiengesetz verstoßen, da die Spenden nicht ordnungsgemäß deklariert worden waren, das

Geld aber ist für den vorgesehenen Zweck in der Partei ver-
ausgabt worden: Für Beeinflussung politischer Entscheidungen der Regierung fand der Untersuchungsausschuß
des Deutschen Bundestags, trotz der danach suchenden
Mehrheit von SPD und Grünen, keinerlei Beleg.

Wenngleich auch in solchen Angelegenheiten im allgemeinen nach dem Prinzip verfahren wird, irgend etwas
werde an dem Diffamierten schon hängen bleiben, da sich
kaum jemand nach einiger Zeit an Einzelheiten erinnert, so
gilt doch langfristig die gegenteilige Konsequenz: Mit zu-
nehmendem zeitlichen Abstand werden Leistungen und
Mißerfolge angemessener beurteilt, das Gegenwartsinteres-
se und die Parteilichkeit des Urteils schwächen sich ab, die
sachbezogene und quellengestützte Arbeit der Historiker gewinnt an Boden. Um wieder ein Beispiel zu nennen: In den
letzten Jahren seiner Regierungszeit wuchs die Kritik an
Konrad Adenauer, einige Jahre später sah auch die Mehrzahl
seiner früheren Kritiker die überragende staatsmännische
Leistung Adenauers für die Durchsetzung eines demokratischen Rechtsstaats, die Westintegration und die soziale
Marktwirtschaft. Heute bestreitet kein politischer Gegner,
der ernst genommen werden will, Adenauers hohen Rang.

Trotzdem bestimmen insbesondere in den ersten Jahren,
manchmal sogar in den ersten Jahrzehnten sich wandelnde
Geschichtsbilder das historische Bewußtsein stärker als
eine fundierte historische Kenntnis; die historische Realität und ihre Perzeption in der Öffentlichkeit gehen deshalb
eine kaum auflösbare Verbindung ein. Dies gilt insbesondere für zeitgeschichtliche Epochen, die noch stark durch
das eigene Erleben, die Zeitgenossenschaft geprägt werden.
Tatsächlich ist es aber erst die Distanz, sind es erst umfas-
sendere Quellenkenntnis, ist es erst die Wirkung auf nach-
folgende Epochen, die eine angemessene Bewertung historischer Phänomene und Persönlichkeiten erlaubt.

Der Wechsel 1982

Der Regierungswechsel zur christlich-liberalen Koalition 1982 erfolgte nicht durch Wahlen, sondern nach dem Auseinanderbrechen der sozialliberalen Koalition, in der der sozialdemokratische Bundeskanzler Helmut Schmidt schließlich für wesentliche Elemente seiner Politik keine Mehrheit in seiner eigenen Partei besaß und sich dadurch die seit 1981 merklichen Abwendungstendenzen innerhalb der FDP vom sich nach links wendenden Koalitionspartner verstärkten: Während die Gemeinsamkeiten von SPD-Mehrheit und FDP schon seit 1981 abgenommen hatten, nahmen sie mit der Union zu. Der Übergang von einer Regierung zur anderen erfolgte 1982 aufgrund des Scheiterns der sozialliberalen Koalition: Aufgrund sachlicher Übereinstimmung bot sich für die FDP eine koalitionspolitische Alternative; erstmals – und bisher das einzige Mal in der Geschichte der Bundesrepublik Deutschland – vollzog sich ein Regierungswechsel durch ein konstruktives Mißtrauensvotum. Am 1. Oktober 1982 votierten 256 von 495 Bundestagsabgeordneten für den Kandidaten der Unionsparteien und der FDP, Helmut Kohl, 235 stimmten gegen ihn, 4 enthielten sich.

Obwohl das konstruktive Mißtrauensvotum keiner zusätzlichen Legitimation, also auch keiner außerplanmäßigen Bundestagswahl bedarf, strebte die neue Bundesregierung diese baldmöglichst an. Dafür existierten mehrere Gründe:

– In der öffentlichen Diskussion spielten seit den 1970er Jahren basisdemokratische Konzepte, die die repräsentative Komponente der parlamentarischen Demokratie mißverstanden, eine zunehmende Rolle. Eine vorgezogene Bundestagswahl konnte – im Falle des Erfolges – einer Diskussion über ein vermeintliches Legitimitätsdefizit den Boden entziehen.

– Die offizielle Lesart der SPD schob die Schuld für das Scheitern der Koalition ausschließlich der FDP zu, ohne

die innerparteilichen Auseinandersetzungen und die innerhalb der SPD schwindende Unterstützung für den Kurs ihres Kanzlers zuzugeben.

– Die FDP war durch den Koalitionswechsel in eine in-
nerparteiliche Zerreißprobe geraten, da der linksliberale Flügel diesen Weg der Partei- und Fraktionsführung um Hans-
Dietrich Genscher, Otto Graf Lambsdorff und Wolfgang
Mischnick nicht mitgehen wollte; eine Neuwahl konnte zumindest bestätigen, dass die Abgeordneten der FDP bereits
als Mitglieder der christlich-liberalen Koalition gewählt
würden und ihr Kurs somit betätigt wurde. Kohls „Über-
lebensgarantie" für den Anteil der FDP-Minister am Kabinett auch bei Stimmenverlusten erleichterte der FDP-Füh-
rung diesen Weg.

– Die dringend notwendige Haushaltssanierung konnte
ohne unpopuläre wirtschafts- und sozialpolitische Maßnahmen nicht durchgeführt werden, kaum zwei Jahre der
verbleibenden Legislaturperiode waren für eine neue Regierung viel zu knapp, um ihre Politik der Mehrheit plausibel
zu machen und Erfolge vorweisen zu können.

Trotz der verfassungsrechtlichen Problematik dieses Weges
strebte die neue Koalition also Neuwahlen an, dies war nur
mittels Auflösung der Bundestages durch den Bundesprä-
sidenten möglich, wenn der Bundeskanzler nach einem er-
folglosen Vertrauensantrag im Bundestag dies vorschlug
(Art. 68 GG). Aus diesem Grunde enthielten sich 248 Ab-
geordnete von Union und FDP bei der Vertrauensfrage der
Stimme. Gegen dieses Verfahren, das bereits einmal im
Falle der vorgezogenen Neuwahl des Bundestages 1972 auf
Betreiben der damaligen sozialliberalen Regierung Willy
Brandt angewandt worden ist, gab es auch innerhalb der
Union Bedenken, doch führte es schließlich zum Erfolg.
Am 6. März 1983 fanden die Neuwahlen statt, die von Bun-
deskanzler Kohl geführte Union gewann gegenüber der
Wahl von 1980 insgesamt 4,3 Prozent hinzu und gelangte

mit 38,2 Prozent für die CDU und 10,6 Prozent für die CSU dicht an die absolute Mehrheit, während die SPD 4,7 Prozent und die FDP 3,6 Prozent verloren. Mit 7 Prozent hatte die FDP aber andererseits einen Wähleranteil behalten, der die seit Oktober 1982 amtierende christlich-liberale Koalitionsregierung eindeutig bestätigt hatte. Sie besaß mit 55,8 Prozent der Stimmen eine eindrucksvolle parlamentarische Mehrheit.

CDU/CSU: stärkste Fraktion bis 1998

Allerdings vollzog sich bei den Wahlen von 1983 nicht allein eine Bestätigung der neuen Regierung und damit auch ihre Legitimierung durch Wahlen, sondern eine seitdem anhaltende Veränderung des Parteiensystems auf Bundesebene: Nachdem sich seit den Anfangsjahren der Bundesrepublik die Zahl der im Bundestag vertretenen Parteien kontinuierlich vermindert hatte und seit 1961 neben den beiden Unionsparteien nur SPD und FDP vertreten waren, gelangte 1983 mit den Grünen nach 1961 erstmals wieder eine vierte Partei in den Bundestag: Obwohl sie 1983 nur 5,6 Prozent erhielten, veränderte sich doch dadurch langfristig die Konstellation bei der Koalitionsbildung, da nur ein einziges Mal in der Geschichte der Bundesrepublik mit Konrad Adenauers grandiosem Wahlsieg von 1957 einer der beiden großen Blöcke (Christliche Demokraten, Sozialdemokraten) die absolute Mehrheit gewonnen hatte.

Auf der anderen Seite wuchs während der 1980er Jahre sowohl bei den Christlichen Demokraten unter der Führung Helmut Kohls als auch bei den Liberalen unter der Voraussetzung ihrer Entscheidung von 1982 die Geschlossenheit. Demgegenüber schwächte das Desaster von 1982 sowie der folgende sich bis in die 1990er Jahre hinziehende Generationswechsel und die konfliktreiche programmatische und personelle Neuorientierung die SPD: Diese Entwicklung fand in der Abfolge mehrerer Parteivorsitzender und mehrerer Kanzlerkandidaten Ausdruck.

Da die Grünen zunächst eher als außerparlamentarische Protestbewegung in den Bundestag gelangten und sich noch lange schwertaten, parlamentarische Spielregeln zu akzeptieren, boten Regierungs- und Oppositionsparteien zwischen 1982 und 1990 einen deutlichen Kontrast, der zugunsten der Christlichen Demokraten und der Liberalen ausfiel. Wenngleich es Rückschläge gab und die Spitzenwahlergebnisse von 1976 und 1983, bei denen die Union mit 48,6 Prozent bzw. 48,8 Prozent die absolute Mehrheit jeweils nur knapp verfehlte, nicht wieder erreicht werden konnten, blieben CDU und CSU doch zwischen 1976 und 1998 die stärkste Fraktion des Bundestages, die auch beim schlechtesten Wahlergebnis zwischen 1982 und 1990, dem vom 2.12.1990, immer noch auf 43,8 Prozent vor 33,5 Prozent der SPD kamen.

Da die Union seit ihrem grandiosen Wahlerfolg 1983 auf Bundesebene regelmäßig Einbrüche erlebte, provozierte dies innerhalb und außerhalb der Partei immer wieder heftige Diskussionen über die Ursachen: Neben – ständig erneuerten und mit Ausnahme der Bundestagswahl von 1998 ständig widerlegten – Prognosen in der Presse über den Verlust der Regierungsmehrheit ging auch in der Union die Furcht um, aufgrund der Lagerbildung die „strukturelle Mehrheitsfähigkeit" zu verlieren. Besonders 1987 schien sich eine weitere Veränderung des Wahlverhaltens abzuzeichnen: Die Wahlbeteiligung war von 89,1 Prozent im Jahre 1983 auf 84,3 Prozent zurückgegangen, die Union hatte stark, die SPD geringfügig verloren, die kleineren Parteien, insbesondere die Grünen (von 5,6 auf 8,3 Prozent) hinzugewonnen. Nichtwähler, Wechselwähler, Verluste vor allem bei ländlichen Stammwählern der CDU, andererseits eine absolute Mehrheit der Oppositionsparteien bei Wählern unter 45 Jahren, Rückwanderung eines erheblichen Teils der Facharbeiter zur SPD – dies alles waren alarmierende Anzeichen für die Union, zumal sie nach einer durchaus erfolgreichen Regierungsbilanz vor allem in der Wirtschafts-, Außen- und Deutschlandpolitik aufgetreten waren. Dies war um so bemerkenswerter, als die 1982/83 zu lösenden Probleme gravierend waren. Allerdings schraubten sich die Erwartungen nach dem Wahlsieg von 1983 hoch, und die negative Relation zwischen Bundestags- und Landtagswahlergebnissen bei der führenden Regierungspartei auf Bundesebene ist ein vielfach bestätigter Erfahrungswert. Und niemand konnte 1982 ahnen, dass das vierzigjährige Jubiläum der Bundesrepublik Deutschland 1989 bereits die Geburtsstunde des wiedervereinigten Deutschland sein würde.

Profilierte Persönlichkeiten

Insgesamt zählen die 1980er und 1990er Jahre zu den erfolgreichsten Phasen der Geschichte der Unionsparteien: Aus der CDU kamen mit Karl Carstens (1979 -1984) und Richard von Weizsäcker (1984 –1994) und danach Roman Herzog (1994–1999) – beide hatte Kohl in die Politik geholt – die Bundespräsidenten, mit Helmut Kohl (1982 bis 1998) der Bundeskanzler. Als stärkste Fraktion stellte die Union von 1976 bis 1998 die Bundestagspräsidenten (Karl Carstens, Richard Stücklen, Rainer Barzel, Philipp Jenninger, Rita Süssmuth). In mehreren Ländern führten Unions-Ministerpräsidenten die Regierung, so über den ganzen Zeitraum in Bayern (Franz Josef Strauß 1978–1988, Max Streibl 1988–1993, Edmund Stoiber seit 1993), in Baden-Württemberg (Lothar Späth 1978–1991, seitdem Erwin Teufel), zeitweise in Niedersachsen (Ernst Albrecht 1976–1990), Rheinland-Pfalz (Bernhard Vogel 1976–1988, Carl-Ludwig Wagner 1988–1991), Schleswig-Holstein (Gerhard Stoltenberg 1971–1982, Uwe Barschel 1982–1987, Henning Schwarz 1987–1988) und Berlin (Richard von Weizsäcker 1981–1984,

Eberhard Diepgen 1984–1989, 1991–2001), einige Jahre sogar in Hessen, wo mit Walter Wallmann (1987–1991) erstmals seit 42 Jahren ein CDU-Ministerpräsident ins Amt gelangte und im Saarland (Werner Zeyer 1979–1985).

Die Zahl derjenigen Länder, in denen die CDU während dieses Zeitraums keine Chancen auf den Sieg besaß, war demgegenüber kleiner: Nordrhein-Westfalen, wo es seit 1966 keine CDU-Regierungsbeteiligung mehr gab, Hamburg und Bremen (inzwischen Große Koalition), wo die Union bis 2001 (Hamburg) nie den Regierungschef stellte.

In den neuen Bundesländern hingegen gelang es der Union 1990 vier von fünf Ministerpräsidenten zu stellen: In Mecklenburg-Vorpommern wurde Alfred Gomolka (1990–1992) gewählt, in Sachsen-Anhalt Werner Münch (1990–1993, danach Christoph Bergner), in Sachsen Kurt Biedenkopf (1990–2002) und in Thüringen Josef Duchac (1990–1992, seitdem Bernhard Vogel). Und auch bei den ersten und einzigen freien Wahlen zur Volkskammer der DDR am 18. März wurde die CDU-geführte „Allianz für Deutschland" zur stärksten parlamentarischen Gruppierung und Lothar de Maizière (CDU) zum Ministerpräsidenten.

Allerdings blieben auch herbe Rückschläge in den Ländern nicht aus, vor allem der Fall des Schleswig-Holsteinischen Ministerpräsidenten Uwe Barschel ist hier zu nennen, der 1987 auf dem Höhepunkt der Affäre, die nach ihm benannt ist, unter mysteriösen Umständen in einem Genfer Hotel starb. Wenngleich diese Affäre nie wirklich aufgeklärt werden konnte und später bewiesen wurde, dass nicht allein Barschel selbst, sondern auch sein sozialdemokratischer Gegenspieler, der zeitweilige SPD-Vorsitzende Björn Engholm und seine Mitarbeiter in diesem Sumpf steckten, so unterliegt es doch keinem Zweifel, dass Barschel nicht nur dem Vertrauen in die Politik im allgemeinen, sondern auch seiner eigenen Partei schweren Schaden zufügte. Demgegenüber bewegte sich der Verlust der Regierung im Saarland im üblichen Rahmen.

Auch unter den Präsidenten des Bundesverfassungsgerichts dominierten während dieser Zeitspanne Juristen, die der CDU angehörten, darunter zwei besonders profilierte CDU-Politiker: der ehemalige Bundesinnenminister Ernst Benda 1971–1983 und der spätere Bundespräsident Roman Herzog 1987–1994.

Der in diesen äußeren Daten zum Ausdruck kommende rasche Wiederaufstieg der CDU seit den 1970er Jahren beruhte zunächst auf der Reorganisation der Partei, der gezielten und äußerst erfolgreichen Mitgliederwerbung, der programmatischen Erneuerung und schließlich der erfolgreichen Regierungspolitik, während sich zur gleichen Zeit die bis 1982 führende Regierungspartei, die SPD, abnutzte und zunehmend an politischer und personeller Konsistenz verlor. Allerdings ist wiederholt konstatiert worden, dass der enorme Mitgliederzuwachs der CDU von 422 968 (1972) auf 734 555 Mitglieder (1983) nicht allein einen Wandel des Mitgliedertypus bewirkt, sondern die Identifikation mit der Partei vermindert habe. Auch das Sympathisantenumfeld der Partei ist diffuser geworden, während der 1980er Jahre begegneten – wie am Beispiel 1987 gezeigt – immer wieder auch Unzufriedenheiten und Krisensymptome.

Krisen gab es zweifellos: Sie resultieren zum Teil aus dem sozialen Wandel selbst, der Angleichung der Sozialprofile der Mitgliedschaften der großen Parteien überhaupt, der Notwendigkeit zum Kompromiß innerhalb einer großen Integrationspartei, in der beispielsweise die sozialpolitischen Vorstellungen der traditionsreichen und starken Sozialausschüsse (unter Führung des Bundesarbeitsministers Norbert Blüm), der Wirtschaftsrat der CDU und die Mittelstandsvereinigung der Partei – bzw. deren Anhänger integriert werden mußten. Und ähnliches galt und gilt für andere Interessen und Richtungen von den konfessionellen bis zu den generationellen – die beispielsweise von der Jungen Union über den Ring Christlich-Demokratischer Studenten (RCDS) bis zur Seniorenunion gebündelt werden müssen, schließlich spielten die Frauenunion und verschiedene Frauenarbeitskreise eine Rolle. Grundsätzlich ist eine Regierungspartei stärker dem Kompromißzwang ausgesetzt, der Unzufriedenheiten erzeugt, sei es mit dem Koalitionspartner, sei es mit den Länderegierungen oder im Bundesrat.

„Volkspartei der Mitte"

Unter Führung Helmut Kohls – zum Teil in Auseinandersetzung mit Franz Josef Strauß – war die Union schon in den 1970er Jahren vom starren Konfrontationskurs abgerückt, der vor allem während der Regierung Brandt/Scheel 1969–1974 infolge der heftigen Auseinandersetzungen über die Ostverträge und des gescheiterten Mißtrauensvotums gegen Brandt 1972 dominiert hatte. Die neue Führung definierte schon 1973 die CDU konsequent als „Volkspartei der Mitte" und gab unmißverständlich zu erkennen, dass sie auf dem Gebiet der so umstrittenen außenpolitischen Entscheidungen das Prinzip „pacta sunt servanda" verfolgen würde. Hinzu kam, dass der Streit über die Ostverträge darüber hinwegtäuscht, dass bereits die Große Koalition Kiesinger/Brandt die neue Ostpolitik vorbereitet hatte. Auch hatte sich die Unionsfraktion bei der Abstimmung über den Moskauer und den Warschauer Vertrag der Stimme enthalten und schließlich mit dem „Brief zur deutschen Einheit" die Bundesregierung Brandt/ Scheel am 21. Dezember 1972 ihrerseits den Bedenken eines Teils der damaligen Opposition Rechnung getragen. An all dies ließ sich also anknüpfen, zumal bereits Bundeskanzler Helmut Schmidt einen realistischeren deutschlandpolitischen Kurs gesteuert hatte.

Neue Konturen in der Deutschland- und Außenpolitik

Die pragmatische, Kontinuität wahrende Deutschlandpolitik Helmut Kohls ermöglichte auch eine Wiederannäherung zwischen Union und FDP. Weder in der Außenpolitik noch in der Sicherheitspolitik und – zur Überraschung vieler also nicht einmal in der Deutschlandpolitik – gab es infolgedessen nach der Regierungsübernahme 1982 einen Kurswechsel: Dies lag nicht allein daran, dass der Koalitionspartner mit dem FDP-Vorsitzenden Hans-Dietrich Genscher weiterhin den Außenminister und Vizekanzler stellte, sondern an der Tatsache, dass Helmut Kohl mit seinem Vorgänger Helmut Schmidt insofern übereinstimmte, als er dessen Initiative des NATO-Doppelbeschlusses entschieden unterstützte: So kam es, dass paradoxerweise diese Sicherheitspolitik, die zu den wesentlichen Gründen des parteipolitischen Scheiterns von Schmidt gehört hatte, zum ersten großen Erfolg des Bundeskanzlers Kohl nach den Neuwahlen 1983 wurde: Nachdem beim Ostermarsch im April 1983 700 000 Teilnehmer der sog. Friedensbewegung gegen den NATO-Doppelbeschluss demonstriert und einige Monate später auf dem Kölner Sonderparteitag der SPD am 18./19. November 1983 383 von 400 Delegierten gegen seine Realisierung – und damit gegen ihren früheren Kanzler Helmut Schmidt – gestimmt hatten, setzte die Regierung Helmut Kohl gegen massive Widerstände am 22. November 1983 im Deutschen Bundestag die Annahme des Doppelbeschlusses durch: Wie sich 1989 herausstellen sollte, zählte diese Entscheidung zu den entscheidenden Faktoren des Untergangs des Sowjetimperiums, das dadurch zu einer ökonomisch nicht zu verkraftenden Rüstungsanstrengung und damit zu Reformen des maroden ökonomischen und politischen Systems gezwungen wurde. Insofern lag in dieser politischen Entscheidung auch eine der Voraussetzungen für die Wiedervereinigung Deutschlands.

Damit war aber auch klar: Zur politischen Entscheidungsbildung im Rahmen außenpolitischer Kontinuität trat eine politische Durchsetzungskraft, der es der sozialliberalen Koalition am Ende gemangelt hatte. Überdies wurde die Außen- und Sicherheitspolitik als Konstituens deutsch-französischer Kooperation erkennbar, hatte doch der französische Staatspräsident François Mitterrand den Bundeskanzler durch seine große Rede im Bundestag unterstützt – worin ein Markstein für die engen politisch-persönlichen Beziehungen zwischen Kohl und Mitterrand lag: Die Außenpolitik blieb ein zentrales Arbeitsfeld der neuen Bundesregierung. Dies zeigte sich auch darin, dass Kohl und Genscher sich sogleich bemühten, trotz ihres Engagements für den Doppelbeschluß die Zusammenarbeit mit der Sowjetunion zu suchen, wie bei ihrem Besuch in Moskau schon 1983 deutlich wurde.

Festhalten an der Wiedervereinigung

Den dritten Bereich der Kontinuität, in dem Außen- und Deutschlandpolitik ineinander griffen, bildeten die innerdeutschen Beziehungen. Führte die neue Regierung auch in diesem Feld die seit den 1970er Jahren betriebene Entspannungs- und Ostpolitik mit der Einhaltung der Verträge fort, so ging Kohl innerparteilich doch hier ein größeres Risiko ein, da diese Politik auch innerhalb der Union nach wie vor umstritten war. Dies hatte sich bereits bei dem von Franz Josef Strauß eingefädelten Milliardenkredit für die DDR 1983 gezeigt, verschärfte sich aber 1987 beim Besuch des DDR-Staatsratsvorsitzenden Erich Honecker – Helmut Kohl hatte die bereits von seinem Amtsvorgänger Helmut Schmidt ausgesprochene Einladung an Honecker bald nach dem Regierungswechsel erneuert. Doch übte die Sowjetunion auf die DDR wegen der Nachrüstung Druck aus, der Besuch wurde verschoben: Kohl war darüber nicht unglücklich, zumal es in der Bundesrepublik, vor allem auch in der Unionsfraktion des Bundestages, gegen den protokollarisch als Staatsbesuch abzuwickelnden politischen Akt erhebliche Widerstände gab: Die deutschlandpolitische Bruchlinie innerhalb der Union wurde erneut manifest.

Auf der anderen Seite bewies gerade die Rede des Bundeskanzlers bei Honeckers Besuch, dass das Bemühen um innerdeutsche Erleichterungen und ein geregeltes Miteinander in der CDU-Führung keineswegs die Aufgabe der grundgesetzlich gebotenen Forderung nach Wiedervereinigung bedeutete. In seiner Begrüßungsansprache erklärte Helmut Kohl am 7. September: „Unsere Gegensätze in Grundsatzfragen werden wir nicht überwinden, aber was uns im Grundsätzlichen trennt, sollte uns nicht an praktischer Zusammenarbeit hindern (...) Die Bundesregierung hält fest an der Einheit der Nation, und wir wollen, dass alle Deutschen in gemeinsamer Freiheit zueinander finden können. Diese Haltung hat im Grundlagenvertrag und im Brief zur deutschen Einheit ihren Niederschlag gefunden."

Kontinuität zu Adenauer

Keinen Bruch, aber eine deutliche Akzentuierung gab es in der Europapolitik und in den deutsch-französischen Beziehungen. Wenngleich auch hier die Regierung Helmut Schmidt durchaus engagiert war und die persönlichen Beziehungen zwischen ihm und dem bis 1981 amtierenden französischen Staatspräsidenten Valérie Giscard d'Estaing eng waren, brachte die Wahl François Mitterrands 1981 trotz der parteipolitischen Nähe doch eine Abkühlung. Im Gegensatz dazu vertieften sich seit 1982 relativ rasch die Kontakte zwischen den beiden Nachfolgern Kohl und Mitterrand, die schließlich bis zum Vorabend der Wiedervereinigung wesentliche Schritte zur europäischen Integration gemeinsam durchsetzten. Intensiver wurden auch die deutsch-amerikanischen Beziehungen, wo es Kohl schnell gelang, die Verkrampfungen, die auch aus der persönlichen Animosität des sonst durchaus atlantisch orientierten Schmidt gegenüber Reagan resultierten, aufzulösen: Hier wie sonst setzte Bundeskanzler Kohl auf enge persönliche Kontakte, die sich nach anfänglicher Distanz auch zum Generalsekretär der KPdSU bzw. späteren Präsidenten der Sowjetunion Michail Gorbatschow entwickelten.

Es ist kein Zweifel, dass die CDU unter Helmut Kohl an die große Tradition bundesrepublikanischer Außenpolitik, die Konrad Adenauer begründet hatte, anknüpfte, ja insofern darüber hinaus gelangte, als es Kohl verstand, alle konstruktiven Ansätze, einschließlich der Ostpolitik der 1970er Jahre, zu bündeln und fortzuentwickeln – übrigens auch zu ostmitteleuropäischen Ländern wie Polen und Ungarn: Trotz „schlechter Presse" erwies er sich schon während der 1980er als äußerst erfolgreicher Außenpolitiker, publizistisch ausgeschlachtete, anfängliche Missgeschicke spielten demgegenüber weder im Ausland noch für die Außenpolitik selbst eine wirkliche Rolle: Der Theaterdonner war vielmehr Symptom für den Realitätsverlust bestimmter Kommentatoren, die anstelle der adäquaten Analyse die negative Perzeption einer Person setzten.

Kursänderung in der Finanz- und Wirtschaftspolitik

Entscheidende Kursänderungen gab es 1982 zunächst in der Haushalts- und Wirtschaftspolitik, lag hier doch schon seit 1981 die tiefer werdende Bruchlinie zwischen SPD und FDP, die schließlich der ausschlaggebende Grund für das Scheitern der Regierung Schmidt wurde: Die dringend notwendige Haushaltssanierung besaß oberste Priorität, hier stimmten die beiden neuen Koalitionsparteien völlig überein, zumal das auf Wunsch Helmut Schmidts verfaßte

Lambsdorff-Papier, das die programmatische Trennung der Liberalen und der Sozialdemokraten im Sommer 1982 formuliert hatte, bereits das gemeinsame Wirtschaftsprogramm enthielt und der künftige Finanzminister Gerhard Stoltenberg in der Korrektur der bisherigen Wirtschafts- und Finanzpolitik mit der Eindämmung der explodierenden Neuverschuldung die dringlichste – und durch seine Haushaltspolitik vergleichsweise erfolgreich gemeisterte – Aufgabe sah. Dazu zählte ein Sparkurs, aber auch die Kürzung von Sozialleistungen, die Erhöhung der Steuereinnahmen (Mehrwertsteuer), zugleich aber der Versuch, durch Entlastung der Unternehmen die Konjunktur anzukurbeln. Der Arbeitsmarkt sollte durch Schaffung neuer Arbeitsplätze entlastet werden.

War die Wirtschafts- und Finanzpolitik durchaus erfolgreich, wie die Daten ausweisen, so gelang trotz einer gewissen Verbesserung die Lösung des Arbeitslosenproblems nicht, da es zum erheblichen Teil strukturelle Ursachen besaß. Trotzdem konnte sich die wirtschaftspolitische Bilanz der Regierung am Vorabend der Wiedervereinigung in jeder Hinsicht sehen lassen: Die Inflationsrate war von 5,2 Prozent im Jahr 1982 auf 2,7 Prozent im Jahr 1990 gedrückt worden, die Arbeitslosenquote bei geringfügigen Steigerungen und Schwankungen während der 1980er Jahre von 7,2 (1982) auf 6,9 Prozent 1990 (in absoluter Zahl: 1,883 Millionen) etwas gesunken, die Zahl der Erwerbspersonen aber gestiegen. Die Wachstumsrate betrug 1990 sogar 5,5 Prozent, gegenüber 1,1 Prozent im Jahr 1982, die Nettoinvestitionen waren von 8,5 auf 10,3 Prozent im gleichen Zeitraum gestiegen. Negative Zeichen waren hingegen die Verminderung der Produktivität und die Steigerung der Lohnstückkosten.

Insgesamt aber waren die wirtschaftlichen Voraussetzungen zur Meisterung der extremen finanziellen Belastungen, die sich aus der Wiedervereinigung ergeben sollten, hervorragend, hatte es doch in der deutschen Wirtschaftsgeschichte des 20. Jahrhunderts bisher keine vergleichbare, so lange

konjunkturelle Aufschwungsphase (von 1983 bis 1990) gegeben, wobei zeitweilig natürlich auch außenwirtschaftli-
che Gründe – beispielsweise der den Export begünstigende
Dollarkurs – beteiligt waren. Doch als der Export als Motor
der Konjunktur an Kraft verlor, stieg seit 1986 die binnen-
wirtschaftliche Nachfrage.

„Kanzler der Einheit"

Ohne Zweifel zählte die Wiedervereinigung Deutschlands,
die seit Spätherbst des Jahres 1989 aufgrund der zunehmenden Schwächung der Sowjetunion, ihres zu spät einsetzen-
den Reformkurses, des sukzessiven Zusammenbruchs der
kommunistischen Diktaturen, der anwachsenden Flucht-
und Protestbewegung und des Kollapses der DDR, erstmals
eine reale Chance wurde, zu den herausragenden Leistungen der christlich-liberalen Koalitionsregierung insgesamt,
des Außenministers Genscher, in singulärer Weise aber der
Staatskunst – wie man das früher genannt hätte – des Bundeskanzlers Helmut Kohl. Diese Leistung wird nicht dadurch gemindert, dass an ihr weitere Staatsmänner führend
beteiligt waren, allen voran der amerikanische Präsident
George Bush, in anderer Weise Michail Gorbatschow: Mit
ihnen wie auch mit François Mitterrand und anderen
wirkte Kohl in engster Weise zusammen, die meisten aus-
ländischen Staats- und Regierungschefs mußten in mühse-
liger Kleinarbeit überzeugt werden.

Die Geschwindigkeit der Wiedervereinigung, bei der sich
die Ereignisse überstürzten, darf nicht darüber hinwegtäuschen, dass diese Politik gegen starke innen- und außenpolitische Widerstände durchgesetzt werden mußte. Entscheidend war, dass jegliche Chance optimal genutzt wurde, um
nach 45 Jahren deutscher und weltpolitischer Teilung mit
den Mitteln friedlicher Diplomatie und in Korrespondenz
mit den Volksbewegungen seit 1980 in Polen und 1989 in

der DDR (die Kohl mit großer Sensibilität politisch nutzte) die Wiedervereinigung erreicht wurde: Ohne korrespondierende Intensivierung der europäischen Integration und fortbestehender Verankerung des wiedervereinigten Deutschland in der NATO, also die internationale Einbindung des gesamten Prozesses, wäre die Einigung für die Partner inakzeptabel gewesen. Aber gerade die NATO-Mitgliedschaft war für die Sowjetunion ohne Verleugnung ihrer 45 Jahre verfolgten Politik überhaupt nicht vorstellbar.

Mit der Wiedervereinigung verbunden war zugleich die Wiederannäherung beider Teile Europas und die endgültige Aussöhnung mit Polen durch die völkerrechtlich definitive Anerkennung der Oder-Neiße-Linie als deutsch-polnischer Grenze, für die Helmut Kohl erst große Teile der eigenen Partei und Fraktion gewinnen mußte. Schließlich zählt der Abzug von etwa 450 000 Angehörigen der sowjetischen Armee aus der DDR bzw. dem wiedervereinigten Deutschland zu den großen Leistungen: Sie folgte nicht mit Selbstverständlichkeit, wie eine ahnungslose Darstellung in der Öffentlichkeit oft suggeriert, sondern als Ergebnis harter Verhandlungen unter Einsatz erheblicher finanzieller Mittel. Dies war zugleich die Initialzündung für den Rückzug der sowjetischen Truppen auch aus den ehemaligen Satellitenstaaten, die nun ihre traumatischen Einkreisungsängste verloren: Der spätere NATO-Beitritt mehrerer ostmitteleuropäischer Staaten, die bevorstehende EU-Erweiterung sind Konsequenzen, die zeigen, in welchem Maße auch die östlichen Nachbarstaaten von der Wiedervereinigung profitierten.

Dieser äußerst komplexe und dramatische Vorgang und die einzelnen ineinandergreifenden außen-, innen- und wirtschaftspolitischen Schritte sind hier nicht darzustellen, festzuhalten bleibt aber: Die Wiedervereinigung war ein Prozeß von weltgeschichtlicher, europäischer und nationaler Bedeutung allerersten Ranges und erlangte in europäischem Maßstab friedenssichernde Wirkung.

Hatte Konrad Adenauer entscheidenden Anteil an der Westintegration der Bundesrepublik Deutschland, Willy Brandt (mit Egon Bahr) sowie Walter Scheel an der Fortführung, konstruktiven Erneuerung und Intensivierung der Ostpolitik seit 1966 bzw. 1969, Brandt und Helmut Schmidt am KSZE-Prozeß, also der Entspannungspolitik, so verband Helmut Kohl West- und Ostpolitik zu einer Synthese: Nur so wurde die Wiedervereinigung möglich, nur so ließ sich das Ost-West-Spannungsverhältnis endgültig abbauen *(s. den Beitrag von Jürgen Aretz)*.

Unterschiedliche Haltungen der Parteien

Die Parteien traten dieser sich seit Herbst 1989 abzeichnenden Chance mit unterschiedlicher Disposition gegenüber: Die von Helmut Kohl geführte CDU ergriff mit Unterstützung ihrer bayerischen Schwesterpartei CSU, deren Vorsitzender Theo Waigel als Bundesfinanzminister einen erheblichen Teil der finanzpolitischen Herausforderungen bewältigen mußte, ihres Innenministers Wolfgang Schäuble und Kanzleramtsministers Rudolf Seiters gemeinsam mit ihrem Koalitionspartners FDP unter Führung Hans-Dietrich Genschers energisch und geschickt die sich – vermutlich nur kurze Zeit – bietende Chance. Die Oppositionsparteien SPD und Grüne aber zögerten oder waren überwiegend sogar noch im Sommer 1990 Gegner der Wiedervereinigung, wie sich aus den damaligen Erklärungen zweifelsfrei ablesen läßt. Der damalige SPD-Vorsitzende und Kanzlerkandidat Oskar Lafontaine und andere Angehörige vor allem der sog. „Enkelgeneration" hielten die Wiedervereinigung zumindest für verfrüht, innerhalb der SPD blieben engagierte Befürworter wie der SPD-Ehrenvorsitzende Willy Brandt, der Helmut Kohls Kurs entschieden unterstützte, in der Minderheit.

Wahlerfolg im Osten

Diese unterschiedlichen Haltungen der Parteien spielten bei den ersten Bundestagswahlen des wiedervereinigten Deutschlands am 3. Dezember 1990 schon deshalb eine Rolle, weil zu diesem Zeitpunkt die überwältigende Mehrheit der West- und noch stärker der Ostdeutschen die Wiedervereinigung wollte. Auf der anderen Seite fiel dieses Wahlergebnis für die Union doch nicht so eindrucksvoll aus wie erwartet (36,7 Prozent für die CDU, 7,1 Prozent für die CSU) und lag insgesamt geringfügig unter dem von 1987, während die FDP erheblich hinzugewinnen konnte und auf 11 Prozent kam. SPD und Grüne verloren (letztere übersprang nur ganz knapp die 5-Prozent-Hürde (5,1 Prozent für Bündnis 90/Grüne insgesamt), die PDS als Nachfolgepartei SED gelangte aufgrund einer einmaligen Aussetzung der 5-Prozent-Hürde für diese Wahl in Gesamtdeutschland mit 2,4 Prozent in den Bundestag. Die Wahlbeteiligung war mit 77,8 Prozent sehr niedrig.

Insgesamt war diese Wahl durch erhebliche Veränderungen charakterisiert, die auch alle künftigen Wahlen prägten: die Vergrößerung des Wahlkörpers, der künftig weiter zunehmende Anteil der Wechselwähler, die nachträglich immer wieder schwankende Befürwortung der Wiedervereinigung, deren materielle Lasten zunehmend als drückend empfunden und von vielen der CDU angelastet wurden, die Wahl einer fünften Partei, der PDS – die als Vertretung ostdeutscher Interessen angesehen wurde –, in den Bundestag, schließlich der sich beschleunigende Wertewandel mit der weiteren Erosion von Stammwählermilieus.

Die CDU versuchte, durch intensive Aufbauarbeit und die Reorganisation der Ost-CDU zu einer demokratischen Partei dieser Entwicklung Rechnung zu tragen, was naturgemäß nicht ohne Probleme abgehen konnte, da sie bis 1989 ja in gewisser Weise, wenn auch ohne wirkliche politische Bedeutung, Teil des DDR-Systems gewesen war. Der Zusammenschluß der CDU mit der ehemaligen Ost-CDU erfolgte beim 38. Bundesparteitag, der am 1. Oktober 1990 in Hamburg begann. Unter den 1 000 Delegierten befanden sich 250 aus der DDR. Helmut Kohl wurde mit 98,5 Prozent der Stimmen zum Vorsitzenden gewählt, abweichend von der bis dahin geltenden Regelung mehrerer Stellvertreter wurde dieses Mal nur ein Stellvertreter gewählt, der letzte – und einzig demokratisch gewählte – DDR-Ministerpräsident Lothar de Maizière, der 97,4 Prozent der Stimmen erhielt. Das am 1. Oktober 1990 in Hamburg verabschiedete „Manifest zur Vereinigung" der beiden Parteien erneuerte den seit den 1970er Jahren immer wieder erhobenen Anspruch: „Die CDU ist die zukunftsoffene, moderne und soziale Volkspartei der Mitte, die am ehesten die mit der Gestaltung der Zukunft verbundenen Probleme lösen kann."

Es folgten auch in den neuen Bundesländern am 14. Oktober 1990 die erwähnten Wahlerfolge. Doch dann machte sich immer wieder Resignation breit, die zum nicht geringen Teil aus der Unterschätzung der in vierzig Jahren SED – Diktatur angehäuften materiellen und mentalen Erblast resultierten. Trotz erstaunlicher Erfolge braucht es Zeit, sie abzutragen.

Fortschritte für Europa

Ohne jeden Zweifel ist die Wiedervereinigung nicht allein die größte staatsmännische Leistung Helmut Kohls, sondern eine der größten der neueren deutschen und europäischen Geschichte überhaupt. Und zu den herausragenden Leistungen der Regierung Kohl gehört ranggleich die in mehreren großen Schritten seit Ende der 1980er Jahre, rasant verstärkt in den 1990er Jahren, realisierte europäische Integrationspolitik, die Kohl vor allem mit Mitterrand gemeinsam forcierte. Die deutsch-französische Kooperation und Freundschaft hat er dabei gefördert wie vor ihm nur

Konrad Adenauer: Sie diente ihm ebenfalls als Motor der europäischen Einigung. Welche große Leistung das war, ist nicht allein daran abzulesen, welche Fortschritte in wenigen Jahren erzielt worden sind: von den Maastricht-Verträgen bis zum Schengener Abkommen und der Währungsunion: Sie brachte die endgültige Einführung des EURO in Verbindung mit dem Stabilitätspakt und wurde 1997 beschlossen. Diese konstruktive und visionäre Leistung ist auch daran erkennbar, dass nach 1998 in vier Jahren kein einziger vergleichbarer wesentlicher Fortschritt erfolgte, sondern der deutsch-französische Motor erkennbar ins Stottern geriet.

Das Wahre ist das Ganze

Es überrascht daher, dass am Ende der Ära Kohl das Wort „Reformstau" in aller Munde war. Welcher Bundeskanzler seit Adenauer könnte tatsächlich eine vergleichbare Bilanz vorlegen?

Die Annahme war illusionär, es lasse sich in wenigen Jahren die Erblast der 45-jährigen SED-Diktatur beseitigen, die nachweislich zum wirtschaftlichen Bankrott, zu mentalen Verheerungen, zum Ruin der Umwelt und zum Verfall großer Teile der Städte geführt hatte. Diese illusionären Erwartungen mußten zwangsläufig enttäuscht werden. Doch nach 1990 wurde der Weg beschritten, und zwar mit Riesenschritten, der die von Kohl angekündigten „blühenden Landschaften" erheblich näher brachte: Trotz mancher Mängel, trotz hoher Arbeitslosigkeit, sind die im Wiederaufbau in den neuen Bundesländern erbrachten Leistungen ganz außerordentlich gewesen, das Tempo hat sich seit 1998 jedoch nicht beschleunigt.

Natürlich gibt es auch Defizite in einer sechzehnjährigen Regierungszeit. Neben vielen Reformen, die zu ersten greifbaren Ergebnissen führten, beispielsweise in der Umweltpolitik (für die Kohl erstmals ein eigenes Bundesministerium einführte, zuerst mit Walter Wallmann, danach mit Klaus Töpfer und schließlich Angela Merkel), gelang die „geistig-moralische Wende" nicht: Die Frage stellt sich allerdings, ob eine solche Wende angesichts der seit 1968 dominierenden geistigen, moralischen und kulturellen Trends überhaupt erreichbar ist. Immerhin gelang es Kohl, erhebliche Leistungen für die Verstärkung des Geschichtsbewußtseins zu erbringen, so die Gründung des Hauses der Geschichte der Bundesrepublik Deutschland in Bonn, des Deutschen Historischen Museums in Berlin – für die Oscar Schneider die Federführung übernahm –, der Deutschen Historischen Institute in Washington und Warschau. Zahlreiche weitere kulturpolitische Initiativen, im Kanzleramt organisiert durch Anton Pfeifer, kommen hinzu. Der Berlin-Umzug der Bundesregierung gehört ebenfalls zu den in der Ära Kohl getroffenen, von ihm tatkräftig unterstützten, wegweisenden Entscheidungen.

Drei Bereiche, in denen kein durchschlagender Erfolg zu verzeichnen war, bilden der Arbeitsmarkt, die Erneuerung der Sozialsysteme, die Reform des Steuersystems. Gerade in diesen zentralen Sektoren aber stellen sich viel grundsätzlichere Fragen, die nicht auf die Ära Kohl beschränkt sind: Ist das gegenwärtige politische System der Bundesrepublik zu notwendigen Reformen in der Lage, die auf massive Interessengegensätze stoßen? Vergleicht man in diesen Fragen die vierjährige Legislaturperiode, die auf die Regierung Kohl folgte und in der Union und FDP in der Opposition waren, stellt sich Ernüchterung ein: Seit 1998 ist die Arbeitslosigkeit weiter gestiegen, die Staatsquote ebenfalls, eine Reform der sozialen Sicherungssysteme ist nicht erfolgt. Die Reform des Steuersystems ist begonnen, aber abgebrochen worden. Und schließlich: Die bereits weitergehenden Gesetzentwürfe und die damals maßgeblich von Wolfgang Schäuble konzipierten Kompromißvorschläge zur Steuerreform der Regierung Kohl scheiterten nicht an der Regierung, sondern an der Mehrheit der SPD-geführten Länder im Bundesrat allein aus parteitaktischen Erwägungen. Solche Blockade ist zwar nicht neu und nicht singulär, zeigt aber, wie doppelzüngig es ist, zugleich einer Regierung „Reformstau" zu unterstellen und die notwendigen Reformen selbst zu verhindern. Sechs Jahre nach diesem Vorgang sind Lösungen trotz Verkehrung der politischen Mehrheitsverhältnisse nicht in Sicht. Auch diese spätere Erfahrung muß in das Geschichtsbild der Ära Kohl einfließen, zeigt sich in den ausbleibenden Reformen des Finanz- und Sozialsystems, der zunehmenden Bürokratisierung, der ständig wachsenden Steuerlast, die letztlich eine Egalisierung bewirkt, die Leistung wegsteuert und damit die Wirtschaftskraft lähmt, tatsächlich ein fundamentales Strukturproblem. Und ähnliches gilt für die weiter gestiegene Arbeitslosigkeit und die ebenfalls gestiegene Staatsverschuldung, die 2002 und 2003 die EU-Defizitgrenze von 3 % des Bruttosozialprodukts überschreitet.

Auch in dieser „Nachgeschichte" seit 1998 zeigt sich: Um das Vorhergehende beurteilen zu können, muß man das Folgende kennen. Und im übrigen gilt: Das Wahre ist das Ganze – diese Bilanz braucht den Vergleich wahrlich nicht zu scheuen, je mehr Distanz zu den Ereignissen gewonnen wird, desto weniger wird das Bild der Ära Kohl in der Geschichte schwanken.

Quellen- und Literaturhinweise

P. Hintze/G. Langguth (Hgg.), Helmut Kohl: Der Kurs der CDU. Reden und Beiträge des Bundesvorsitzenden 1973–1993 (1993) – K. Diekmann/R.G. Reuth (Bearb.), Helmut Kohl, „Ich wollte Deutschlands Einheit" (1996; auch TB) – Ders., Mein Tagebuch 1998–2000 (2000) – H. J. Küsters/D. Hofmann (Bearb.), Deutsche Einheit – Sonderedition aus den Akten des Bundeskanzleramtes 1889/90 (1998) (Dokumente zur Deutschlandpolitik) – W. Filmer/H. Schwan, Helmut Kohl (1985, 4. akt. Aufl. 1990) – W. Maser: Helmut Kohl. Der deutsche Kanzler, Biographie (1990; auch als TB) – B. Vogel (Hg.), Das Phänomen – Helmut Kohl im Urteil der Presse 1960–1990 (1990) – H. Teltschik, 329 Tage. Innenansichten der Einigung (1991) – E. Ackermann, Mit feinem Gehör (1994) – K. Dreher, Helmut Kohl. Leben mit Macht (^{2}1998) – W. Jäger, in: U. Kempf/H.-G. Merz (Hgg.), Kanzler und Minister 1949–1998 (2001) 367–380 – Weitere bibliographische Hinweise, Kurzbiographie unter www.kas.de (Homepage), unter Archiv, Ära Kohl.

Zeittafel 1945–2000 *

1945

8. Mai	Bedingungslose Kapitulation der deutschen Wehrmacht.
5. Juni	Die vier Siegermächte übernehmen mit der „Berliner Erklärung" die oberste Regierungsgewalt in Deutschland (Alliierter Kontrollrat).

1946

21./22. April	Vereinigung von SPD und KPD zur SED in Berlin und in der SBZ.
5.–11. Sept.	Britisch-amerikanische Vereinbarung über den Zusammenschluss der beiden Zonen.
6. Sept.	In Stuttgart leitet US-Außenminister James F. Byrnes die Wende der amerikanischen Außen- und Deutschlandpolitik ein.
4./5. Okt.	Konferenz der Ministerpräsidenten der amerikanischen und britischen Zone in Bremen; Vorschläge zur Bildung eines „Deutschen Länderrats".
20. Okt.	Erste (und bis 1990) letzte freie Wahl zur Stadtverordneten-Versammlung von Groß-Berlin und zu den Bezirksverordneten-Versammlungen unter alliierter Aufsicht.
22. Dez.	Wirtschaftlicher Anschluss des Saargebiets an Frankreich.

1947

1. Jan.	Zusammenschluss der amerikanischen und der britischen Zone zum Vereinigten Wirtschaftsgebiet („Bizone").
25. Febr.	Formelle Auflösung Preußens durch das Kontrollratsgesetz Nr. 46.

---

* Angaben nach dem „Lexikon der Christlichen Demokratie" (2002)

5. Juni	Der amerikanische Außenminister George C. Marshall verkündet ein Aufbauprogramm für Europa („Marshall-Plan").
6.–8. Juni	Erste gesamtdeutsche Ministerpräsidentenkonferenz in München. Die Teilnehmer aus der SBZ reisen bereits vor Beginn wieder ab.
25. Juni	Konstituierung des Wirtschaftsrates der Bizone in Frankfurt am Main.

1948

2. März	Der Wirtschaftsrat wählt als neues koordinierendes Exekutivorgan den Verwaltungsrat. Hermann Pünder (CDU) wird Oberdirektor, Ludwig Erhard Direktor der Wirtschaftsverwaltung.
20. März	Letzte Sitzung des Alliierten Kontrollrates. Aus Protest gegen die ersten Beschlüsse der Londoner Sechsmächtekonferenz verlässt der sowjetische Vertreter das oberste Regierungsorgan der Besatzungsmächte.
16. April	Gründung der Organisation für Europäische Wirtschaftliche Zusammenarbeit (OEEC).
20./21. Juni	Währungsreform in den Westzonen.
23./24. Juni	Beginn der Blockade der West-Sektoren Berlins.
24. Juni	Gesetz über Leitsätze für die Bewirtschaftung und Preispolitik nach der Währungsreform.
10.–23. Aug.	Verfassungskonvent in Herrenchiemsee.
1. Sept.	In Bonn tritt der Parlamentarische Rat zusammen, um das Grundgesetz zu erarbeiten; Wahl Adenauers zum Präsidenten des Parlamentarischen Rats.
28. Dez.	Londoner Sechsmächte-Abkommen über eine Internationale Ruhrbehörde (Ruhrstatut).

1949

19. März	Verabschiedung der Verfassung durch den „Volksrat" der SBZ.
4. April	Gründung der NATO.
6.–8. April	Die Außenminister der Westmächte beschließen das Besatzungsstatut für die Westzonen.

5. Mai	Gründung des Europarats in Straßburg.
8. Mai	Der Parlamentarische Rat verabschiedet das Grundgesetz.
12. Mai	Aufhebung der sowjetischen Berlin-Blockade.
23. Mai	Das Grundgesetz tritt in Kraft.
30. Mai	Genehmigung der DDR-Verfassung durch den „Deutschen Volkskongress".
8. Aug.	Soforthilfegesetz zum Lastenausgleich des Frankfurter Wirtschaftsrats.
14. Aug.	Erste Bundestagswahl: CDU und CSU gewinnen knapp vor der SPD.
12. Sept.	Wahl von Theodor Heuss (FDP) zum ersten Bundespräsidenten.
15. Sept.	Der Deutsche Bundestag wählt Konrad Adenauer zum ersten Bundeskanzler.
7. Okt.	Gründung der DDR. Die Provisorische Volkskammer (bisher 2. Deutscher Volksrat) setzt die Verfassung in Kraft.
12.–14. Okt.	Gründungskongress des DGB.
31. Okt.	Die Bundesrepublik Deutschland tritt der OECC bei.
3. Nov.	Bonn wird Bundeshauptstadt.
22. Nov.	Die Alliierten Hohen Kommissare und Adenauer unterzeichnen das Petersberger Abkommen.
15. Dez.	Die Bundesrepublik Deutschland tritt dem Marshallplanhilfe-Abkommen bei.

1950

22. März	Vorschlag der Bundesregierung zur Durchführung gesamtdeutscher Wahlen unter Kontrolle der UNO.
9. Mai	Bekanntgabe des Schuman-Plans.
26. Juni	Beginn des Korea-Kriegs.
5. Aug.	Charta der Heimatvertriebenen.
7. Aug.	Die Bundesrepublik Deutschland wird assoziiertes Mitglied im Europarat.

1951

1. Febr.	Verabschiedung des Gesetzes über die Errichtung des Bundesverfassungsgerichts.
6. März	Revision des Besatzungsstatuts.
18. April	Unterzeichnung des Vertrags über die Gründung der Europäischen Gemeinschaft für Kohle und Stahl (EGKS).
2. Mai	Die Bundesrepublik Deutschland wird vollberechtigtes Mitglied des Europarates, das Saarland assoziiertes Mitglied.
21. Mai	Gesetz über die Mitbestimmung in der Montanindustrie.
21. Juni	Aufnahme der Bundesrepublik Deutschland in die UNESCO.
9. Juli	Die drei Westmächte beschließen die formelle Beendigung des Kriegszustands mit Deutschland.
28. Sept.	Konstituierung des Bundesverfassungsgerichts in Karlsruhe.
21. Dez.	Aufhebung des Ruhrstatuts.

1952

11. Jan.	Ratifizierung des Vertrags über die Europäische Gemeinschaft für Kohle und Stahl (gegen die Stimmen der SPD).
8. Febr.	Der Deutsche Bundestag befürwortet mit den Stimmen der Regierungsparteien, dass die Bundesrepublik Deutschland einen Verteidigungsbeitrag leistet (Deutschlandvertrag und Vertrag über die EVG).
10. März	Stalin schlägt den drei Westmächten vor, Verhandlungen über einen Friedensvertrag mit einer gesamtdeutschen Regierung aufzunehmen („Stalin-Note").
16. Mai	Verabschiedung des Lastenausgleichsgesetzes durch den Bundestag.
26. Mai	Unterzeichnung des „Vertrags über die Beziehungen zwischen der Bundesrepublik Deutschland und den Drei Mächten" (Deutschlandvertrag) in Bonn.
27. Mai	Unterzeichnung des EVG-Vertrags in Paris.

9.–12. Juli	Die 2. Parteikonferenz der SED beschließt den planmäßigen Aufbau des Sozialismus in der DDR.
19. Juli	Verabschiedung des Betriebsverfassungsgesetzes durch den Bundestag.
25. Juli	Inkrafttreten des Vertrags über die EGKS.
8. Aug.	Abschluss der Londoner Schuldenkonferenz.
10. Sept.	Wiedergutmachungsabkommen mit Israel.
29./30. Nov.	Gründung der Gesamtdeutschen Volkspartei in Frankfurt am Main.

1953

5. März	Tod Stalins.
19. März	Der Deutsche Bundestag billigt den Deutschland- und EVG-Vertrag.
6.–17. April	Besuch Adenauers in den USA.
17. Juni	Volksaufstand in Berlin und in der DDR.
6. Sept.	Wahlen zum 2. Bundestag: die Regierungskoalition gewinnt die absolute Mehrheit der Mandate.
7. Okt.	Der Deutsche Bundestag wählt Konrad Adenauer zum Bundeskanzler.

1954

25. Jan.–18. Febr.	Berliner Konferenz der Vier Mächte über die Deutschlandfrage endet ohne Ergebnis.
25. März	Anerkennung der DDR als souveräner Staat durch die Sowjetunion.
17. Juli	Wiederwahl von Theodor Heuss zum Bundespräsidenten.
30. Aug.	Ablehnung des EVG-Vertrags durch die französische Nationalversammlung.
28. Sept.–3. Okt.	Die Londoner Neun-Mächte-Konferenz erarbeitet die Neuregelung für die Westintegration und den Wehrbeitrag der Bundesrepublik Deutschland.
19.–23. Okt.	Konferenz der Westmächte und der Bundesrepublik Deutschland in Paris (2. Deutschlandvertrag).

1955

25. Jan.	Die Sowjetunion erklärt den Kriegszustand mit Deutschland für beendet.
5. Mai	Nach Inkrafttreten der Pariser Vertragswerke ist die Bundesrepublik Deutschland weitgehend souverän; das Besatzungsstatut erlischt; die Alliierte Hohe Kommission löst sich auf.
9. Mai	Die Bundesrepublik Deutschland wird Mitglied der NATO.
14. Mai	Unterzeichnung des Warschauer Paktes.
26. Juli	Chruschtschow verkündet die sowjetische Zwei-Staaten-Doktrin für Deutschland.
8.–14. Sept.	Moskau-Reise Adenauers und Aufnahme diplomatischer Beziehungen zwischen der Bundesrepublik Deutschland und der Sowjetunion.
30. Okt.	In Essen wird die Christliche Gewerkschaftsbewegung Deutschlands (CGB) gegründet.
8./9. Dez.	Hallstein-Doktrin.

1956

2. Jan.	Einberufung der ersten Bundeswehreinheiten.
18.–25. Mai	Der Rat für gegenseitige Wirtschaftshilfe (RGW) tagt erstmals in Ost-Berlin.
4. Juni	Einigung mit Frankreich und Eingliederung des Saarlands in die Bundesrepublik Deutschland (politisch zum 1.1.1957, wirtschaftlich zum 1.1.1960).
7. Juli	Verabschiedung des Wehrpflichtgesetzes.
26. Juli–6. Nov.	Suez-Krise: englisch-französische Luftoffensive gegen Ägypten nach Verstaatlichung der Suezkanal-Gesellschaft. Die USA und die UdSSR setzen einen Waffenstillstand durch.
23. Okt.–4. Nov.	Ungarn-Aufstand, von sowjetischen Truppen niedergeschlagen.
27. Okt.	Unterzeichnung der Saarverträge.

1957

1. Jan.	Eingliederung des Saarlands.
	Die Neuregelung des Rentenversicherungsrechts tritt rückwirkend in Kraft.
25. März	Abschluss der Römischen Verträge (EWG und EURATOM).
18. Juni	Verkündigung des Gleichberechtigungsgesetzes.
27. Juni	Gesetz gegen Wettbewerbsbeschränkung.
4. Juli	Verabschiedung des Kartellgesetzes.
15. Sept.	Wahlen zum 3. Bundestag: absolute Mehrheit der Stimmen für CDU und CSU.
22. Okt.	Wiederwahl Adenauers zum Bundeskanzler.
27. Okt.	Bildung des Bundes der Vertriebenen.

1958

1. Jan.	Inkrafttreten der Verträge über die EWG und EURATOM.
20.–25. März	Debatte über die Atombewaffnung und die Deutschlandfrage im Bundestag; Annahme einer von der CDU/CSU und DP eingebrachten Entschließung zur Ausrüstung der Bundeswehr mit Trägersystemen für Atomwaffen im Rahmen der NATO.
1. Juni	Charles de Gaulle wird Ministerpräsident in Frankreich.
1. Juli	Die Gleichberechtigung von Mann und Frau wird im Bürgerlichen Recht verankert.
14./15. Sept.	Erstes Treffen Adenauer – de Gaulle in Colombey-les-deux Eglises.
28. Okt.	Wahl von Kardinal Giuseppe Angelo Roncalli zum Papst (Johannes XXIII.).
27. Nov.	„Berlin-Ultimatum" der Sowjetunion.

1959

11. Mai– 5. Aug.	Genfer Außenministerkonferenz. Bundesrepublik Deutschland und DDR nehmen als Beobachter teil.

271

1. Juli	Wahl Heinrich Lübkes (CDU) zum Bundespräsidenten.
13.–15. Nov.	Außerordentlicher Parteitag der SPD. Verabschiedung des Godesberger Programms.
3. Dez.	Grundgesetzänderung zur Atomgesetzgebung.

1960

14. März	Treffen Adenauer – David Ben Gurion in New York.
14. April	Die DDR-Führung bezeichnet Enteignung und Kollektivierung der Bauern als abgeschlossen.
1. Mai	Abschluss eines US-Aufklärungsflugzeugs über der Sowjetunion („U2-Zwischenfall"). Absage der Vier-Mächte-Konferenz durch Chruschtschow.
29. Juni	Der Bundestag billigt die Privatisierung des Volkswagenwerkes.
8. Nov.	Wahl John F. Kennedys zum Präsidenten der USA.

1961

11. April	Beginn des Prozesses gegen Adolf Eichmann in Jerusalem.
31. Mai	Der Bundestag verabschiedet die Gesetze zur Lohnfortzahlung im Krankheitsfall und zur Förderung der Vermögensbildung in Arbeitnehmerhand.
30. Juni	Bundessozialhilfegesetz.
12. Juli	Gesetz zur Förderung der Vermögensbildung für Arbeitnehmer (312–DM-Gesetz).
13. Aug.	Die DDR beginnt mit der Errichtung der Berliner Mauer und mit der Befestigung der innerdeutschen Grenze.
17. Sept.	Wahlen zum 4. Bundestag: CDU und CSU verlieren ihre absolute Mehrheit, die SPD überschreitet die 35 Prozent-Marke.
14. Nov.	4. Kabinett Adenauer. Der neue Außenminister Gerhard Schröder strebt an, durch Handelsverträge mit Ostblockstaaten („Randstaatenpolitik") die DDR zu isolieren, um so neue Ansatzpunkte für die Wieder-

vereinigungspolitik zu finden. Zum erstenmal wird eine Frau (Elisabeth Schwarzhaupt) Bundesminister.

24. Nov.   Errichtung des Bundesministeriums für wirtschaftliche Zusammenarbeit.

1962

6. Juni   Adenauer schlägt dem sowjetischen Botschafter Smirnow ein zehnjähriges Stillhalteabkommen („Burgfrieden") vor. Diese Initiative ist dazu gedacht, mit Moskau wieder ins Gespräch zu kommen.

4.–9. Sept. Staatsbesuch Charles de Gaulles in der Bundesrepublik Deutschland.

11. Okt.   Eröffnung des 2. Vatikanischen Konzils.

22.–27. Okt. Kuba-Krise.

26./27. Okt. Beginn der „Spiegel-Affäre".

19. Nov.   Die fünf FDP-Bundesminister treten wegen der „Spiegel-Affäre" zurück.

11. Dez.   Einigung auf eine CDU/CSU/FDP-Regierungskoalition (5. Kabinett Adenauer). Alleinregierung der CSU unter Alfons Goppel in Bayern.

1963

22. Jan.   Adenauer und de Gaulle unterzeichnen in Paris den deutsch-französischen Freundschaftsvertrag.

7. März   Abschluss eines Handelsabkommens zwischen der Bundesrepublik Deutschland und Polen.

11. Juni   Bundespräsident Lübke proklamiert den 17. Juni zum Nationalen Gedenktag des deutschen Volkes.

15. Okt.   Rücktritt Adenauers als Bundeskanzler.

16. Okt.   Der Deutsche Bundestag wählt Ludwig Erhard zum neuen Bundeskanzler.

9. Nov.   Abschluss eines Handelsabkommens zwischen der Bundesrepublik Deutschland und Ungarn.

22. Nov.   Ermordung John F. Kennedys.

17. Dez.   1. Passierscheinabkommen.

273

1964

6. März	Abschluss eines Handelsabkommens zwischen der Bundesrepublik Deutschland und Bulgarien.
12. Juni	Vertrag über Freundschaft, gegenseitigen Beistand und Zusammenarbeit zwischen der DDR und der Sowjetunion.
1. Juli	Wiederwahl Lübkes zum Bundespräsidenten.
2. Dez.	Die DDR-Führung verfügt Zwangsumtausch für Besucher der DDR und Ost-Berlins.

1965

8. April	Vertrag über die Fusion von EGKS, EURATOM und EWG zur EG (Fusion am 1.7.1967).
12. Mai	Aufnahme diplomatischer Beziehungen zwischen der Bundesrepublik Deutschland und Israel.
12. Juni	2. Gesetz über die Vermögensbildung (312-DM-Gesetz).
19. Aug.	Urteile im Auschwitz-Prozess.
19. Sept.	Wahlen zum 5. Bundestag: CDU und CSU gewinnen die Wahlen erneut.
20. Okt.	Wiederwahl Erhards zum Bundeskanzler.

1966

25. März	Die „Friedensnote" der Regierung Erhard an fast alle Staaten der Welt (ohne DDR) enthält Vorschläge zur Abrüstung, Friedenssicherung und Entspannung.
26. Nov.	Einigung zwischen CDU, CSU und SPD über die Bildung einer Großen Koalition unter Kurt Georg Kiesinger (CDU) als Bundeskanzler.
30. Nov.	Rücktritt Erhards als Bundeskanzler.
1. Dez.	Wahl Kurt Georg Kiesingers zum Bundeskanzler.

1967

31. Jan.	Aufnahme diplomatischer Beziehungen zwischen der Bundesrepublik Deutschland und Rumänien.

20. Febr.	Die DDR führt mit dem Gesetz über die Staatsbürgerschaft eine eigene Staatsangehörigkeit ein.
19. April	Tod Konrad Adenauers.
10. Mai	Der Bundestag billigt das Stabilitäts- und Wachstumsgesetz.
10. Mai–28. Sept.	Erster deutsch-deutscher Briefwechsel.
23. Mai	Mit dem Botschaftsaustausch zwischen der Bundesrepublik Deutschland und Rumänien beginnt eine Politik der Normalisierung der Beziehungen zu kleineren osteuropäischen Staaten („Kleine Ostpolitik").
27. Mai–4. Juni	Besuch des Schah von Persien in der Bundesrepublik Deutschland. Formierung der „Außerparlamentarischen Opposition" (APO).
2. Juni	Der Student Benno Ohnesorg wird bei einer Anti-Schah-Demonstration in Berlin von einem Polizeibeamten erschossen.
5.–10. Juni	Sechstage-Krieg zwischen Israel und den arabischen Staaten.
28. Juni	Verabschiedung des Parteiengesetzes.
1. Juli	Bildung der Europäischen Gemeinschaft.
3. Aug.	Errichtung gegenseitiger Handelsvertretungen mit der Tschechoslowakei.

1968

31. Jan.	Ausweitung des Vietnamkriegs durch den Beginn der Tet-Offensive des Vietcong in Südvietnam.
11. März	Bundeskanzler Kiesinger gibt erstmals den Bericht zur Lage der Nation ab.
6. April	Billigung der neuen DDR-Verfassung durch Volksentscheid" (94,49 Prozent). Danach ist die DDR ein „sozialistischer Staat deutscher Nation". Die Führungsrolle der SED und ihrer Weltanschauung werden verfassungsrechtlich festgeschrieben.
11.–17. April	Unruhen in Berlin, Frankfurt, Hamburg und München nach einem Anschlag auf Rudi Dutschke.
30. Mai	Der Bundestag verabschiedet die Notstandsverfassung.

11. Juni	Die DDR führt Pass- und Visapflicht für Transitreisende zwischen West-Berlin und der Bundesrepublik Deutschland ein.
1. Juli	Unterzeichnung des Vertrags über die Nichtverbreitung von Kernwaffen.
3. Juli	Erklärung Breschnews über die „Geschlossenheit und Einheit der sozialistischen Gemeinschaft" (Breschnew-Doktrin).
21. Aug.	Invasion von Truppen des Warschauer Pakts in die ČSSR.

1969

5. März	Wahl Gustav Heinemanns (SPD) zum Bundespräsidenten.
9. Mai	Der Bundestag verabschiedet das 1. und 2. Strafrechtsreformgesetz.
10. Juni	Der neu gegründete Bund der Evangelischen Kirchen in der DDR beendet die Einheit der Evangelischen Kirche in Deutschland.
28. Sept.	Wahlen zum 6. Deutschen Bundestag: SPD und FDP vereinbaren anschließend eine Regierungskoalition.
21. Okt.	Wahl Willy Brandts zum Bundeskanzler.

1970

19. März	Bundeskanzler Willy Brandt und der Vorsitzende des Ministerrates der DDR, Willy Stoph, treffen in Erfurt zu einem ersten Gespräch über die Beziehungen der beiden deutschen Staaten zusammen.
14. Mai	Entstehung der terroristischen Gruppe „Rote Armee Fraktion" (RAF).
21. Mai	Brandt und Stoph treffen sich zu einem zweiten Gespräch in Kassel.
12. Aug.	Unterzeichnung des Moskauer Vertrags zwischen der Bundesrepublik Deutschland und der Sowjetunion. Die Bundesregierung übergibt den „Brief zur deutschen Einheit", der dokumentiert, dass die deutsche Frage offen und ungelöst ist.

7. Dez.	Unterzeichnung des Warschauer Vertrags zwischen der Bundesrepublik Deutschland und der Volksrepublik Polen über die Grundlagen der Normalisierung ihrer gegenseitigen Beziehungen.

1971

3. Mai	Sturz Ulbrichts. Erich Honecker wird 1. Sekretär des Zentralkomitees der SED und Vorsitzender des Nationalen Verteidigungsrates.
3. Sept.	Botschafter der Vier Mächte unterzeichnen in Berlin das Vier-Mächte-Rahmenabkommen.

1972

27. April	Nach dem Übertritt von FDP- und SPD-Abgeordneten zur Union erfolgt das erste konstruktive Misstrauensvotum gegen einen Bundeskanzler. Brandt bleibt Regierungschef, da Rainer Barzel statt der erforderlichen absoluten Mehrheit von 249 nur 247 Stimmen erhält.
17. Mai	Der Bundestag billigt den Moskauer-Vertrag (248 Ja-Stimmen; 238 Enthaltungen; 10 Nein-Stimmen, davon 9 von CDU und CSU) und den Warschauer Vertrag (248 Ja-Stimmen; 231 Enthaltungen; 17 Nein-Stimmen, davon 16 von CDU und CSU).
15. Juni	Aufnahme der Verhandlungen über den deutsch-deutschen Grundlagenvertrag.
26. Aug.–11. Sept.	XX. Olympische Sommerspiele in München und Kiel; Attentat auf die israelische Mannschaft.
20. Sept.	Bundeskanzler Brandt stellt die Vertrauensfrage.
19. Nov.	Vorgezogene Wahlen zum 7. Deutschen Bundestag. Die sozial-liberale Koalition baut ihre Mehrheit aus. Die SPD wird erstmals stärkste Fraktion vor CDU und CSU.
21. Dez.	Bundesrepublik Deutschland und DDR unterzeichnen den Grundlagenvertrag; die Bundesregierung übergibt den „Brief zur deutschen Einheit".

1973

29. März	Die letzten amerikanischen Truppen verlassen Vietnam.
6. Juni	Die OPEC-Staaten erhöhen die Rohölpreise (1. Ölkrise).
18. Sept.	Die Bundesrepublik Deutschland wird als 134., die DDR als 133. Staat in die UNO aufgenommen.
6. Okt.	Ausbruch des 4. Nahost-Kriegs.
15. Nov.	Die DDR verdoppelt den Mindestumtausch von DM für Besucher der DDR.

1974

2. Mai	Eröffnung der Ständigen Vertretung der DDR in Bonn.
6. Mai	Rücktritt von Bundeskanzler Brandt.
16. Mai	Helmut Schmidt (SPD) wird zum Bundeskanzler gewählt.
10. Juli	Ratifizierung des Vertrags über die gegenseitigen Beziehungen zwischen der Bundesrepublik Deutschland und der ČSSR.
7. Okt.	Revision der Verfassung der DDR, Abkehr vom Bekenntnis zur „deutschen Nation".

1975

1. Aug.	Die Konferenz über Sicherheit und Zusammenarbeit (KSZE) in Helsinki (eröffnet 3.7.1973) endet mit der Unterzeichnung eine Schlussakte. Vereinbarung vertrauensbildender Maßnahmen mit dem Ziel einer allmählichen Deeskalation.

1976

19. Febr.	Ratifizierung der Verträge mit Polen durch den Deutschen Bundestag.
18. Mai	Neuregelung des Schwangerschaftsabbruchs (§ 218 StGB).
3. Okt.	Wahlen zum 8. Bundestag. Die CDU/CSU wird wieder stärkste Fraktion, doch behauptet die sozial-liberale Koalition knapp ihre Mehrheit.

1977

	Höhepunkt des Terrorismus (ermordet werden der Generalbundesanwalt Siegfried Buback 7.4.; der Vorstandsvorsitzende der Deutschen Bank Jürgen Ponto 30.7. und der Präsident des BDI und BDA Hanns Martin Schleyer 19.10.).
9. Dez.	Internationale Nord-Süd-Kommission nimmt ihre Arbeit auf.

1978

1. März	Erfolgreiches Volksbegehren in Nordrhein-Westfalen gegen die Einführung der „kooperativen Schule".
6. Juli	Bei der Tagung des Europäischen Rats in Bremen beschließen die Staats- und Regierungschefs die Einrichtung eines europäischen Währungssystems.
13. Juli	Herbert Gruhl gründet die erste Umweltpartei „Grüne Aktion Zukunft".
23. Okt.	Der Krakauer Erzbischof Karol Wojtyla wird Papst (Johannes Paul II.).

1979

5./6. Jan.	Auf Guadeloupe fällt die politische Entscheidung für den späteren NATO-Doppelbeschluss.
13. März	Das Europäische Währungssystem (EWS) tritt in Kraft.
23. Mai	Die Bundesversammlung wählt in Bonn den Kandidaten der CDU und CSU, Karl Carstens, zum Bundespräsidenten.
7.–10. Juni	Erste Direktwahl zum Europäischen Parlament in den EG-Mitgliedstaaten.
25. Juni	Gesetz zur Einführung eines Mutterschaftsurlaubs und Mutterschaftsgeldes für berufstätige Mütter.
12. Dez.	NATO-Doppelbeschluss. Als Reaktion darauf formiert sich die Friedensbewegung.
27. Dez.	Die Sowjetunion beginnt ihre Invasion in Afghanistan.

1980

12./13. Jan.	Gründungsversammlung der Bundespartei „Die Grünen" in Karlsruhe als Zusammenschluss ökologischer Gruppierungen, Bürgerinitiativen sowie alternativer und linker Basisgruppen.
30. April	Rahmenvereinbarung zwischen der Bundesrepublik und der DDR über den Ausbau der Verkehrswege.
15. Mai	Beschluss zum Boykott der XIX. Olympischen Sommerspiele in Moskau durch das NOK wegen der sowjetischen Afghanistan-Invasion.
15. Aug.	Beginn zahlreicher Streiks in Polen.
13. Okt.	Geraer Forderungen des SED-Generalsekretärs Honecker: Umwandlung der Ständigen Vertretungen in Botschaften, Anerkennung der DDR-Staatsbürgerschaft und des Elbe-Grenzverlaufs in der Strommitte, Schließung der Zentralen Erfassungsstelle in Salzgitter.

1981

20. Jan.	Ronald Reagan wird Präsident der USA.
10. Mai	François Mitterrand wird französischer Staatspräsident.
16./17. Mai	Bundeskanzler Schmidt verbindet sein politisches Schicksal mit der Zustimmung der SPD zum NATO-Doppelbeschluss.
10. Okt.	Massendemonstration der Friedensbewegung gegen den NATO-Doppelbeschluss.
11.–13. Dez.	Bundeskanzler Schmidt trifft mit Honecker am Werbellinsee zusammen.
13. Dez.	Verhängung des Kriegsrechts in Polen.

1982

10. Juni	NATO-Gipfelkonferenz tagt erstmals in Bonn; Spanien nimmt als neuaufgenommenes 16. Mitglied teil.
29. Juni	Aufnahme der START-Verhandlungen.
17. Sept.	Ende der sozial-liberalen Koalition.

| 1. Okt. | Erstes erfolgreiches konstruktives Misstrauensvotum. Der Bundestag wählt Helmut Kohl als Nachfolger Helmut Schmidts zum Bundeskanzler. |
| 17. Dez. | Vertrauensfrage Kohls als Bundeskanzler, in der Absicht, die angekündigte Bundestagswahl am 6.3.1983 zu ermöglichen. |

1983

6. März	Vorgezogene Bundestagswahl. CDU und CSU verfehlen die absolute Mehrheit (48,8 Prozent), erzielen aber das zweitbeste Wahlergebnis in ihrer Geschichte.
17.–19. Juni	Die „Feierliche Deklaration zur Europäischen Union" wird als Absichtserklärung vom Europäischen Rat in Stuttgart unter dem Vorsitz der Bundesrepublik verabschiedet.
29. Juni	Milliardenkredit für die DDR.
6. Okt.	Honecker kündigt den Abbau der Selbstschussanlagen an der innerdeutschen Grenze an.
22. Nov.	Der Bundestag billigt die Stationierung neuer US-Mittelstreckenraketen und verwirklicht damit den NATO-Nachrüstungsbeschluss.

1984

14. Febr.	Das Europaparlament billigt den Vertrag zur Gründung der Europäischen Union
23. Mai	Richard von Weizsäcker wird zum neuen Bundespräsidenten gewählt.
14.–17. Juni	2. Direktwahl zum Europäischen Parlament.

1985

| 26. April | Verlängerung des Militärbündnisses des Ostblocks (Warschauer Pakt) von 1955 um 20 Jahre. |
| 5. Mai | Besuch des US-Präsidenten Ronald Reagan in Deutschland. |

1986

26. April	Die Reaktorkatastrophe von Tschernobyl (Ukraine) bewirkt eine grundlegende Neubestimmung der Energie- und Umweltpolitik.
6. Mai	Kulturabkommen zwischen der Bundesrepublik und der DDR.
6. Juni	Walter Wallmann (CDU), bisher Oberbürgermeister von Frankfurt am Main, wird erster Bundesminister für Umwelt, Naturschutz und Reaktorsicherheit.

1987

3. April	Der Medienstaatsvertrag besiegelt das duale System von öffentlich-rechtlichen und privaten Rundfunk- und Fernsehanstalten.
1. Juli	Die Einheitliche Europäische Akte (EEA), auf die sich der Europäische Rat am 2./3.12.1985 in Luxemburg geeinigt hat, tritt in Kraft.
26. Aug.	Die Bundesrepublik verzichtet auf eine Modernisierung ihrer Pershing-Ia-Raketen, deren Atomsprengköpfe sich in US-Gewahrsam befinden.
27. Aug.	Gemeinsames Grundsatzpapier von SPD und SED.
7.–11. Sept.	Auf Einladung von Bundeskanzler Kohl besucht der DDR-Staatsratsvorsitzende Erich Honecker die Bundesrepublik.
12./13. Nov.	50. deutsch-französischer Jubiläumsgipfel. Bildung einer gemeinsamen Brigade.
8. Dez.	Erstes wirkliches Abrüstungsabkommen zwischen den USA und der UdSSR (NF-Vertrag).

1988

1. Juli	Manfred Wörner (CDU) wird NATO-Generalsekretär.
24.–27. Okt.	Bundeskanzler Kohl und der sowjetische Staats- und Parteichef Michail Gorbatschow erklären in Moskau, die beiderseitigen Beziehungen verbessern zu wollen.
11. Nov.	Philipp Jenninger tritt wegen seiner missverstandenen Gedenkrede, die er am 10.11. zum 50. Jahrestag

des antisemitischen Pogroms gehalten hat, vom Amt des Bundestagspräsidenten zurück. Als Nachfolgerin wird am 25.11.1988 Rita Süssmuth (CDU) gewählt.

1989

15. Jan.	Demonstrationen in Leipzig für Meinungs-, Versammlungs- und Pressefreiheit sowie für das Recht auf Ausreise aus der DDR.
5. Juni	Massaker auf dem Platz des Himmlischen Friedens in Peking.
12.–15. Juni	Staatsbesuch Gorbatschows in Bonn.
15.–18. Juni	3. Direktwahl des Europäischen Parlaments.
4. Sept.	In Leipzig kommt es im Anschluss an die Montagsgebete zu Protestkundgebungen.
11. Sept.	Öffnung der Grenze zwischen Ungarn und Österreich.
8.–13. Sept.	Die Ständige Vertretung in Ost-Berlin und die Bonner Botschaft in Budapest werden geschlossen, da mehrere hundert DDR-Bürger von dort aus ihre Ausreise erzwingen wollen.
30. Sept.	Ausreisegenehmigung für die DDR-Flüchtlinge in der Prager Botschaft der Bundesrepublik.
18. Okt.	Das Zentralkomitee der SED entlässt Honecker und weitere Mitglieder des Politbüros.
9. Nov.	Die DDR-Führung gibt die Öffnung der Grenzen zur Bundesrepublik und zu West-Berlin bekannt.
28. Nov.	Bundeskanzler Kohl legt im Bundestag ein Zehn-Punkte-Programm zur schrittweisen Überwindung der Teilung Deutschlands und Europas vor. Einen Tag nach der Initiative des Kanzlers verkünden die USA ihre grundsätzliche Unterstützung des deutschen Einigungsprozesses.
19. Dez.	Kohl besucht Dresden und führt Gespräche mit DDR-Ministerpräsident Hans Modrow. In seiner Rede vor der Ruine der Frauenkirche bekennt sich Kohl zur deutschen Einheit als politischem Ziel.

1990

7. Febr.   Kohl schlägt der DDR sofortige Verhandlungen über eine Wirtschafts- und Währungsunion vor.

10. Febr.   Kohl erhält in Moskau von Gorbatschow die Zustimmung der Sowjetunion zur deutschen Einheit.

24./25. Febr. Treffen Kohls mit dem amerikanischen Präsidenten Bush in Camp David. Das vereinte Deutschland soll Mitglied der NATO bleiben.

18. März   Erste freie Volkskammerwahl in der DDR. Die „Allianz für Deutschland" (CDU, DA und DSU) geht als Sieger hervor. Lothar de Maizière wird Ministerpräsident.

1. Juli   Die Währungs-, Wirtschafts- und Sozialunion in Deutschland tritt in Kraft. Die 1. Stufe der Europäischen Wirtschafts- und Währungsunion tritt in Kraft.

31. Aug.   Unterzeichnung des Vertrags über die Herstellung der Einheit Deutschlands in Ost-Berlin. Mit dem Beitritt der DDR zum Geltungsbereich des Grundgesetzes gemäß Art. 23 GG am 3.10.1990 werden die fünf Länder Brandenburg, Mecklenburg-Vorpommern, Sachsen, Sachsen-Anhalt und Thüringen Länder der Bundesrepublik Deutschland.

12. Sept.   In Moskau wird das „Zwei-plus-Vier-Abkommen" unterzeichnet, Deutschland erhält seine volle Souveränität.

3. Okt.   Um Mitternacht tritt die DDR der Bundesrepublik Deutschland bei. Tag der Deutschen Einheit.

4. Okt.   Konstituierung des ersten gesamtdeutschen Bundestags.

14. Okt.   Wahlen in den fünf neuen Ländern.

9. Nov.   Unterzeichnung des deutsch-sowjetischen Nachbarschaftsvertrags.

2. Dez.   Die Wahl zum 12. Deutschen Bundestag ist die erste freie gesamtdeutsche Parlamentswahl seit 1932.

20./21. Dez. Erste gemeinsame Ministerpräsidentenkonferenz aller 16 deutschen Länder seit 1947.

1991

17. Jan.– 28. Febr.	Golfkrieg um Kuwait.
17. Jan.	Der Bundestag wählt Helmut Kohl mit 378 gegen 257 Stimmen und 9 Enthaltungen zum ersten gesamtdeutschen Bundeskanzler.
8. März	Die Bundesregierung verabschiedet das Gemeinschaftswerk Aufbau Ost.
17. Juni	Unterzeichnung des deutsch-polnischen Nachbarschaftsvertrags.
20. Juni	Abstimmung über den Parlaments- und Regierungssitz zugunsten Berlin.
20. Dez.	Stasi-Unterlagen-Gesetz.
25. Dez.	Selbstauflösung der Sowjetunion.

1992

7. Febr.	Die Außen- und Finanzminister der 12 EG-Staaten unterzeichnen in Maastricht den Vertrag über die Europäische Union (EU).
27. Febr.	Unterzeichnung des Nachbarschaftsvertrags zwischen der Bundesrepublik und der ČSFR.
27. Juli	Novellierung des § 218 StGB (modifizierte Fristenlösung).
6. Dez.	CDU, CSU, FDP und SPD einigen sich auf eine Neuregelung des Asylrechts.

1993

1. Jan.	Der Europäische Binnenmarkt tritt in Kraft.
13. März	Vereinbarung des Solidarpakts zur Finanzierung der Deutschen Einheit.
29. Okt.	Erstes Gesetz zur Bereinigung von SED-Unrecht.
1. Nov.	Entstehung der EU.

1994

10./11. Jan.	Der NATO-Gipfel in Brüssel verabschiedet das Programm „Partnerschaft für den Frieden", das die NATO vorsichtig nach Osten öffnet.
23. Mai	Roman Herzog (CDU) wird zum Bundespräsidenten gewählt.
9.–12. Juni	4. Wahl zum Europäischen Parlament.
17. Juni	Der Bundestag verabschiedet eine Entschließung zum Abschlußbericht der Enquete-Kommission zur Aufarbeitung der Geschichte und der Folgen der SED-Diktatur.
16. Okt.	Bei den Bundestagswahlen erzielt die CDU ihr bisher schlechtestes Ergebnis.
15. Nov.	Der Bundestag wählt Helmut Kohl mit 338 von 671 Stimmen erneut zum Bundeskanzler.

1995

1. Jan.	Die erste Stufe der Pflegeversicherung tritt in Kraft.
20./21. März	Die OSZE-Mitgliedstaaten vereinbaren in Paris einen Stabilitätspakt für Europa.
26. März	Das Schengener Abkommen tritt in Kraft (Wegfall der Grenzkontrollen innerhalb der Beitrittsländer der EU, Verschärfung der Kontrollen an den Außengrenzen).

1996

13./14. Dez.	Der EU-Gipfel in Dublin verständigt sich auf den Stabilitätspakt als Voraussetzung für die gemeinsame Währung EURO.

1997

2. Okt.	Unterzeichnung des Amsterdamer Vertrags.
12./13. Dez.	Beschluss zur Aufnahme von Beitrittsverhandlungen zur EU-Osterweiterung.

1998

1. März	Gerhard Schröder wird nach dem Gewinn der Landtagswahlen in Niedersachsen Kanzlerkandidat der SPD.
26. März	Der Bundestag stimmt für die Ost-Erweiterung der NATO.
2. Mai	EU-Sondergipfel in Brüssel. Die Staats- und Regierungschefs vereinbaren, die Wirtschafts- und Währungsunion am 1.1.1999 zu starten. Deutschland und Frankreich erzielen einen Kompromiss über die Besetzung des EZB-Präsidentenpostens.
27. Sept.	Bundestagswahl mit dem bislang schlechtesten Ergebnis für die Union. Helmut Kohl legt angesichts dieser Niederlage den CDU-Vorsitz nieder. SPD und Grüne bilden die Regierung. Gerhard Schröder wird Bundeskanzler.

1999

1. Jan.	Die Europäische Währungsunion mit dem EURO als Buchgeld tritt in Kraft.
24. März–10. Juni	Die Bundesrepublik beteiligt sich am Kosovo-Krieg.
23. Mai	Wahl von Johannes Rau (SPD) zum Bundespräsidenten.
1. Juli	Umzug des Deutschen Bundestags nach Berlin.
13. Juli	5. Direktwahl zum Europäischen Parlament in Deutschland.

2000

26. März	Wladimir Putin zum neuen Präsidenten Russlands gewählt.
15. Juni	Bundesregierung und Energiewirtschaft einigen sich auf einen Ausstieg aus der Atomenergie (Atomkompromiss).
11. Dez.	EU-Gipfel in Nizza. Reformen machen den Weg für die Ost-Erweiterung frei.
18. Dez.	George W. Bush (Republikaner) als 43. Präsident der USA gewählt.

Allgemeine Literatur

W. Becker/R. Morsey (Hgg.), Christliche Demokratie in Europa. Grundlagen und Entwicklungen seit dem 19. Jahrhundert (1988)

W. Becker/G. Buchstab u. a. (Hgg.), Lexikon der Christlichen Demokratie in Deutschland (2002; weitere Lit.)

M. Behnen, Lexikon der deutschen Geschichte 1945–1990 (2002)

G. Besier, Kirche, Politik und Gesellschaft im 20. Jahrhundert (2000; Enzyklopädie deutscher Geschichte, 56)

A. M. Birke, Die Bundesrepublik Deutschland. Verfassung, Parlament und Parteien. München 1997 (Enzyklopädie deutscher Geschichte, 41)

K. D. Bracher u. a. (Hgg.), Geschichte der Bundesrepublik Deutschland (1983–1987): Bd. 1: Th. Eschenburg, Jahre der Besatzung 1945–1949 (1983); Bd. 2: H-P. Schwarz, Die Ära Adenauer. Gründerjahre der Republik 1949–1957 (1981); Bd. 3: Ders., Die Ära Adenauer. Epochenwechsel 1957–1963 (1983); Bd. 4: K. Hildebrand, Von Erhard zur Großen Koalition 1963–1969 (1984); Bd. 5/1: K.D. Bracher u. a., Republik im Wandel 1969–1974. Die Ära Brandt (1986); Bd. 5/2: W. Jäger/W. Link, Republik im Wandel 1974–1982. Die Ära Schmidt (1987)

A. Doering-Manteuffel, Die Bundesrepublik Deutschland in der Ära Adenauer. Außenpolitik und innere Entwicklung 1949–1963 (²1988)

R. Eppelmann/H. Möller/G. Nooke/D. Wilms (Hgg.), Lexikon des DDR-Sozialismus. Das Staats- und Gesellschaftssystem der Deutschen Demokratischen Republik. 2 Bde. (²1997)

M. Gehler/W. Kaiser/H. Wohnout (Hgg.), Christdemokratie in Europa im 20. Jahrhundert (2001; Historische Forschungen, Veröffentl. 4)

M. Görtemaker, Geschichte der Bundesrepublik Deutschland. Von der Gründung bis zur Gegenwart (1999)

P. Hintze (Hg.): Die CDU-Parteiprogramme. Eine Dokumentation der Ziele und Aufgaben (1995)

Historisch-Politische Mitteilungen (HPM). Archiv für Christlich-Demokratische Politik (hg. von der Konrad-Adenauer-Stiftung). 1 (1994) – 9 (2002); erscheint jährlich

P. Graf Kielmansegg, Nach der Katastrophe. Eine Geschichte des geteilten Deutschland (2000; Die Deutschen und ihre Nation, 7; Siedler Deutsche Geschichte, 13)

H.-O. Kleinmann, Geschichte der CDU 1945–1982 (Günter Buchstab [Hg]; 1993)

H. Köhler, Deutschland auf dem Weg zu sich selbst: eine Jahrhundertgeschichte (2002)

H. G. Lehmann, Deutschland Chronik 1945 bis 2000 ([2]2000; Schriftenreihe der Bundeszentrale für politische Bildung, 366)

H. Möller, Europa zwischen den Weltkriegen (1998; Oldenbourg Grundriss der Geschichte 21)

R. Morsey, Die Bundesrepublik Deutschland. Entstehung und Entwicklung bis 1969. ([4]2000; Oldenbourg Grundriss der Geschichte 19)

Th. Nipperdey, Deutsche Geschichte 1866–1918. Bd. 1: Arbeitswelt und Bürgergeist; Bd. 2: Machtstaat vor der Demokratie (1990/1992)

G. Rüther (Hg.), Geschichte der christlich-demokratischen und christlich-sozialen Bewegungen in Deutschland. Grundlagen, Quellen, Unterrichtsmodelle ([2]1987)

R. Steininger, Deutsche Geschichte: Darstellung und Dokumente in vier Bänden (2002)

H.-J. Veen u. a. (Hgg.), Opposition und Widerstand in der SED-Diktatur. Ein Lexikon (2000)

Th. Vogelsang/H. Auerbach (Hgg.), Bibliographie zur Zeitgeschichte 1953–1980 (Bd. 1: Allgemeiner Teil; Bd. 2: Geschichte des 20. Jahrhunderts bis 1945; Bd. 3: Geschichte des 20. Jahrhunderts seit 1945, 1982–1983; Bd. 4: 1953–1989. Suppl.: 1981–1989, 1991; Bd. 5: 1953–1995. Suppl. 1990–1995 (1997). – Forts. in: Vierteljahrshefte für Zeitgeschichte 44 (1997) ff

H. Weber, Die DDR 1945–1990 ([3]1999; Oldenbourg Grundriss der Geschichte, 20)

H. A. Winkler, Der lange Weg nach Westen. Bd. 1: Deutsche Geschichte vom Ende des Alten Reiches bis zum Untergang der Weimarer Republik; Bd. 2: Deutsche Geschichte vom „Dritten Reich" bis zur Wiedervereinigung ([3]2001)

Die Autoren und Herausgeber

Dr. *Jürgen Aretz*, Historiker, bis 1998 im Bundeskanzleramt Leiter des Arbeitsstabes neue Länder, seit 1999 Staatssekretär im Thüringer Ministerium für Wissenschaft, Forschung und Kunst.

Prof. Dr. Dr. *Gerhard Besier*, Historiker, Direktor des Hannah-Arendt-Instituts für Totalitarismusforschung, TU Dresden

Dr. *Günter Buchstab*, Historiker, Leiter der HA „Wissenschaftliche Dienste", Konrad-Adenauer-Stiftung

Prof. Dr. *Manfred Funke*, Politikwissenschaftler, Universität Bonn

Prof. Dr. *Jörg-Dieter Gauger*, Historiker, Universität Bonn; Teamleiter, Konrad-Adenauer-Stiftung

Dr. *Niels Hansen*, Jurist, nach div. Tätigkeiten im Auswärtigen Dienst 1978 Leiter des Planungsstabes des Auswärtigen Amtes, 1981 bis 1985 deutscher Botschafter in Israel

Prof. Dr. *Eckhard Jesse*, Politikwissenschaftler, Technische Universität Chemnitz

Hochschuldozent Dr. *Ulrich Lappenküper*, Historiker, Universität Bonn

Prof. Dr. *Werner Link*, Politikwissenschaftler, Universität zu Köln

Prof. Dr. Dr. h.c. *Horst Möller*, Historiker, Universität München; Direktor des Instituts für Zeitgeschichte München

Anton Pfeifer, Staatsminister a.D., Stv. Vorsitzender der Konrad-Adenauer-Stiftung

Prof. Dr. *Karol Sauerland*, Germanist, Philosoph, Universitäten Warschau und Thorn

Prof. Dr. *Wolfgang Schuller*, Historiker, Jurist, Universität Konstanz

Prof. Dr. *Rolf Steininger*, Historiker, Universität Innsbruck

Personenregister*

* Nicht berücksichtigt sind Namen aus der Zeittafel